A Study of the Chinese Communist Party's Central Bureaus:

From the Perspective of Regional Administrative Institutions Bridging Centralization and Decentralization

中国共産党中央局の研究

集権と分権を架橋する広域統治機構

Hsichia Huang

黄 喜佳

東京大学出版会

A Study of the Chinese Communist Party's Central Bureaus: From the Perspective
of Regional Administrative Institutions Bridging Centralization and Decentralization
Hsichia Huang
University of Tokyo Press, 2025

ISBN978-4-13-036290-0

中国共産党中央局の研究　目次

中国共産党中央局の研究——集権と分権を架橋する広域統治機構

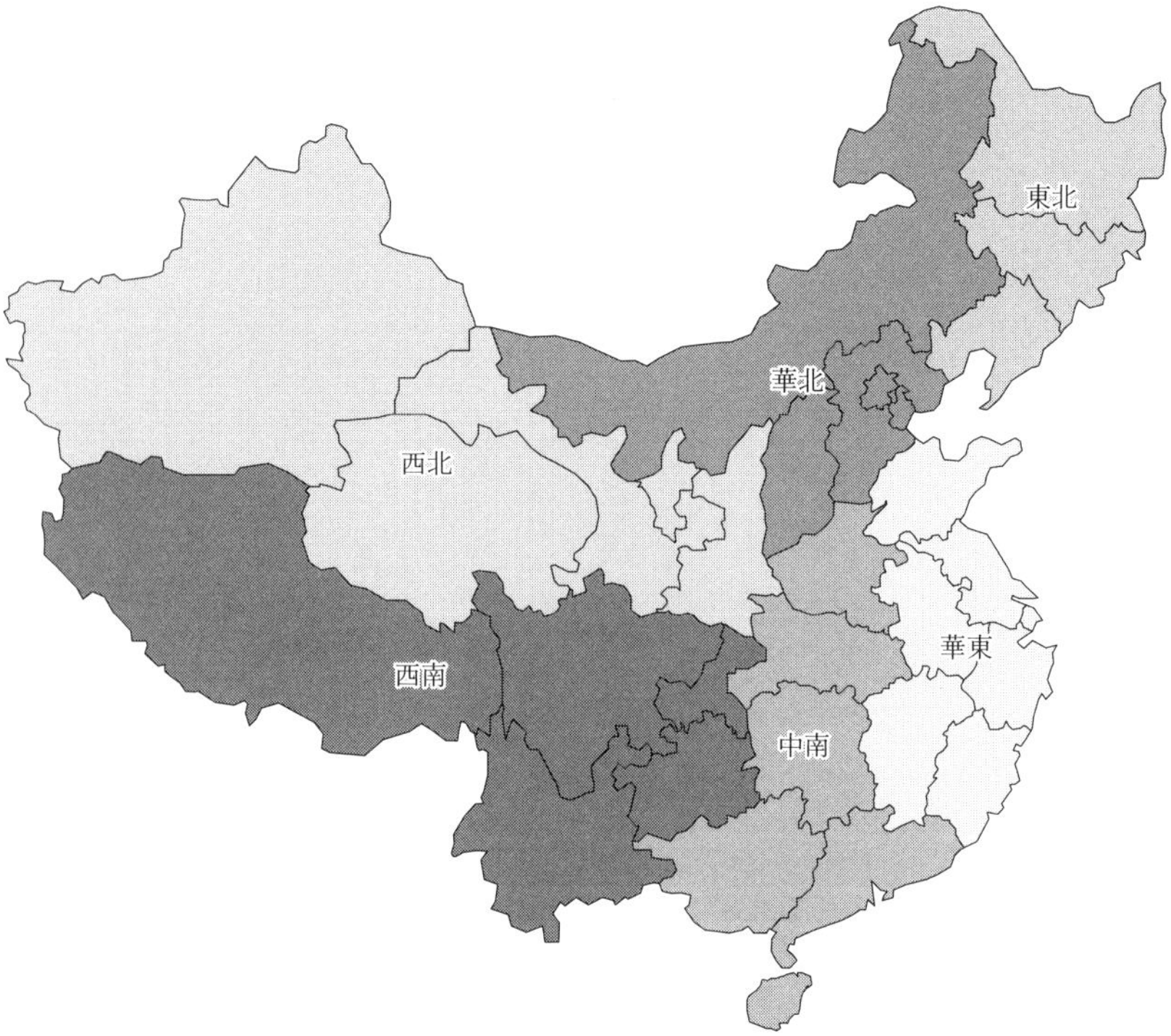

地図：各中央局の管轄範囲、筆者作成

序章　毛沢東時代の中央地方関係と中央局
——新たな理解へ

「我が国は広くて、人口も多いから、状況はとても複雑だ。中央と地方の二つの積極性があったほうが、一つの積極性しかないのより、はるかによい。各地にそれぞれの状況に適合した特殊なものがなければならない。この特殊とは、全体の利益のため、全国の統一を強めるために必要な特殊である」――毛沢東「十大関係論」（一九五六年四月二五日）

「中央と地方の二つの積極性を発揮するには、その大前提は党中央の権威と集中統一の領導を堅持しなければならない。これは政治の前提と核心的な意義であり、守らなければならない政治の紀律、政治の規則でもある」――中国共産党第一九期中央委員会第四回全体会議コミュニケ（二〇一九年一〇月三一日）

はじめに

中国歴代の統治者にとって、いかにして中央の方針を徹底し、なおかつ地方の自律的な活動を活性化させるかということは、一貫して重要なテーマであり続けた。それは中国共産党（以下、党とする）にとっても同様である。中華人民共和国建国後は、党が国家を領導することが大前提となった。[1] 中国の指導者は、その大前提を堅持しつつ、中央地方関係の調整や、社会主義国家の建設という新たな課題に直面することになったのである。一九四九年に中華人民共和国が成立してから文化大革命が始まる一九六六年までの間に、中国共産党政権が頻繁に中央と地方の管理体制を変動させたのは、そうした課題解決に向けた苦悩の現れであった。

現行の中華人民共和国の憲法は、中央政府以下の地方行政体制を「省―県―郷鎮」(2)の三層制とする。省という伝統的な行政枠組みは元代に創設されて以来、中央以下の最も重要な行政単位と考えられてきた。現代中国の中央地方関係の研究で中央、省政府の関係の分析に重点が置かれてきたのはそのためである。一方で、中国共産党中央局を権力中枢とし、複数の省を包摂した広域統治機構は(3)、一九四九年から六六年にかけての激しい制度変動にもかかわらず、一貫して存在し続けていた。ところが、こうした広域統治機構の機能やその設置の目的については、資料不足の壁に阻まれほとんど研究がなされてこなかった。

中国の歴史上、複数の省を包摂した広域統治機構は、軍隊の調達の利便性に応じて設立されることが多かったとされる(4)。しかし、広大な統治範囲を構えて、その財政権と用兵権を掌握した地方行政長官の存在は、常に中央権力にとって潜在的な脅威となってきた。そのため大半の広域統治機構は、一定の任務を達成したら撤廃されるか、あるいは中央が管理権限の分散や人事異動などを行うことで、その権力基盤が抑制されることとなった。

ところが、中華人民共和国の成立後においては事情が異なる。すなわち、一九四九年から六六年の間に、複数の省の党、政府、軍隊を統括する六つ（東北、華北、西北、華東、中南、西南）の広域統治機構は一貫して維持されていたのである。その中核に長期的に置かれていたのが中国共産党中央局である。その名称は時期や政策の違いによって変動があったが、本書では便宜的に統一して「中央局」と呼ぶこととする。

中央局は、地方勢力を包摂する広域統治機構としての性質を有すると同時に、党の最高権力機構である中央委員会(5)の出先機関でもあった。中央局が繰り返し統治システムの中に組み込まれたことについて、従来の研究では主に静態的な制度変化から、単なる集権化と分権化の付随的な現象として説明がなされてきた。ところが、その具体的な過程や持続的運用の様子については、さほど注意が払われてこなかった。さらに、これまでの研究は一時的な制度の変化には関心を示したものの、中央局の持続がどのような政治力学の上に成り立っていたのか、さらには中央局の存在が中央地方関係にいかなる影響を与えたのかについても、構造的、動態的な視点を欠いていたと言わねばならない。

そもそも前述したように、広大な領域と権力を有する地方統治機構の存在は、中央の脅威になる潜在性を秘めていた。それにもかかわらず、なぜ中央はそれらを積極的に活用し続けていたのだろうか。こうした根本的な疑問に答えることは、中華人民共和国の国家形成期において中央地方関係がどのように確立されていったかを理解する上で、重要な手掛かりになると考えられる。以上を踏まえて、本書は、一九四九年から六六年の間に広域統治機構が持続的に運用された現象に注目し、特にその権力中核である中央局の活動を切り口とし、これまでの「中央地方関係」や「党国体制」といった伝統的な枠組みに関し、再考を試みるものである。

以下本章では、中央局に関連する先行研究とその問題点を整理しつつ、本書の分析の枠組みや論点、構成を説明していく。第一節では、本書の主要な分析対象である中央局を紹介すると共に、その存在形態に関する従来の説明をレビューしながら、問題の所在を明らかにする。続いて第二節では、中央局が繰り返し導入された当時の統治システムに関して、その構成主体である国務院に所属する各部、委員会（以下、中央各部委とする）[6]と地方党委員会の相互関係、いわゆる「条塊関係」に着目する。そこから集権、分権の枠組みを概観し、先行研究による分析の問題点を整理する。最後に、第三節では既存の枠組みから導き出された課題を踏まえた上で、本書の論点と構成について述べる。

1　中央局の諸論点

本節では、中央局の研究を通して中央地方関係にどのような示唆を与え得るかを明らかにするために、まずは中央局という機構の機能と沿革を簡単に紹介する。続いて、中央局の存廃に関する矛盾や中央局の特異な性質を整理し、それに関する従来の説明が不十分であったことを示す。

（1）中央局とは何か

中央局の機能に関しては多くのことが明文化されていないため、その性質を理解するために、まずは設立の背景や経緯を振り返っておく。一九二〇年代のソビエト連邦共産党（以下、ソ共とする）が中共の活動を指導していた関係から、中央局の設立はその影響をうけたと考えられる。一九二〇年に修正されたソ共の党章には、モスクワの党中央の遠隔地に対する指導を強化し、さらに地域間の経済的な連携を促進するために中央委員会の出先機関である「地域局」を設置すると明記されている。[7] ソ共はこの条例に依拠して、一九二二年のソビエト連邦の成立と共に、上述の地域に八つの地域局を設置したが、連邦の中心部は中央政府によって直接統治されていた。

ソ共地域局は中央の代表として、複数の加盟国を包摂する広大な地域（中央アジア局など）や辺境地域（シベリア局など）の地方党組織を指導していた。こうした地域局の人事権は中央委員会によって握られ、一部の地方党委員会の幹部は地域局に参加したが、他の中心メンバーは党中央から直接派遣されていた。一九二〇年代から三〇年代にかけて、地域局は党中央の代表として経済活動の統括や地方党組織の管理、民族問題の協調などの幅広い活動をみせていたが、ほとんどが三、四年で撤廃された。[8] このように、地域局は限定された地域にしか導入されず、また長期的に存続できなかったという事実からすれば、ソ共は必ずしも広大な地域を管理したもう一つの「中央」の存在を好ましく捉えていなかったと考えられる。

このソ共の組織構成は、中共にも影響を与えた。一九二四年に華北地域の地方党組織の崩壊を阻止するために設立された中共中央委員会北方局が、中央委員会の出先機関として設立された最初の中央局であると考えられる。[9] 当時、中央局が設立されたのは、特定の政策や地方党組織に対する指導力を確保するためであった。そのため、一九二〇年代から三〇年代初期の間にかけての中央局は、特定の目標が達成されるか、あるいは国民党の弾圧による地方党組織の消滅をうけて廃止されることが多く、非常に不安定な機構であった。

ところが、一九三七年以降に日中戦争が膠着すると、党中央は各地の党組織との連絡をとりづらくなったため、各地の情勢に対応しきれない状況となった。この状況に応じて、党中央は各省、区党委員会の領導工作を複数の省に跨る中央局に委任することになった[10]。中央局がある特定の地域に長期間置かれるようになったのは、この時期からである。一九二〇年代には数カ月しか存続しなかったのに比べて、戦争中には、数年から一〇年ほどの期間にわたり地方に設置されるようになった。

また、中央局の存続期間が伸びただけではなく、戦争の長期化によってその機能は党組織の管理から軍事活動や政府部門に対する領導まで拡大した。その中で中央局は地域に定着をみせ、地方の党機構へと変貌していった。さらに、一九四〇年代になると、党の根拠地における党、政、軍の領導権限をすべて党に集中させる「党の一元的指導体制」が確立した[11]。こうした党の指導体制の強化によって、各根拠地における中央局を頂点とする地方の統治体系がさらに確立していった。

一九四九年に中華人民共和国が建国すると、戦時の六つの中央局と、それに対応する六つの大行政区（＝政府機構）、六つの大軍区が基本的な地方統治体制の大枠となった。しかし、この体制は第一次五カ年計画（一九五三―一九五七）が正式に開始した後の一九五四年に突如撤廃された[12]。この原因について、多くの先行研究は中央集権的な体制確立の障害であったためと指摘している。すなわち、中央局主導の高度な裁量権をもつ地方統治体制は、建国当初の一時的な措置に過ぎず、ソ連の経済体系を模倣した第一次五カ年計画が目指した中央集権的な体制の構築にとって中央局が障害になったと言われる[13]。

一九五三年から国家計画委員会（以下、国計委とする）[14]と各部委を通じて、専門行政機構別の縦割りの管理を中心とする中央集権的な第一次五カ年計画期が始まった。しかし、中央の行き過ぎた管理によって、行政効率の低下や地方の活気の抑止といった弊害が次々と露呈することになった。こうした弊害を改善し、さらには毛沢東の掲げた独自

図1　広域統治機構の沿革および機能の変化

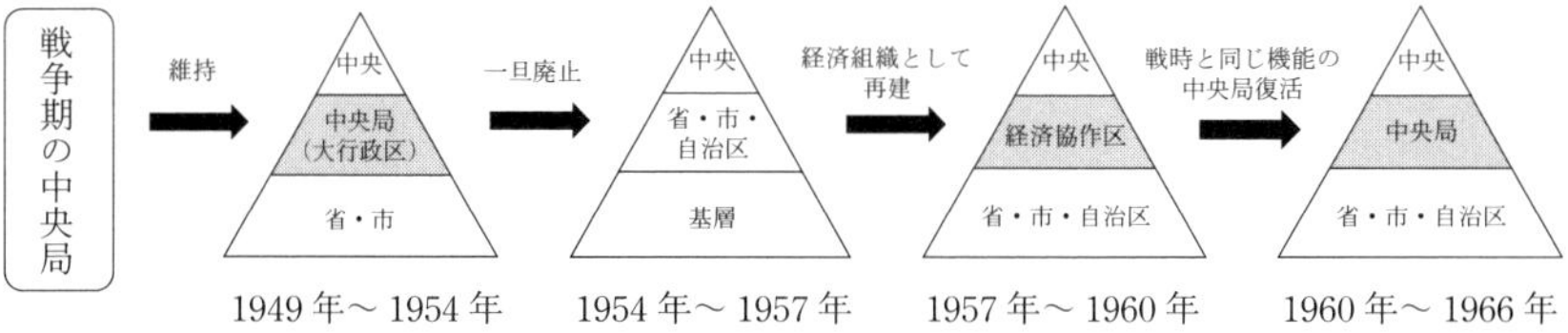

（出所）筆者作成。

の社会主義路線を実現するために、一九五八年に経済分権を中核とする大躍進運動が発動された。その際に、大枠では大行政区体制と類似するものの、地域の経済活動を統括する権限のみをもつ経済協作区が設立された。

大躍進運動は失敗に終わり、中国は大飢饉と深刻な経済危機に陥った。その状況を収拾するために、地方に委譲した権限を再び中央に集中させることが決定された。しかし、一九六〇年に採択された中央集権の手段は、第一次五カ年計画期のように中央が直接地方一級行政機構（省、市、自治区）を管理するものではなかった。その代わりに選ばれたのが、一九五四年の時点では中央集権体制の障害、さらには悪しき地方主義の温床とみなされていた中央局であった。

図1は、中央局の沿革および機能の変化を簡単に示したものである。ここから分かるように、毛沢東時代の中央地方関係に関する重要な体制変動は、中央局およびそれと類似する機構の存廃をともなうものであった。これまで、中央局の存廃に関しては集権、分権の二項対立の軸によって説明されてきた。しかし、後段でもみるように、異なる時期において中央局の設立や撤廃に関する説明は矛盾しており、それにもかかわらず、先行研究においてそのことはほとんど取り上げられてこなかった。そこで、以下では中央局の存廃に関する先行研究を概観しながら、その問題点を指摘していきたい。

（2）中央局の存廃をめぐる諸説

一九四〇年代まで存在していた日中戦争、国共内戦期の中央局、そして建国後の一九五

○年代の中央局を中核とする大行政区体制について、正面から取り上げた公刊資料や研究成果は多い[15]。それらの研究の傾向として、当該時期の中央局の機能を高度な裁量権をもつ分権的な制度と位置づける見方が大半を占める。

また、一九六〇年代に中央局が再建された時代背景として、大躍進運動の混乱から回復するために一連の中央集権的な経済政策が行われた「経済調整期」があった[16]。そのため、当時の重要な制度改革である中央局の再建も、中央集権化の一環として言及されてきた[17]。英語圏の研究でも、そうした前提に基づき中央局の再建を分権と対立する政策として説明している。例えば、バーネットや後に紹介するソリンジャーは一九六〇年代の中央局が党の統制の強化や大躍進期に強まった地方勢力を牽制するために再建されたと指摘した[18]。

このように、中央局に言及する研究のほとんどは、一九六〇年代の中央局再建の目的について、地方の勢力を弱体化させる中央集権化の観点から論じてきた。しかし、それは単に公式文書の説明のおうむ返しであるか、あるいは当時の政治状況から推測したものに過ぎない。資料的な制約もあり、一九六〇年代の中央局の機能や政策決定過程における役割に関しては、実証的な成果が十分に挙げられてきたとは言えない。唯一、一九六〇年代の中央局を正面から取り上げたのはグッドマンの西南局に対する研究である[19]。グッドマンは大躍進運動前後の一〇年間を対象として、中国の西南地域の隣接した省である四川省と貴州省の比較研究を行った。彼は文革期に発行された紅衛兵資料やラジオ放送の内容などの断片的な資料に基づき、西南局が西南各省の工業、財政金融、宣伝などの業務を領導していたと推測した[20]。その中で、西南局の人事構成は多くが四川省の幹部によって占められており、例えば一九六〇年代における西南地域の社会主義教育運動の方針に関しては、四川省の幹部の意向が重要であり、他の省もそれに従う必要があったと考えた。グッドマンの中央局を中心とする地域政治の分析は、当時の中央地方関係を理解する上で非常に示唆的である。ただし、資料の制限もあり中央局の機能や実態に関しては推測に頼らざるを得ず、不明な点が多く残されることになった。

その他に中央局を単独の研究対象としたのはソリンジャーの論文である。ソリンジャーは建国初期の中央局、一九五八年の経済協作区、一九六一年の中央局、一九七〇年の経済協作区という、四つの類似する機構の共通点を整理した。[21]ソリンジャーはこうした一連の機構が設立された背景には、中央が地方勢力の拡張を牽制する意図があったと指摘している。またソリンジャーは、複数の省に跨る機構は、省政府が計画通りに行動するように中央部門の代わりに監視したり、中央、省の間の意思疎通を促進したりする機能をもつと推測した。しかし、ソリンジャーの結論は単に各時期の政治経済状況の共通点や静態的な制度から推測したものであり、実証を踏まえたものではない。また、近年発表された磯部靖の論文は、統治者のジレンマ、中央内部の多元性、手段としての地方分権という観点に基づく分析を「非合理主義的地方分権モデル」とし、特に大行政区制度の解明によってその有効性が明らかになり得ると指摘している。[22]この観点は重要であるが、分析枠組みの提供にとどまっている。

以上述べてきたように、従来の研究は中央局の機能やその設置の目的について、公式の文書による説明を踏襲するか、あるいは当時の政治背景から推測によって論じたものが大勢を占める。確かに中央局は党中央の出先機関であるため、中央集権の手段として用いられること自体は不思議ではない。ところが、中央局が党中央を代表して地方の監視や牽制を担ったとする見方と、実際の人事構成との間には矛盾した現象がみられる。

図2に示したように、一九六〇年代の中央局の人事構成については、中央から派遣された人物が極めて少ないという事実がある。また、中央局を構成した中心メンバーは、建国以降一貫して同じ中央局の管轄範囲内で務めていた地方幹部および中央局幹部であった。このように建国以降の人事配置の継続は、一九六〇年代の中央局が単に中央集権化のための機構として成立したものではなかったことを示している。しかし、これまでの研究はこの連続性を看過し、中央局の存廃を異なる政治的な文脈によって説明してきた。そこから生じる問題点として、一九六〇年代の中央局がどのように建国初期の「地方主義の温床」から中央集権化の手段に変容したのかが不明であり、この機構の存在を説

図2　1960年代における中央局の人事構成状況

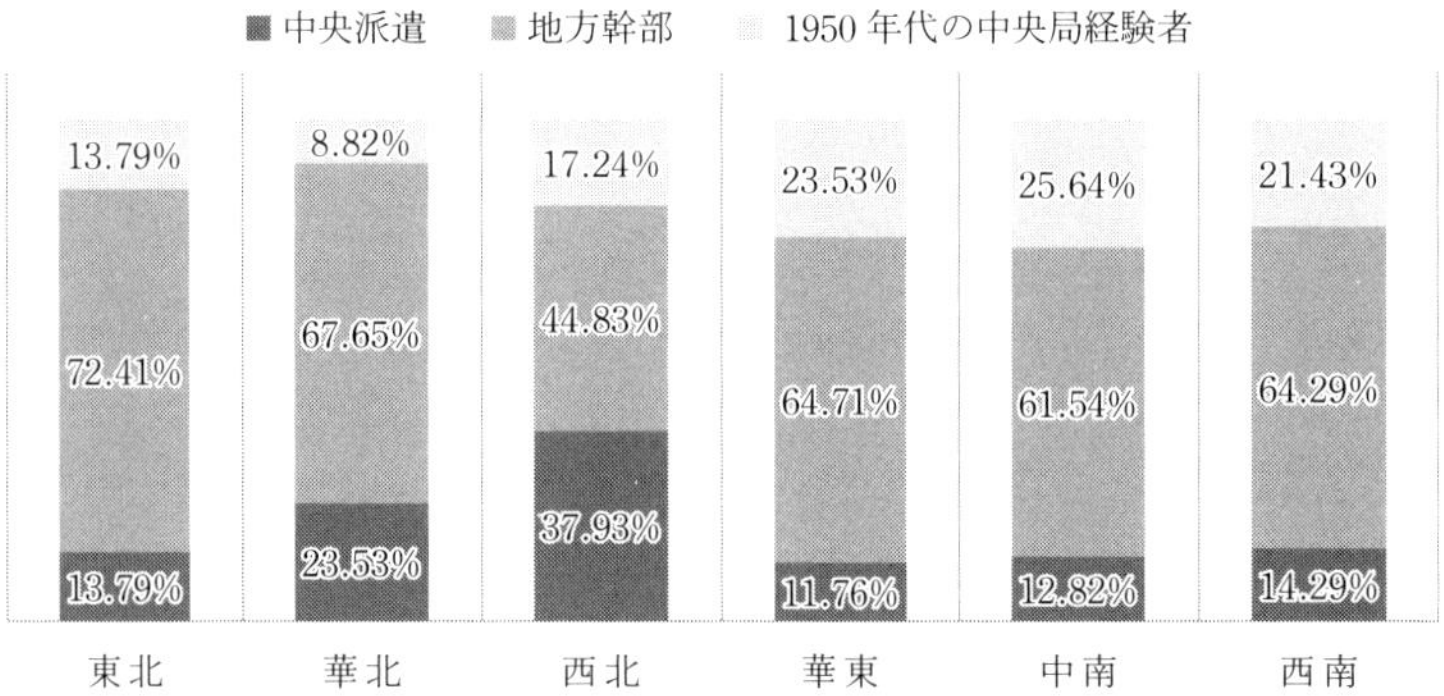

（出所）　中共中央組織部他編『中共組織史資料　第5巻　過渡時期和社会主義建設時期（1949.9-1966.5）』北京：中共党史出版社、2000年、李景田編『中国共産党歴史大辞典・総論和人物巻』北京：中共中央党校出版社、2001年より筆者作成。

明する際に一貫したロジックが欠如していることが挙げられる。

さらに、これらの問題は、中央局と地方党委員会の緊密な関係性と、中央局が再建された背景に照らしてみれば、一層浮き彫りとなる。中央局の再建と共に行われた一九六〇年代の経済調整政策は、地方から権限を回収して中央の統制を強化する形で行われた。言い換えれば、経済調整政策の目的は、国計委および国務院所属の各部委による管理を強化し、地方の権限を制限することにあった。しかし、実際に中央局の再建によって地方党委員会の勢力が消滅したわけではない。その代わりに、中央局を通して複数の省の勢力が統合されて統治システムにおける地方の影響力が温存されたのである。これまでの研究では、中央がどのような政治的意図をもって、一見矛盾するような制度変更を行ったのかについて明確な説明がなされていない。

以上、中央局の機能と目的に関する先行研究を概観した。そこで見出された問題点は、以下のように整理できるだろう。まず、ほとんどの先行研究は、中央局を単に集権化や分権化に関する制度変更の一部としてしか論じておらず、資料的な制約もありそれに対する構造的、動態的な視点を欠いていた。また、より本質的な問題として、先行研究では中央局の制度に関する説明に一貫したロジックが欠如しており、特に集権、分権という二項対立の図式に過度にとらわれてきたことが挙げられる。確かに、中央局という制度設計そのものは、党中央の代わりに地方党委員会を監視し、中央の方針を徹底させることを目的とした。しかし、中央局は中央の出先機関でありながらも、地方党委員会の人事と組織を基盤とするという、中央と地方の両面性をもつ機構であった。本書では、この矛盾した現象を一つの着眼点として取り上げる。中国の中央地方関係および党国家関係の形成期において、この矛盾を内包する中央局が繰り返し導入されたのはなぜか。また中央が中央局のような広域統治機構を通して間接統治を行った目的と、その実態はいかなるものであったのか。これらの疑問を、本書の各章において考察していく。

2　毛沢東時代の中央地方関係——集権と分権の循環論

前節では中央局に関する諸論点をみる中で課題を提示した。その解決に向けて、続いて本節では、これまで中央局を分析する際に用いられてきた研究の枠組みとその問題点をみていきたい。すでに述べたように、中央局を系統的に論じた研究は管見の限り存在しないが、一方で毛沢東時代の制度変更の原動力となった地方党委員会と中央統制の関係をめぐっては、一定の研究の蓄積がある。それらの研究が抱える問題は、なぜ既存の中央地方関係の枠組みによって、中央局の持続的な存在を説明しきれないのかという疑問とも関わる。そこで本節では、中央各部委、地方党委員会の相互関係、いわゆる「条塊関係」という切り口から毛沢東時代の中央地方関係論をレビューしつつ、前述した中央局の統治システム上の目的と実態に関する研究課題をさらに掘り下げていく。

毛沢東時代の中央地方関係は、経済権限の帰属の変化からすれば、中央に集権するのか、それとも地方に権限を分譲するのか、すなわち「収」と「放」のサイクルが繰り返されていたと言われる。党は中央行政部門、すなわち中央各部委が主導する管理体制を「条条」、そして地方党委員会が指揮する管理体制を「塊塊」と称してきた[23]。それらの関係を「条塊関係」と呼ぶ。そこには中央行政部門につながる行政組織と地方党組織の権力関係が反映されている。さらにその権力の図式においては、中央地方関係の力学と党国家関係の運営という二つの軸が交錯している。毛沢東時代から、党の指導者は「条条」と「塊塊」の対立を解決し、地方における党の領導と中央各部委の管理を両立させるために頻繁に制度の変更を行ってきた。

毛沢東時代においては、条塊関係のどのような点が問題視されていたのだろうか。図3は、本書が多く事例を扱う一九六〇年代を代表するものとして、一九六一年における中央各部委の業務指導と地方政府の領導関係から成る統治システムを示したものである。ここで図3に関して、重要な前提を二点述べておきたい。まず本章註（1）でも述べたように、中国政治における領導という概念は、命令―服従の関係を指す。それに対して、指導は、業務上のガイダンスの権限のみを指し、命令―服従の関係を含まない。次に、部門と地方関係省庁の領導、指導関係は固定的なものではなく、実際には業務の種類と時期によって変更される場合がある。例えば、全国の鉄道は、地方分権化が実施された一九五八年の大躍進運動前には国務院の鉄道部によって統一的に領導されていたが、大躍進運動以降になるとその管理権は各省の鉄道局に委譲され、鉄道部は業務指導の権限しかもたなかった。その後、中央集権化が進められた一九六二年以降に、鉄道管理権は再び鉄道部に回収され、地方には鉄道の使用や建設について意見を陳述する権限しか残されなかった。つまり、集権化、分権化の制度変更によって、行政部門の領導、指導の関係にもしばしば変化が生じたのである。

以上の前提を念頭に置き、改めて図3から条塊関係を説明してみる。ここから分かるように、一つの部署に対して、指揮命令を意味する領導関係と業務上の指導関係という二つの矢印が向けられている。つまり、一つの地方行政部門は地方党委員会の領導をうけながら、異なる分野を管理する中央各部委によって代表される無数の条条からの業務指導をうけなければならない。そこに存在する問題としてまず挙げられるのは、この二つの指揮体系が異なる選好をも

図3　中央、地方の統治システム（1961年）

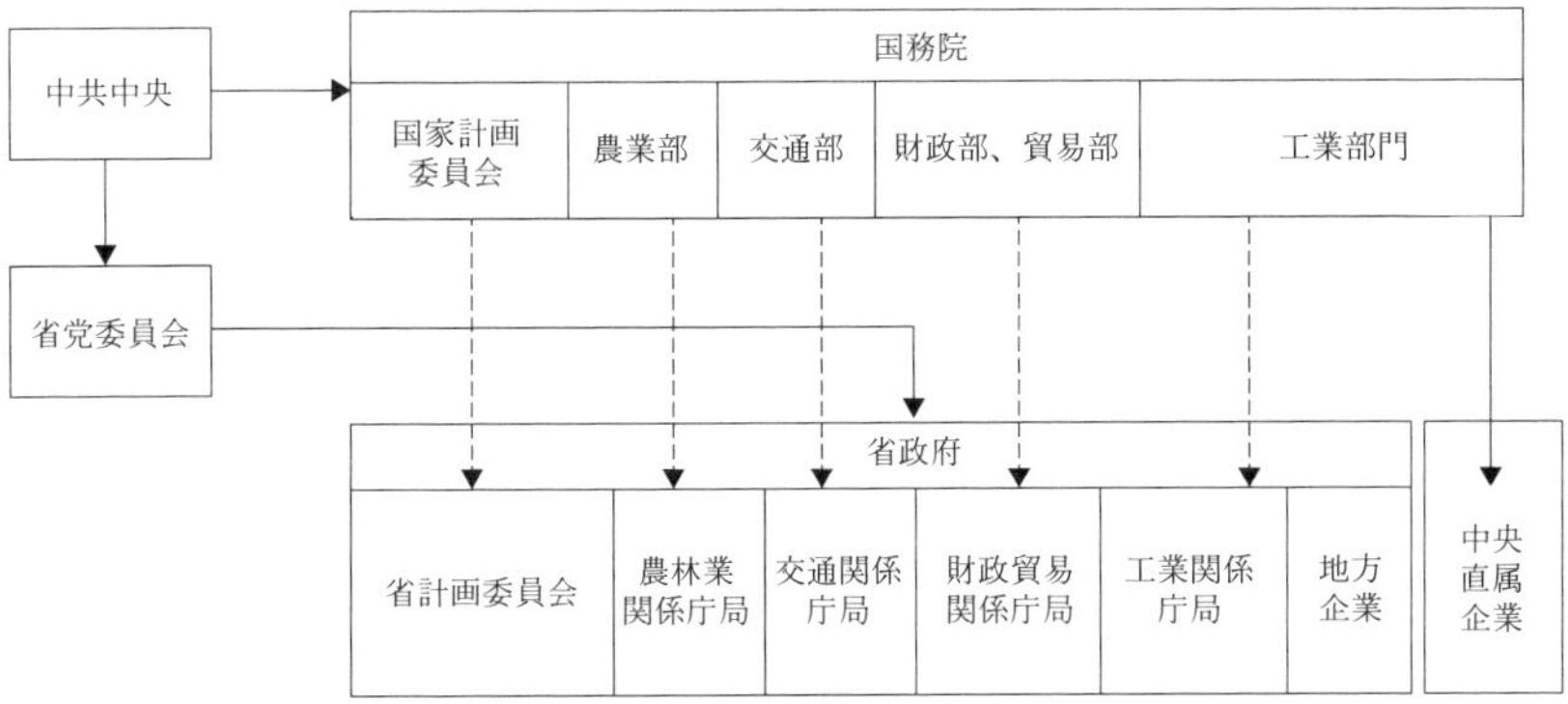

（注1）　実線は領導関係、つまり指揮命令、および統治システムにおける上級、下級関係を意味する。点線は業務上の指導関係を示す。

（注2）　地方企業には、省政府の様々な庁や局の下に所属し、それらの領導をうけたものもある。

（出所）　人事部地方機構編制管理司編『中華人民共和国省自治区直轄市党政群機関組織機構概要』北京：中国人事出版社、1989年、107頁、437-438頁を参照。1961年時点で国務院所属の部門、委員会の39個から一部の行政機構を抜粋して筆者作成。

つ場合に、その対立を仲裁する安定的な制度がなかったことである。また、この構造では、末端に行けば行くほど上位の部署が増えるため、末端は最も多くの指揮命令をうけなければならない。その結果、行政効率が低下し、責任の所在が不明となることが多かった。

続いて、それぞれの指揮体系の問題をみてみよう。条条に多くの権限が委ねられた場合、中央の統制力の発揮が可能となるが、かえって塊塊の当該部門に関わる自律的な行動は抑制されてしまう。また、条条の業務は業種によって細分化されているため、異業種間の横断的な情報の共有や統合は困難となり、そのため効率低下や資源の浪費といった問題がしばしば起きることとなる。それに対して、条条の権限が弱い場合は、地方は自律性を発揮して地方の状況に合わせて当該部門を運営できる。しかし、その代わりに他の地方との間や中央との協力が難しくなり、全国範囲の計画を遂行する障害となり得る。このように、市場の力が機能しない計画経済体制のもとでは、この二つの指揮体系を調和させることが経済のスムーズな運営のための重要な行政課題であった。

毛沢東時代の条塊関係に関する研究で代表的なのは、ソ連の体制と比較しながら中国の統治システムに関する先駆的な意見を提示した、一九六八年のシャーマンの研究である[24]。シャーマンは、中央各部委と地方党委員会から構成される指揮体系を考察し、特に地方党委員会の役割に着目した。それによれば、一九五四年から五六年の間における計画経済体制の整備によって中央各部委の権力が確立したが、大躍進運動期に地方党委員会を主な対象に分権化が行われたため、条条と塊塊による二元領導体制の現象が行政上の問題として深刻化しつつあったという。またシャーマンは、条塊関係の権力の帰属先によって集権化と分権化の概念を定義したが、その概念では現実的な政治状況を一括りに説明できないことも指摘している。ただし、シャーマンが示した当時の制度変動の状況は、結局のところ条条と塊塊の間の権力循環として描かれており、二項対立的な構図から脱却したとは言い難い。

さらに、権力の相互関係は条条と塊塊の間だけではなく、塊塊の間にも生じるものであった。その現象に関して、ライオンズは、市場の調節に頼れない計画経済のもとでの地域協力の方式を三つに分類した。ライオンズによれば、中央の国計委の代わりに、複数の省に跨る計画機構が地域の計画草案を作成し、省の間の物資の流通を主導していたとされる[25]。ライオンズの研究は、この計画機構の正体を明らかにしていないが、中央に頼らない塊塊の協力方式について新たな見解を示したものと言える。しかしライオンズを除けば、毛沢東時代の地域間関係についてはほぼ研究上の進展がないままである[26]。

以上のように、条塊関係に焦点を当てた研究が決して多いとは言えないのは、これまでの研究の関心と資料の問題が関係している。周知のように毛沢東時代に関する研究は、全体主義の概念の影響をうけて、権力の一元化を前提とし、特に毛沢東個人の役割を強調する傾向にあった。また、資料の制限によって、政策過程の実態よりも、政治エリートの政策志向や権力闘争に注目が集まってきた[27]。そのため、毛沢東時代の地方党委員会の役割に関する実証的な研究は比較的少なかった。例えばタウンゼントは、毛沢東時代の中央統制と二元領導の関係に言及したものの、地方分権は地方への形式的な権限委譲に過ぎず、地方党委員会の実質的な影響力はなかったとした[28]。毛沢東時代の中央地方関係に関する研究には、タウンゼントと同じく地方の自律性を否定する傾向がみられる。そうした諸研究では、毛沢東時代の中国において、中央が握る人事権、財政権、重大な政策決定権は地方の自律性を制限していたとみなされる。特に、毛沢東時代の経済管理方式では、中央が物資、資金、労働力をすべて管理し、地方は予め決定された計画指標を執行しなければならなかった。そのため、中央統制の権力が非常に強く、地方が自らの利益を追求する動機を欠いていたとされてきた[29]。

一方で、制度上では地方の自律性が保証されていなかったが、地方が非公式のルートを経由して影響力を発揮したという見解もある。従来の研究で提示された非公式のルートとしては、主に二つがある。まず、党中央の決定過程に参加できなくても、政策の執行過程において地方がある程度の自律性を有したという観点がある。例えば、グッドマンは条条と塊塊による複雑な政策過程の本質は「漸進的」であることを指摘している。中央は、中国のような広大な国を管理するために、地方に対して、各自の実情に合わせて中央の方針を調整してよいとする裁量権を与えている。そのため、中央の方針は必ずしもそのまま実行されるわけではなく、中央各部委、および地方の提案により数回の修正を経てから一つの具体的な政策として定められる。地方は中央の方針をそれぞれ解釈する余地がある上に、各地の実情によって中央の方針を調整することができる[30]。天児慧も、中央の画一的な実践を強要する政策に対し、地方が反抗を示すことで、中央と摩擦を生み出すケースがしばしば発生してきたことを指摘している[31]。

地方党委員会が政策過程に影響力を発揮できたもう一つのルートは、毛沢東との「政治同盟」である。チャンは毛沢東の政策決定過程における権力行使の限界を示し、そこでは省指導者が自律性を発揮できたことを論じた。しかし、その自律性は制度が与えた権限によるものではなく、毛沢東と言わば政治同盟を結成することを通じて獲得されるとした。つまり、毛沢東が新たな政策方針を発動する際に、省指導者との政治的な連携が必要とされ、それに付随して省指導者の国政に対する影響力が強まったことを指摘した。同様の議論として、浅沼かおりは、農業集団化や大躍進運動の発動のために、毛沢東はあえて政策決定の中心を地方に移して省指導者を動員することで、他の中央指導者を牽制したと指摘した。以上の「毛沢東と省指導者の同盟関係」という枠組みからは、省指導者が政策決定に参加する方式に関して重要な示唆を得られる[32]。

以上のように、毛沢東時代の中央地方関係に関する従来の研究においては、主に集権的な体制のもとでの地方の自律性の問題が焦点になってきた。そこでは、特に中央地方関係の二つの側面が強調される。第一に、中央は頻繁かつ一方的に中央集権か地方分権かという方針の切り替えを行っていたため、地方の自律性が制度によって常に保障されていたわけではなかったという側面である。第二に、地方の自律性は主に非公式なルートによってしか発揮できなかったという側面である。例えば、党中央の政策決定の過程に影響を及ぼすために省の指導者は毛沢東と政治同盟を結成するか、あるいは執行段階で消極的な抵抗をするしかなかったとされてきた。

ここまでみてきたように、毛沢東時代に対する理解は全体主義の概念に強く影響されてきたが、改革開放期の中央地方関係に関しては、新たな観点が提示されつつある。リバサールとオクセンバーグは、主に改革開放以後の事例研究を通して、統治システムに存在する多くの官僚組織や党組織の相互作用を詳細に考察した。彼らは条条と塊塊の分断による統治システムの特徴を「分散的権威主義」としてまとめた[33]。つまり、中国の政治体制は基本的に集権的であるが、実際の運営において多くの指揮体系が分立することによって権力が分散されている。この特徴からすれば、中央にとって最も大きな統治の課題は各指揮系統の調整である。中央は煩雑な事務を管理しきれないため、中央の方針と路線を明確に伝える上で地方の裁量に頼る傾向がある。それに対して、リバサールとオクセンバーグは、改革開放以降の多様な政治過程と比べて、毛沢東時代におけるイデオロギーが各指揮系統の統合や、地方の忠実性を保つのに有力なツールになったと指摘している。また、中央、地方関係の枠組みに関して、磯部靖は改革開放以降の広東省の事例研究を通じて、「地方主義」的傾向を諸侯経済、地方保護主義などから描いてきた「集権―分権パラダイム」を批判した。[34]

以上のように、リバサールとオクセンバーグや磯部は中国の政治体制について重要な観点を示したが、その議論の根拠は主に改革開放期の事例に基づくものである。そのため、毛沢東時代に関する分析は十分とは言えず、イデオロギーの統制力を強調する全体主義モデルの影響がまだ残されている。イデオロギーの重要性は否定できないが、改革開放期に用いられた他の統治手法と毛沢東時代の関連性にも注目すべきであると考える。

また、近年のハイルマンとペリーの研究は、毛沢東時代の政治遺産が中国共産党の存続に対して及ぼした影響を考察した。そこで特に興味深いのは、従来から強調されてきたように毛沢東時代には高度な中央集権制度があった反面、ゲリラ式の政策方式（guerrilla policy style）が根付いていたという指摘である。これは、戦争の経験に由来し、常に状況に応じて柔軟に政策や方針の修正を許容するという政策方式を指す。この影響のもとで、制度と政策の変動は現代中国政治の主要な特徴をなしている。[35]こうしたハイルマンとペリーの指摘は毛沢東時代を理解するための新たな手かがりとなり得るが、その政策方式が実際に毛沢東時代の中央地方関係にどのような政治的帰結をもたらしたかについては、さらなる検証が必要である。

総じて、改革開放以後の中央地方関係の研究には新たな観点が示される一方で、毛沢東時代のそれは通説の踏襲や印象論にとどまっており、実証研究にほとんど進展がみられないと言える。また一般的な認識として、毛沢東時代における地方の自律性は中央の管理によって抑制されていたが、時に毛沢東個人の政治権力を通じてその影響力を拡大させ、条条の権限を奪ったとされる。ただしその場合、毛沢東時代の制度変動の原動力は、中央対地方という二項対立的な構造であったという単線的な理解になりがちである。すなわち、中央の統治方針は条条と塊塊の統合というよりは、その一方だけに頼って統治を行っていたという理解に帰着する。このように、資料の不足のみならず、従来の研究にみられた二項対立的な分析枠組みも、広域統治機構に対する理解を妨げる原因の一つであったと考えられる。

3　本書の論点と構成

（1）本書の論点

ここまで、中央地方関係の集権化、分権化の循環論とその問題点を検討してきた。毛沢東時代の統治システムの運営には、集権と分権を共に必要とするという現実的な状況があった。ところが従来の分析枠組みは、そうした静態的な制度の変化を超える統治システムの運営状況を看過してきた。そこに先行研究の問題点が集約される。ここでもう一度条塊関係の問題点に立ち戻ると、そもそも党の指導部は、地方の自律性そのものを問題視していたわけではない。党中央からすれば、制度を頻繁に変動させた理由は、条条と塊塊のそれぞれの活力を保ちながら統治システムの効率を確保することにこそ求められる。この視点に立てば、本書の焦点は条条と塊塊の対立や塊塊の自律性ではなく、中央が条塊を統合するためにどのような統治方針を用いたかに置かれるべきである。

図4は、従来の枠組みで理解されてきた中央、地方の統治システム（図4・1）と、そこに中央局を加えた統治システムの構成（図4・2）を示したものである。両者の比較によって、本書で論じるべき課題が一層明確なものとなる。第二節で触れたように、図4・1の統治システムで主に問題視された状況は、まず強力な条条による地方行政体系の分断および行政効率の低下であった。他方、強力な塊塊は地域間の物資、資金、労働力の流通にとって不利となり、中央の統一的な政策の執行を妨げることがあった。それに対して、図4・2では、従来理解されてきたような中央—地方という統治システムではなく、中央局が条条、塊塊の間に介在していることが分かる。

中央局の具体的な制度効果の分析については本論に譲るが、第一節で提示した中央局の基本的な性格を再度まとめ

図4　従来の理解と中央局を加えた統治システムの比較

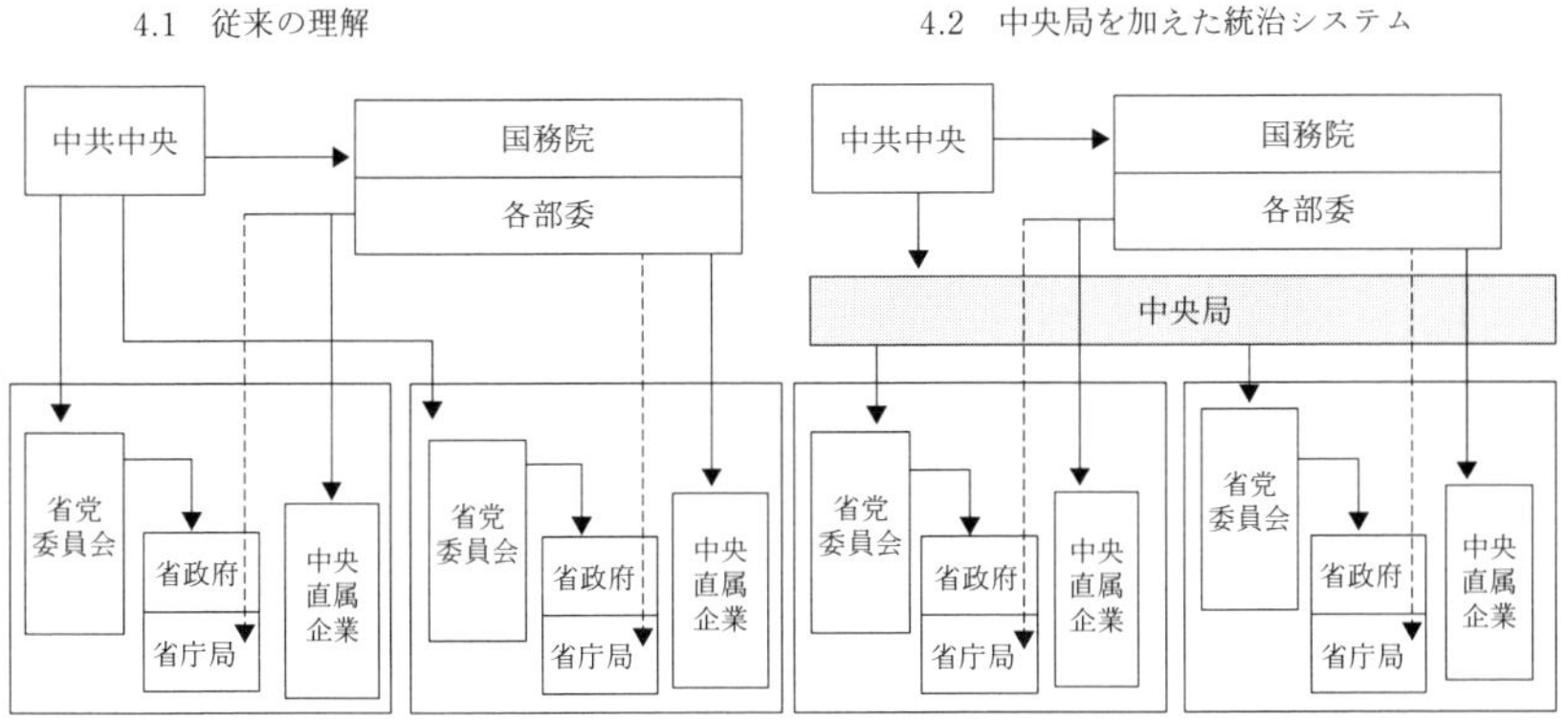

（注）　実線は領導関係、つまり指揮命令、および統治システムにおける上級、下級関係を意味する。点線は業務上の指導関係を示す。
（出所）　筆者作成。

ると次のようになる。（一）党中央の出先機関として地方を監督し、牽制する。（二）一九四九年から六六年まで組織、人事の両面で高度な連続性をもち、地方党委員会とも高度に重複している。つまり、中央局は制度上は党中央を代表して地方を監視し牽制しなければならないが、その権力の基盤は地方党委員会と深く関わっていたのである。この一見矛盾した特徴をもつ制度は、一九四九年から六六年の間に繰り返し行政システムの中に組み込まれていた。

こうした中央局の機能に関して、従来の研究は条条と塊塊の対立のみに注目してきたため、二項対立的な構図で中央局が理解され、さらにはその存在の長期化についても整合的な説明を欠いてきた。それに対して本書は、集権、分権の制度変更と表裏して、中央が中央局のような広域統治機構の存在を通じて条条と塊塊を統合し、効果的な統治システムの運営を確保するという、一貫した意図をもっていたと主張するものである。

こうした本書の論点は、中央―地方という対立関係に対して再設定を求めることになる。つまり、毛沢東時代の権力構造は高度に中央に傾斜していたのではなく、そこには広域統治機構の存在を通して常に制度の調整が行われ、地方の協力を得ようとしていた側面があったと想定される。さらには毛沢東時代に発展をみせた、こうした制度運用の柔軟性が、一九四九年以降の中共を頂点とする統治システムを強靱なものとしたと考えられる。

（2）本書の構成

以上の本書の論点を検証するために、各章で考察する内容は次のようになる。本書は、序章と終章を除き六章から構成される。事例の選定について述べておくならば、中央局の権力は、特に経済政策の変動をきっかけに大きく変化したため、本書は経済政策に特に注目することになる。具体的には、第一次五ヵ年計画の開始、大躍進運動の発動、国の資源を総動員した三線建設の展開、そして改革開放の始動に沿って各章を構成する。以下、本書が分析対象とする時期ごとの状況を概観しつつ、各章の具体的な課題について述べておく。

これまで中央局については、その組織と構成員の連続性を顧みず、各時期が別個に論じられてきた。本書は一九六〇年代の中央局の事例を中心的に扱うが、それまでに存在していた建国前後の中央局、および同じ枠組みの経済協作区の存在を一つの連続した過程として捉える。そこで、本書が取り上げる第一の論点は、広域統治機構の原点である大行政区体制による統治の実態、およびそれがどのように中央の承認をうけて発展していったのかという問題である。

これらの問題を検討するのは第一章である。第一章では、主として建国から第一次五ヵ年計画の実施までの中央局を中核とする大行政区体制の内実について、その形成をめぐる中央の意図にも留意しながら検討を加える。例えば、第一次五ヵ年計画の策定体制は、中央各部委による統制と並行して大行政区体制の存在を前提に作られた。大行政区体制は、中央集権的な体制を補助し、地域内部の計画執行を調整することを基本的な特徴として確立された。中央が大行政区体制を存続させたことには、どのような政治背景や統治方針があったのか。この点について、大行政区体制の再編に関する権力分配のダイナミックな変化と、それをめぐる中央、地方の相互関係にも注意しながら考察を行う。

こうした第一章で検討する広域統治機構による統治は、一九五四年の大行政区体制の廃止によって断絶したわけではなかった。建国後に積み重ねられてきた大行政区内部の協力と運営の経験は、当該地域に残留した幹部によって継承されていく。第二章では、大行政区体制の類似機構である経済協作区に注目し、特に一九五七年から六〇年にかけて中央指導部が経済協作区の権限を調整し続け、中央局に変容させていったという動態的な政治過程を考察する。前述のように従来の研究は、大行政区体制以降の広域統治機構である経済協作区と中央局を、単に集権化と分権化に付随する産物として説明してきた。

こうした見方に対して、第二章では、経済協作区の機能が、大躍進運動の状況に応じてどのように変化し続けたのかを検討し、そこから中央の広域統治機構に対する運用をめぐる一貫した統治方針を明らかにする。具体的には、一九五八年に始まる第二次五カ年計画（一九五八年—一九六二年）の策定をめぐる意見対立を背景として、経済協作区が設立された状況を検討する。また、華東協作区の執行状況を取り上げ、大躍進運動期における経済協作区の実際の機能を詳らかにする。最後に、大躍進運動の収束に向けて、経済協作区という制度の運用にどのような変化が生じたことで、結果的に中央局として再建されるに至ったのかを明らかにする。

続いて、一九六〇年代前半には国計委、中央各部委による統制が強められていくが、従来の研究が指摘するように、果たして中央局の介在が中央集権のために機能していたのかどうかを再検討する。この点について、第三章では中央局の経済機能、第四章では中央局の政治統制の機能を中心とする事例研究から考察を行う。

第三章では、経済上の中央統制が強まる中で、地方の勢力を温存した中央局が再建されたことについて、その背景にある統治システムの諸問題を考察する。そこでは、主に以下の二点を中心に検討していく。第一に、大躍進運動の中止と中央集権化の促進という新たな政治状況における中央指導部の意図や中央局の機能をみる中で、中央局が経済調整政策にどのような影響を与えたのかを論じる。第二に、一九六〇年代前半にかけて、経済調整政策をめぐる中央指導部の政治角逐を背景として、中央局がどのように運用されていったのかを明らかにする。

他方、中央局は経済管理だけではなく、管轄地域内部の様々な党政部門の活動領域を統括し、全面的に領導するように定められていた。第四章では、中央局が地方の領導に対して重要な側面を有したことや、一九六〇年代前半にかけて絶えず行われた党組織の整頓の中で果たした役割について、以下の二つの事例から検討する。第一に、大躍進運動の収束段階において、中央局がどのように管轄範囲内部の混乱収拾に乗り出したのかを検討する。第二に、一九六二年の冬から六四年にかけて行われた社会主義教育運動を取り上げる。当時、中央が打ち出した運動の指導方針は変わりつつあったが、各中央局はどのように政策を解釈することで、中央の方針を地域の状況に合わせて執行し得たかを考察する。

中国の国内政治の分析にとどまらず、本書の第五章、第六章では、一九六〇年代から国際情勢の変化にともない、六つの中央局を中心とする戦争準備体制が構築され続けたことで、地方行政や国家経済発展戦略が影響をうけたことについても考察する。

第五章では、一九六四年に中国が軍事戦略や経済発展で転換点を迎えたことで、三線建設を含めた全国範囲の戦争準備の展開や、中央統制的な経済管理体制の緩和のために、中央局の再強化が行われたことを論じる。その上で、文革初期における中央局の消滅と、それが意味することについて検討を試みる。

第六章では、文革が収束を迎えようとする一九七五年に、第五次五ヵ年計画の策定と共に六大地域を中心とする経済発展構想が再び提起された政治過程を論じる。その上で、中国の権力移行期において、鄧小平および古参幹部の関係や、政策理念をめぐる闘争の末に諸制度の変更や幹部の配置が行われたことについて分析を行う。その過程において、毛沢東時代において長らく活躍してきた中央局がなぜ復活できなかったのか、またそのことが改革開放以後の中央地方関係に対してどのような意味をもっていたのかについても論及する。

終章では、本書の分析内容の結果を、中国政治の分野においては中央地方関係、政治外交史研究、行政管理問題を含めた近年の動向に、また比較の視点ではソ連、近現代中国における広域統治機構に照らし合わせながら、本書の結論がそれぞれの問題に与え得るインプリケーションについても述べる。

本書の議論を通じて、中国の指導者にとっての永遠の課題――いかにして中央の権威と地方の活性化を両立させつつ、その制度調整の中で生じる「集権化―分権化」の循環を打破していくかという政治的課題を、広域統治機構の視点から読み解いていく。なぜ行政効率の低下、地方主義の温床につながる可能性があったにもかかわらず、中央は広域統治機構に頼り続けてきたのか。なぜ権力が高度に中央に集中していたと言われる毛沢東時代においても、中央は地方の政策執行を確保できなかったのか。さらには、広域統治機構の持続は現代中国の国家形成期においていかなる政治的帰結をもたらしたのか。本書では「集権化―分権化」の二項対立の枠組みから脱却し、これらの諸問題を解明していく。また、広域統治機構の機能の究明を通じて、従来個別に論じられてきた毛沢東時代のイデオロギー、行政、政治、軍事などの中心的な問題を整合的に理解することを目指す。

註

（1）中国語の「領導」は日本語の指導と訳される場合もあるが、本書では中国政治を理解する上で「領導」、「指導」の概念に重要な違いがあることに留意し、そのまま領導として表記する。中国語で領導という場合、命令―服従の意味をもつ。それに対して、中国語で指導という場合、ガイダンスを施す権限のみを指し、命令―服従の関係が存在しない。その概念の違いについては、高原明生・前田宏子『開発主義の時代へ――一九七二―二〇一四　シリーズ中国近現代史⑤』岩波書店、二〇一四年を参照。また、法の概念に基づき中国の「領導」の概念を紹介した論考として、毛桂栄「中国における「領導」の行政学――職務権限規定において」『立命館法学』二〇二一年五・六号、九三七―九七八頁がある。

（2）本書では「省」という場合、便宜的に省、直轄市、自治区レベルの地方政府を指す。省以下の地方単位（地区、省轄市、県および県級市）などは基本的に考察の対象外とする。

（3）複数の省に跨る機構に関して、中国語では直接その機構の名称が使われており、統一した用語が存在しない。ここで言う広域統治機構は、日本語の「広域」の意味に由来する。つまり、基本となる一級行政区画である「省」を超えて、さらに広い地域を単位とする地方行政範囲のことを指す。

（4）周振鶴『中国地方行政制度史』上海人民出版社、二〇〇五年、二二〇—二二一頁。

（5）中国共産党中央委員会は、中国共産党全国代表大会によって選ばれ、党大会の閉会期間中には党大会の代わりに党を領導する機構であり、「中共中央」、「党中央」とも呼ばれる。

（6）中央各部委は国務院が指揮する行政機構を指す。例えば、工業生産を管理する重工業部、軽工業部があり、そして国の経済計画および生産の各指標を定める国家計画委員会があった。詳細については本章第二節を参照。

（7）Институт марксизма-ленинизма при ЦК КПСС, *Коммунистическая партия Советского Союза в резолюциях и решениях съездов, конференций и пленумов ЦК*（*1898–1988*）. т. 2, Москва: Политиздатр, 1983, p. 264. 当資料集の中国語訳である中共中央馬克思恩格斯列寧斯大林著作編訳局『蘇聯共産党代表大会・代表会議和中央全会彙編（第二分冊）』北京：人民出版社、一九六四年、三〇頁も参照。

（8）Keller Shoshana, *Russia and Central Asia: Coexistence, Conquest, Convergence*, Toronto, Buffalo, London: University of Toronto Press, 2020, chapter 6 を参照。

（9）管見の限り、本書の研究対象である「中央委員会の出先機関である中央局」は一九二四年に「北方局」の名称で初めて設立された。しかし、中共中央および地方組織を規定した党規約の変更によって、中央局の権限や名称はしばしば混乱の様相を呈した。例えば、一九二七年に中央局は「政治分局」、つまり中央政治局の出先機関として位置づけられた。一九二八年以降の中央局の設立は、中国共産党第六回全国代表大会で決定された党規約の一四条に依拠したものであった。その第七項によると、中央は状況に応じて数省範囲に跨る「中央執行局」や「中央特派員」という暫定機構を設置することができた。しかし一九三八年に行われた中国共産党第六期中央委員会第六回全体会議では、「中央執行局」のことを直接「中央局」と呼ぶようになったため、一九四九年まで「地名＋中央局」（例えば晋察冀中央局、ソ区中央局）という名称が定着した。この名称は一九四九年三月に「中共中央「地名」＋

局」に改めて統一された。この措置はおそらく中共中央の権威性を強調すると同時に、「中央局」という名前から複数の中央が同時に存在しているというイメージを与えることを未然に防ぐためにとられたのだと考えられる。一方で、中央局という呼び方は、後に党内の通達文書で使用され続けていた。

(10) 洛甫「関於抗日民族統一戦線的与党的組織問題」(一九三八年一〇月一五日) 中央檔案館編『中共中央文件選集(一九三六―一九三八)』第一一冊、北京：中共中央党校出版社、一九九一年、七一二―七一三頁。

(11)「中共中央関於統一抗日根拠地党的領導及調整各組織間関係的決定」(一九四二年九月一日中共中央政治局通過) 中共中央文献研究室・中央檔案館編『建党以来重要文献選編(一九二一―一九四九)』第一九冊、北京：中央文献出版社、二〇一一年、四二二―四二三頁。

(12) 中国では一九五三年から五七年の間にソ連モデルの計画経済を模倣して第一次五カ年計画が導入された。この五年間では、主に農業の集団化、国家主導の工業建設などの社会主義化政策が進められた。

(13) この撤廃に関しては、本書の第一章で詳しく考察するが、結論から言えば、中央は当初、国務院の各部による集権的な体制のみを維持する方針をとらず、その調和的な手段として中央局の維持を容認しようとした。しかし、その後は党中央の政治闘争をきっかけに撤廃せざるを得なくなったと考えられる。

(14) 国家計画委員会は、計画経済制度においてマクロな経済方針、および各生産指標を策定した機関である。一九五二年の成立当初は、中央人民政府国家計画委員会として政務院(後の国務院)と並立する機関であったが、一九五四年九月の国家機構再編により、国務院の組成部門に改組されて中華人民共和国国家計画委員会と改称された。その後、計画経済の終結によって一九九八年に国家発展改革委員会に改組された。

(15) 建国前の中央局に関しては、すでに公刊の資料集が多く出版されている。例えば、各中央局が根拠地において通達した文書、作戦の歴史などを中心に記述した張若筠主編『中共中央西北局文件』北京：中央檔案館・西安檔案館、一九九四年、徐塞声・章開沅・劉志平『中共中央南方局歴史文献選編』重慶出版社、二〇一七年などがある。また、主要な政治家の各中央局における活動内容と功績を扱った中国語論文も枚挙に遑がない。その他に、建国前の重要事件をめぐる中央局の歴史を記録した論文も、中共中央党史研究室の編纂による『中央党史資料』に多く掲載されている。また、建国初期の中央局、大行政区体制に関しては、Dorothy

J. Solinger, *Regional Government and Political Integration in Southwest China, 1949–1954: A Case Study*, Berkeley: University of California Press, 1977. などの英語圏の先駆的な研究をはじめとして、大行政区が分権的な体制であるという評価はほぼ固定したものとなっている。近年の大行政区に関する研究は中国語で記されたものが多く、最も体系的な研究として范暁春『中国大行政区（一九四九―一九五四年）』上海：東方出版中心、二〇一一年がある。

（16）大躍進運動の混乱を是正するために実施された経済調整期という語は、様々な中華人民共和国史の歴史書で用いられる。そして諸外国の研究もほとんどこうした時代区分を採用している。その根拠は一九六一年代前半に行われた中央統制を中心とする経済政策であり、例えば国家計画委員会を頂点として決定された計画指標の徹底的な執行、国営企業の管理権限や大型基本建設プロジェクトの決定権、物資管理権の回収など、大躍進期の経済モデルに反する様々な調整政策が行われたとされる。中国語の研究ではこうした政府の施策を総じて高く評価する。

（17）郭徳宏・王海光・韓綱編『中華人民共和国専題史稿（一九五六―一九六六）』四川人民出版社、二〇〇四年、四五六頁、鄭謙・龐松・韓鋼・張占斌『当代中国政治体制発展概要』北京：中共党史資料出版社、一九八八年、一一三頁などを参照。

（18）A. Doak Barnett, *Cadres, Bureaucracy, and Political Power in Communist China*, New York: Columbia University Press, 1967, p. 112.

（19）西南局は六つの中央局の一つであり、管轄範囲は四川省、貴州省、雲南省、チベット自治区である。詳細は、David S. G. Goodman, *Centre and Province in the People's Republic of China: Sichuan & Guizhou, 1955–1965*, New York: Cambridge University Press, 1986, chapter 8 を参照。

（20）文革期において紅衛兵集団は、各地の造反運動で活躍していた。彼らによって打倒された指導者や、彼らの残した各種の新聞は、党内の思惑や様々な派閥の消息を伝える重要な資料群である。

（21）Dorothy J. Solinger, "Some Speculations on the Return of the Regions: Parallels with the Past," *The China Quarterly*, Vol. 75, 1978, pp. 623-638.

（22）磯部靖「毛沢東時代の中央・地方関係をめぐる合理主義的アプローチの陥穽――地方分権と最高指導者のディレンマ」『教養論叢』一四五号、二〇二四年、一―二三頁。

(23)　一九五六年二月一四日に重工業担当者の報告を聴取した際の毛沢東の発言に、この言葉がある。この際の意見と評論に基づいて十大関係論が作成されたと言われる。中共中央文献研究室編『毛沢東年譜（一九四九―一九七六）』第二巻、北京：中央文献出版社、二〇一三年、五二八―五二九頁。現在の条条、塊塊の概念は、毛沢東が提起した際に比べてさらに精緻化されている。多くの研究では、条条が縦割りの管理体制であり、塊塊が横割りの管理体制であると定義されている。ところが、そうした定義も混乱を招くことがある。例えば、周振超は、条条の体系は中央から基層までの垂直体系を指す場合がほとんどであるが、実際に各省から基層までの指揮体系も、ある種の条条であると指摘している（周振超『当代中国政府条塊関係研究』天津人民出版社、二〇〇九年、一五頁を参照）。そのため本書では、縦割りや横割りの言葉を使わずに、中央各部委の管理体制を条条、地方党委員会を頂点とする管理体制を塊塊と定義する。

(24)　Franz Schurmann, *Ideology and Organization in Communist China*, Berkeley: University of California Press, 1968.

(25)　Thomas P. Lyons, "Planning and Interprovincial Co-ordination in Maoist China," *The China Quarterly*, Vol. 36, 1990, pp. 36-60.

(26)　この研究状況は改革開放以後も改善されていない。前述したように、英語圏の研究はミクロレベルの事例研究に集中している他、地方への権限委譲によって各省が自らの利益を追求することに最大の関心が置かれており、公式の制度による省の間の協力関係に関する研究は極めて少ない。

(27)　Kenneth G. Lieberthal, Michel Oksenberg, *Policy Making in China: Leaders, Structures, and Processes*, Princeton: Princeton University Press, 1988, pp. 9-16. リバサールとオクセンバーグは資料の制限によって研究の対象が政治エリートに制限された研究の傾向を、「パワーモデル」と「合理的選択モデル」としてまとめた。

(28)　James R. Townsend, *Politics in China* (Second Edition), Boston: Little Brown & Company, 1974.

(29)　呉国光・鄭永年『論中央―地方関係――中国制度転型中的一個軸心問題』香港：牛津大学出版社、一九九五年、二六―三〇頁。

(30)　David S. G. Goodman, *Centre and Province in the People's Republic of China: Sichuan and Guizhou, 1955-1965*, pp. 189-191.

(31)　天児慧編『現代中国の構造変動　四　政治――中央と地方の構図』東京大学出版会、二〇〇〇年、一四―一七頁。他に、例えばHarry Harding, *Organizing China: The Problem of Bureaucracy, 1949-1976*, California: Stanford University Press, 1981, pp. 182-183.

（32）Parris Chang, *Power and Policy in China*, University Park: Pennsylvania State University Press, 1975., David S. G. Goodman, *Centre and Province in the People's Republic of China: Sichuan and Guizhou, 1955–1965*., Frederick C. Teiwes and Warren Sun, *China's Road to Disaster*, Armonk and New York: M. E. Sharpe, 1999., 浅沼かおり「中央―地方関係の政治化――一九五八年を事例として」岡部達味編『グレーター・チャイナの政治変容』勁草書房、一九九五年、四〇―五七頁。

（33）Kenneth G. Lieberthal, David M. Lampton eds., *Bureaucracy, Politics, and Decision Making in Post-Mao China*, Berkeley: University of California Press, 1992. 二〇〇〇年代に入ってからその研究の枠組みをさらに現状に合わせて修正したものとして、Andrew Mertha, "Fragmented Authoritarianism 2.0: Political Pluralization in the Chinese Policy Process," *The China Quarterly*, Vol. 200, 2009, pp. 995-1012. の研究成果が挙げられる。しかしこうした研究は、近年の中国における基層レベルの選挙は民主化につながるのか否か、あるいは住民のデモや暴動は中国共産党政権の基盤を揺るがすのか否かといった市民社会論的な問題関心に基づいている。またミクロレベルの事例研究が数多くなされる現状にあっては、政策過程の研究については従来の枠組みを超える新たな知見がほとんど出されていないと言ってよい。

（34）磯部靖『現代中国の中央・地方関係――広東省における地方分権と省指導者』慶應義塾大学出版会、二〇〇八年。磯部は近年、『中国　統治のジレンマ――中央・地方関係の変容と未完の再集権』慶應義塾大学出版会、二〇一九年で習近平時代の分析も行っている。

（35）Sebastian Heilmann and Elizabeth J. Perry eds., *Mao's Invisible Hand*, Cambridge: Harvard University Press, 2011.

第一章　大行政区の廃止をめぐる政権内力学
――広域統治機構の成立と継承

はじめに

現在の中華人民共和国の行政区画は、省、自治区、直轄市を地方行政区画の最高レベルである一級行政区と定めている。だが、一九四九年に中華人民共和国が成立し、全国を東北、華北、西北、華東、中南、西南の六つの大行政区に分けた際には、それぞれの大行政区が複数の省を包摂していた。またそこには人民政府あるいは軍政委員会が設置された。六大地域という範囲区分は、国共内戦の終結直前における各野戦軍の占領地域に応じたものであり、ゆえに当時は六大軍区も設けられていた。こうした大行政区の権力の中枢であり、かつ各地域内における党組織、政府、軍区を領導した党機構は、中央局であった。

建国直後の中央指導部は、国家の完全統一という目標を掲げながらも、地方の軍隊と行政が密接に関係する大行政区をあえて選んだ。それに対し、当時の国外の観測筋は、中国が再び軍閥による分裂状況に戻るのではないかと予想していた。[1] しかし、数年後には順調に大行政区レベルの党、政府そして軍区の解体が行われた。すなわち一九五四年六月、六大軍区とそれに対応する政府機構の六大行政区、さらには党機構の六つの中央局が廃止され、中央の解放軍総部が統轄する十三軍区と、中央人民政府に直接責任を負う省レベルの政府および中央委員会によって領導される省レベルの党委員会が、それらに取って代わった。

大行政区の成立は、その廃止と比べて、国共内戦の軍事配置をうけた自然な流れによるものであったと言われる。というのも、軍事管制の暫定的な性格は「共同綱領」(2)に明確に規定されており、中央指導部もいずれは文民統制に移行することを自覚していた(3)。その一方で、大行政区の廃止については、建国後の共産党による経済や行政などの国家統治のあり方にも深く関わるものであったため、その廃止や変革の手続きは、中央指導部の軍に対する警戒とは別個の問題として扱われたと考えられる。そのため、本章では大行政区の成立を概観しつつ、主に大行政区の廃止について考察を行いたい。

ここでは、大行政区の廃止に関する先行研究の議論を「統一の障害説」と「大行政区有用説」の二つに大別して整理しながら、それぞれの主張の問題点を指摘したい。

第一に、「統一の障害説」は、大行政区の存在を最初から暫定的な措置であったとみるものである。すなわち大行政区は、建国初期の反革命鎮圧や抗米援朝など、中共の政権基盤を安定させるための軍事行動や、地域の状況に合わせた適切な政策運用のためには不可欠であった。しかし、地方に高度な裁量権を与えるその分権的な体制は、第一次五ヵ年計画が必要とした中央集権的な体制を構築するにあたり、障害になったと指摘される(4)。

こうした論点と共通する研究として、例えば以下のようなものがある。ハーディングは大行政区の廃止の理由について、行政効率の低化と運営支出の増加、幹部配置の考慮、第一次五ヵ年計画の体制に相応しくないことなどを挙げた(5)。次に、浅沼かおりは、分権的な大行政区によって地方が遠心化する傾向を示した上で、中央指導部は集中統一的な国家建設をするために大行政区の廃止を当然視していたと論じた(6)。その他、西南地域の大行政区に関するソリンジャーの先駆的な研究がある(7)。ソリンジャーは大行政区が現代中国の国家統合に果たした役割を明らかにした一方で、建国初期の国家統合を果たしてからは存在の意味を失い、廃止がなされるに至ったと説明した。これらの主張は、いずれも大行政区は当初の目的を達成したため、次の段階の制度構築の障害になったと指摘する点で共通している。

しかし、そこには大きな問題がある。まず、大行政区を建国初期という特殊な状況に応じるだけの過渡的存在とする見方では、後にそれとは全く異なる政治状況において大行政区と類似する機構がなぜ繰り返し出現したのかを説明できない。また前述のように、大行政区が不要になった一つの理由として、第一次五カ年計画の実施に向けて中央集権的な制度の整備が必要であったことが挙げられる。しかし、中央指導部が最初から国務院各部委による垂直的な管理体制を通じて「中央による集中統一的な領導体制」を実現しようとしていたのかどうかについては、いまだ十分に論証されているとは言えない。

さらに指摘すべきこととして、本説は中国当局によってなされた、一九五四年の高崗、饒漱石事件[8]に対する解釈に依拠するところが大きい。当時の党中央の発表によれば、高崗は自身が務めていた東北人民政府主席と東北局の指導者の身分を利用し、東北を自らの独立王国としていた。高崗、饒漱石事件の余波により、東北と華東ではそれぞれ反党連盟が摘発され、その際に制度設計上は分権的であった大行政区が地方主義や独立王国と関連づけられるようになった。こうして、高崗、饒漱石事件と共に、大行政区は地方主義や分散主義の弊害を連想させる存在として描かれるようになったのである。

ところが、二〇一〇年代以降、新資料や回顧録が続々と出版されたことで、高崗、饒漱石事件に関しては新たな視点からの解釈が示されている。高崗、饒漱石の反党活動と反党連盟の結成は否定され、新しい公式文献においても高崗、饒漱石による党の分裂活動という記述のみが残された[9]。その一方で、大行政区の廃止の経緯に関する研究は依然として従来の高崗、饒漱石事件の解釈に依拠しており、そのことは「統一の障害説」を乗り越え、大行政区に関する新たな理解を生み出すにあたり一つの阻害要因となっている。

第二に、「大行政区有用説」は、大行政区の廃止を集権的な体制構築の一環であると自明視する観点に対し、疑義を呈するものである。例えば、ティーヴィスは当時の中央指導部はそもそも大行政区のあり方に関してまとまった意見を有していなかったため、大行政区の裁量権に関しても柔軟な態度をもっていたと指摘している[10]。この見解に従えば、中央指導部は分権的な中央地方関係に抵抗感があったわけではなく、大行政区を通じて緩やかな地方統治を実施しようとしていたということになる。

また、磯部靖は、中央指導部は少なくとも一九五四年初頭までは地方をより有効に統治するための存在として大行政区を認識し、第一次五ヵ年計画期に入っても引き続き大行政区レベルの党政機構を活用しようとしていたと指摘している。そして一九五四年に大行政区が突然立ち消えとなったのには、その前半に顕在化した高崗、饒漱石事件が何らかの影響を及ぼしていたと推論した[11]。筆者は大行政区有用説に賛成するものであるが、ただし本説は大行政区が中央指導部に重視されていたという事実を明らかにするのにとどまっている。実際には、大行政区は中央指導部に重視されて以降の一〇年間にあって、経済協作区と中央局の形で復活した。そうした持続的な運用について、原点からの連続的な事象として検討がなされていないという欠点がある。

以上、大行政区の廃止をめぐる二つの仮説の是非を検討した。従来の諸説には、大行政区の廃止や、その前提となる大行政区の位置づけについてしばしば誤った認識がみられ、中央局を中核とする大行政区体制の意義についても十分説明し尽くされているとは言えない。その最大の原因としては、後述のように、一九五二年から五四年の間に行われた大行政区体制をめぐる一連の制度変化に対する不理解がある。すなわち多くの先行研究には、一九五二年の機構簡素化と一九五四年の制度廃止とを安易に結びつけ、この間に発生した一見矛盾する制度変化と政権内の権力力学を看過する傾向がある。

以上の問題意識に基づき、本章では、まず中華人民共和国の広域統治機構の原点である大行政区体制の廃止をめぐる政権内の力学を検討する。その上で、この時期の大行政区によって行われた統治の特徴、およびそれ以降の中央地方関係に対する影響について考察する。具体的な内容は以下の通りである。

第一節では、中央指導部が日中戦争から国共内戦にかけて地方統治の方式として採用してきた中央局体制を、一九四九年の建国以後も維持することを決定した経緯と思惑について検討する。続いて、第二節では、第一次五カ年計画の始動と大行政区の政府機構の簡素化の間の因果関係を検証する。その上で、この時期に形成された地域範囲の協力と経済管理方式が、それ以降の時期にいかなる影響を与えたのかを明らかにする。

第三節では、新民主主義の放棄をめぐる中央指導部の論争、高崗、饒漱石事件の勃発、そして大行政区の廃止という三つの事象の相互作用を検討する。また、中央局を中核とする大行政区体制の廃止後の幹部の異動について、全体の異動状況、各区の留任状況、一九五四年以降の地方人事などの側面から考察する。本章の検討を通じて、広域統治機構という統治手法がいかにして創出され、いかなる運営上の特徴を有したのか、さらにはそれが行政体制に対してどのような影響を与えたのかが明らかにされるであろう。

1　中央局を中核とする大行政区体制の成立

本節では、まず建国前の政治状況を整理し、大行政区が最初の地方一級行政単位として選ばれた経緯と、それに関する中央指導部の思惑を明らかにする。その上で、内戦期の終結と、国家建設の開始という新しい政治状況において、大行政区がもたらした中央、地方政治への影響を詳らかにする。

（1）大行政区の成立に至るまでの経緯

建国以前の中共は、理想の中央地方関係として連邦制の導入を繰り返し提起していた。中共は成立以来、長きにわたり民族自決とソ連の連邦制の影響をうけていたため、第二回党大会から一九三七年まで、中国国内の少数民族の自決と地方の自治を重視する中華連邦共和国の構想を唱えていた。[12] しかし、この連邦制の構想は、あくまでも中共の少数民族政策とコミンテルンの反植民地政策を反映したものであり、漢民族中心の地において分権的な地方自治を行うことを示す内容ではなかった。一九三七年以降、民族自決が実質的に放棄されると、中共中央は連邦制の実施に関して明言しなくなった。[13] 一九四〇年一月に毛沢東が発表した「新民主主義論」では、新民主主義共和国の制度構造に関して、全国人民代表大会、省人民代表大会、県人民代表大会から郷人民代表大会に至るまで人民代表大会制度をとると共に、その各級の代表大会による選挙を通じて政府を選出することが論じられた。[14] この時期において、毛沢東が考える行政区画は従来通りの省レベルを一級行政区とする地方制度であり、大行政区はまだ構想されていなかったと言えよう。

一方、内戦の進展をうけて、共産党の占領地域は拡大、発展し、それらが一つの解放区に統合されていった。解放区の拡大にともない政権構築の必要性も出てきた。こうした情勢のもとで、共産党の占領地における中央局は、権力の中枢機構としてその機能を次第に拡大させていった。また、一九四〇年代になると、各地方では党による集中的な領導を徹底するため、党、政、軍の権限をすべて党に集中させる党の一元的指導体制が確立した。[15] この指導体制のもとで、軍事作戦と経済建設の緊密な関係も築かれた。例えば、新解放区の中原解放区の場合、活動の中心を農村から都市に移行し、経済の回復や、金融、物価の安定を図ることで戦争を支援するようになった。[16] このように、中央局を頂点として党、政、軍の指導権が高度に統合されるようになり、そうした体制下で軍事作戦と経済建設の同時遂行が可能となった。

一九四八年五月に晋察冀、晋冀魯解放区が統合され、中共が支配する地域の中で最大の解放区となった。また、華北地域で一〇年以上統治にあたっていた北方局を基盤に、華北局と華北連合行政委員会、華北軍区が設立された。華北解放区の設立にあたって、一九四八年九月、中共中央は、「この政府（華北――筆者注）のもとに華北、華東、西北の三つの地域の経済、財政、商業、金融、軍事工業の指導と管理の業務を統一して、前線の支援を図ることを決定しており、また近い将来、東北と中原の両地域でも上述の業務を統一する準備を進めている」と通達した。[17] 福島正夫は、この党中央の通達によって、華北人民政府が他の解放区の結合の中心となり、諸業務において全解放区政権を統轄する権限が与えられたと指摘している。だが、それはあくまでも将来的な実現を目指す長期計画として述べられている。[18] 実際に、この通達より前の一九四八年四月、毛沢東は華東局幹部に対して、「昨今の情勢において、全党全軍は政治上の政策と策略の統一、さらには軍事上の戦略の統一をしなければならない。経済および行政面では、まず各地域内の統一を完成させ、革命の進展によって軍隊の配置および経済と行政の統一を行う」よう指示した。[19] つまり、毛沢東は華北に続いて、東北、西北、中原などの地域でも次々と解放区の統合を行ったものの、経済と行政の統一は急務ではなかったと考えられる。

一九四九年一月六日から八日にかけて、西柏堤で建国の準備のための中央政治局会議が開かれた。そこでは集中と統一の問題に関して議論が交わされた。当該会議において、劉少奇は中央の役割は統一の計画策定と領導であり、現段階では地方に権限を与えるべきだという立場をとった。[20] 劉少奇と同じく、周恩来は中央地方関係の体制について、「中央政府を樹立するために、集権と分権の問題を適切に解決しなければならない。（中略）過渡期においては急ぐべきではない。状況によっていくつかの側面の統一をできていればよい」と述べた。[21]

それに続く同年三月の中国共産党第七期中央委員会第二回全体会議で、周恩来は、既存の解放区に基づく建設を行った上で、緩やかに全国の統一に向かっていくべきだとする方針を再び強調した。この方針に基づいて、周恩来が考案した中共中央の通達では、上述した解放区の軍事に対する後方支援の必要があるため、全国の経済管理体制を東北、中原、西北、華北、華東に分けた区域制をしばらく続けるとした[22]。この時点で大行政区という名称はまだ確定していなかったが、元々存在していた解放区に基づいて大行政区を設けるという方針がほぼ定まった。

（2）大行政区の基本規定と中央政府

一九四九年一二月一六日「大行政区人民政府委員会組織通則」（以下、「通則」とする）に基づき、華東、中南、西北、西南に大行政区軍政委員会が設置された。それに対し、早期に戦争が終わった東北地域は比較的安定していたため、軍事管理の代わりに大行政区人民政府委員会が設置された[23]。華北区では建国までは華北局が地方党委員会の領導を行っていたが、中央人民政府が直接華北各省を管理するようになった。その際、元々の華北解放区の多くの幹部や機構はそのまま中央政府の一部になったため、華北大行政区政府を設置する必要がなかったと考えられる。

「通則」によると、「大行政区人民政府あるいは軍政委員会は、二重の性格をもち、地域のすべてを統轄する地方の一級行政機構でありながら、中央人民政府政務院の代表機構でもある」。つまり、大行政区は政務院の代表として、地方を領導するとされたため、組織上の序列からすれば、政務院の下級機関であった。しかし、「通則」と「共同綱領」の内容によれば、大行政区は全国に影響を与える事柄ではない限り、政務院に業務の事後報告を行えばよかった。さらに、大行政区が地域内の状況に合わせて適切な政策を実施するために、政務院から省、市、県に対する命令や通達を出す際には、大行政区を経由しなければならなかった。大行政区はそれを審議し、最終的な決定権をもったとされる。また、省人民政府主席、副主席などの重要なポストを除き、大行政区政府は地域内の人事を決定する権限を有していた[24]。

他方、区別しなければならないのは、大行政区人民政府や軍政委員会を領導した、大行政区の真の権力中枢は党の機構である中央局であったことである。しかし、その権限を明確に規定した文書はほとんど見当たらない。前述したように、一九四八年に党による一元的領導体制が強化されたため、解放区における軍隊と政府の活動は、中央局の領導に従わなければならなかった。図1は西北局を例に、中央局と軍、行政府の領導関係を示したものである。建国初期においても、内戦時のような中央局による領導を貫徹するために、中央局の指導者は大行政区の政府機構の指導者を兼任することがほとんどであった。他の地域においても、同様の人事配置がとられた。例えば、高崗は東北局第一書記でありながら、東北人民政府主席でもあった。また、政府機構に対応する中央局の業務機構が建国以後さらに拡充されていったことからも、中央局の権力の強さが窺われる。

建国後も大行政区が必要とされた背景としては、前述したように軍事的な考慮もあったはずである。建国前後の軍の配置、国民党の残党勢力との戦いの継続、反革命鎮圧などの軍事作戦と関わる活動が進行中であったことは、大行政区に軍権を授ける正当な理由たり得た。しかし中央指導部は、軍事作戦が一段落し、国家建設の段階に入っても、各大行政区の意見を汲み取る制度を設け、国家運営を行っていた。こうした措置は、建国初期の人事配置をめぐる中央と各大行政区の間の葛藤とも関係していた。当時の中央人民政府は、華北解放区およびその党政機構を基盤に成立したため、全国を代表する中央政府というよりは華北政府の印象が強かった。中央政府の多くの部門は華北人民政府を基礎として組織されたが、それのみならず、党と政府の人事部門の中枢も華北局の旧幹部が多くを占めていた(25)。例えば、中央組織部の部長は一九五三年まで北京市市長の彭真が兼任していたため、日常的な業務を担当していたのは組織部副部長兼政務院人事部長の安子文であった。彼らは元々華北局の人事と党務の責任者であった。

このような華北局偏重の人事配置は各大行政区の不満を招き、後に起きた高崗と劉少奇の衝突の遠因になったとも言われる。具体的に、高崗は東北の特殊性を主張し、しばしば中央の意向に反して行動していたとされる。饒漱石も上海と華東の特殊性を主張し、「中央の一部の部門は中央とは言えない」として政務院と対抗したとされる(26)。しかし、

図1　1950年の中央局による領導体制

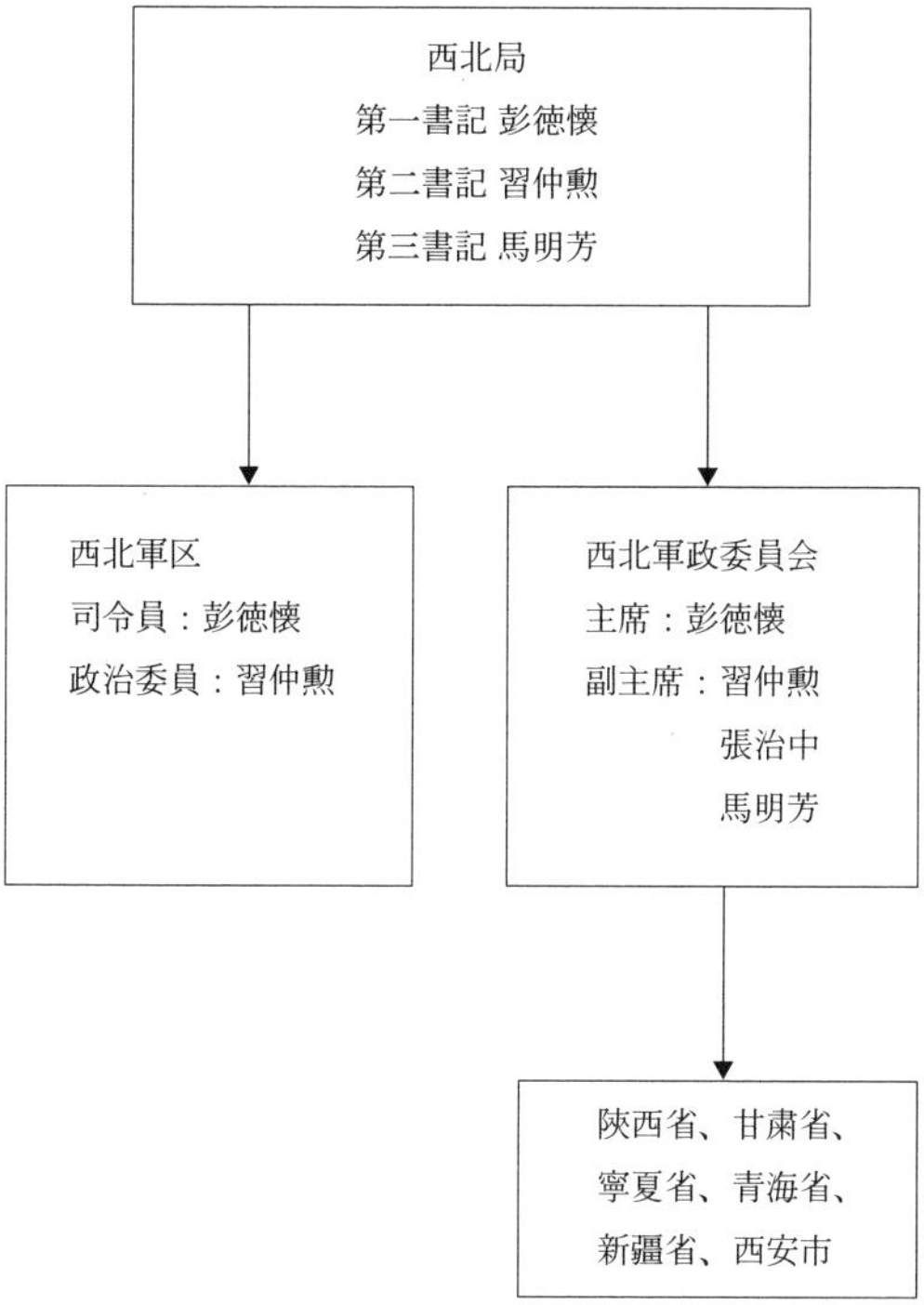

（出所）　中共中央組織部他編『中共組織史資料　第5巻　過渡時期和社会主義建設時期（1949.9-1966.5）』北京：中共党史出版社、2000年、179頁、中共中央組織部他編『中共組織史資料　附巻1　中華人民共和国政権組織（1949.10-1997.9）』北京：中共党史出版社、2000年、256頁、中共中央組織部他編『中共組織史資料　附巻2　中国人民解放軍組織（1949.10-1997.9）』北京：中共党史出版社、2000年、40頁より筆者作成。

ここで注意すべき点は、高崗、饒漱石が中央と対抗していたという証言が、ほとんど高崗、饒漱石事件が起きた後で発表されたものだということである。そのため高崗、饒漱石は大行政区を盾にして中央と対抗していたという文脈で語られることが多い。

しかし、高や饒のこうした発言は果たして本当にあったのか、あるいはあったとしても、当時の文脈においてどこまで中央にとって問題視されたのかについては疑問が残る。実際に彼らだけではなく、中央の「華北化」傾向に警戒していた幹部は他にもいた。例えば、譚震林、林彪といった中南局の幹部にも似たような発言があった。[27] こうしたことからみて、高崗が不満をもっていた中央は「党中央」ではなく、華北局出身の幹部たちの集団を指したのではないだろうか。そのため、大行政区の意見を積極的に聞き入れ、地方幹部派遣のメンバーを取り入れることによって中央人民政府の代表性を高める必要があったと考えられる。

（3） 政策論争における大行政区

前述のように、大行政区は各方面にわたり大きな権限をもっていたが、そのことは中央にとって政治的な脅威としてみられたのか。この点については、大行政区が政策過程においてどのような役割を果たしたのかと合わせて論じる必要がある。

一九四九年から五二年の間に中央地方間で起きた大きな政策論争として、国営企業の経営体制と農業集団化の二つがある。この二つの事例についてはいずれも豊富な研究の蓄積があるが、本項ではこれらの衝突事例において大行政区が果たした役割に焦点を当てて論じることにしたい。

まず、国営企業の経営で議論になったのは、党、経営者、労働組合の関係をいかに規定するかという問題であり、そのことは政権の性質をどう理解するかという論争にまで発展した。[28] この論争では毛沢東による直接の介入はなかったが、劉少奇と東北局第一書記の高崗との対立の形に発展した。そこで劉少奇は、新民主主義の維持を前提に政府の連合政権の性質を強調した。それに対して、高崗は国営企業における社会主義の性質を強調し、東北区でソ連を模倣した「一長制」の実施に乗り出した。(29) この論争は、工業分野においてどのように社会主義を実践するかという立場上の違いを意味した。これに関しては、当時の中央指導部の間でも認識の一致に至らなかったため、その実施は、各大行政区の裁量に委ねられることになった。

また、農業問題に関しても、土地改革後の農村でどのような政策を進めていくべきかをめぐって、活発な議論が行われた。そこでまず問題となったのは、土地を所有し、比較的富裕とされた階級、すなわち「富農」の土地所有権についての処遇であった。当時政務院財政経済委員会（以下、財経委とする）の副主任を務めていた薄一波の回想によれば、一九五〇年、毛沢東は富農が貧農に貸与した土地を国有化して、貧農に再分配しようとしていた。ところがその構想は、毛沢東の想定に反し、華北局と華東局の反対に遭った。(30) 反対の理由は、富農の土地を性急に国有化することで、その次の階級に当たる中農およびそれ以下の階級が自らの財産を没収されるのではないかという不安に駆られ、社会の安定を損なう恐れがあるというものであった。それに対して、中南局は富農の勢力が比較的分散している南方の状況に基づいて、富農の土地をめぐる国有化措置は、貧農や中農の勢力の団結につながると主張した。

毛沢東は意見が分かれた華東局と中南局にそれぞれ法案を作るように命じた。鄧子恢が中南局の経験に基づいて作成した「中華人民共和国土地法草案」では、政府は必要に応じて一部の富農の土地所有を変更する権限をもつとされた。華北局と華東局の幹部はそれに対して疑念を抱いていたが、最終的に施行された「中華人民共和国土地改革法」では付加条項の形で鄧子恢の意見が採用された。(32) この事例では、各大行政区は政策の提言者であると同時に実践経験の提供者でもあり、結局は各大行政区の意見が選択的に採用されることになった。

また、農業集団化の問題に関しても意見の対立があった。高崗は、一九四九年までに土地改革を完成させていた東北区に「新富農化」の傾向があるとして問題視し、一九五〇年に集団的な農業参加や互助組織を実施することを主張した。[33] それに対して劉少奇は、集団化経営は時期尚早であり、現時点では農民による他人の雇用や、家畜などの個人所有を制限すべきではないという反対意見を提示した。[34]

かかる論争が未解決のまま、土地改革を完成させた山西省党委員会は、東北局と類似したスローガン、すなわち「古い解放区の農業互助合作をさらに高めよう」を掲げた。劉少奇はこうした山西省党委員会の方針に対し、一九五一年に「新民主主義段階であるため、私有制を動揺させたり否定したりしてはいけない」として批判を展開し、農業生産の集団化はまだ進めるべきではないと主張した。[35] 劉少奇の支持を得た華北局の幹部らは、華北局会議で華北四省の指導者や農業関係者の意見をまとめて、生産手段の私有制の変更に対して反対意見を表明した。[36] すなわち劉少奇には先に華北局を通じて山西省の政策を却下させることで、国政レベルの論争以前の段階で議論を収束させようとする狙いがあったのであろう。また、たとえ党中央の政策論争になったとしても、山西省の政策に疑念をもつ華北局幹部の支持を確保できたことになる。

こうした状況において、毛沢東は正式に政策論争に加わり、高崗と山西省の意見を支持する立場を表明したため、[37] 農業集団化の問題は党中央で解決しなければならなくなった。この問題をめぐって、一九五一年九月に採択された「農業生産互助合作についての決議」の草案では、生産手段の私有制を禁止するという譲歩がみられたが、農業を集団的に行うことに関しては保守的な政策傾向が維持された。[38] 結局、集団化についても、最終的な実施を各大行政区の判断に委ねるという折衷的な決定が下された。

以上、本節では、まず大行政区が建国直後の地方統治制度として選ばれた経緯を整理した。大行政区は、内戦期の経済建設によって軍事活動をサポートするという体制の維持に不可欠であり、そこでは経済や行政面の段階的な統一が認められた。

さらに、建国後に大行政区体制の維持がなされたのは、中央指導部が緩やかな地方統治体制を通じて、中央の代表性を向上させ、国家建設のために地方の協力を得る必要があると認識していたためである。その意味で、中央は強大な権限をもつ大行政区の存在を容認していたと言える。実際に、大行政区の提言や実践経験は、中央指導者にとって自己の主張を貫き通すための重要な政治資本となっていた。こうして、建国初期の大行政区の存在は「必要悪」ではなく、行政的に地方の協力を仰ぐ手段とされ、意見対立の緩和にも積極的な役割を果たした。

2　第一次五カ年計画における大行政区体制の変容

従来、ソ連式の計画経済を実施するためには中央による集中的な指導が必要であるため、段階的に大行政区を撤廃していくことが計画され、ついには一九五四年の完全撤廃に至ったと考えられてきた。それに対し、本節では、大行政区の廃止を必然とする見方を批判的に検討し、改組後に旧来の行政委員会がどのような役割を果たしたのか、また同委員会と中央指導部および政務院との関係がどのように変化したのかを考察する。

（1）大行政区体制の改組

一九四九年から五二年にかけての「復興期」において、中国共産党は国内の経済復興や朝鮮戦争への対応によって、計画経済の実施を遅らせていた。中央政府の財経委が全国的な計画を最初に作成したのは一九五〇年であったが、一九五〇年から五二年までの年度計画は義務的指標をもたなかった[39]。沈志華は、中国が朝鮮戦争に参加したことによって中ソの協力関係が緊密となり、経済建設に対しても多くの援助、協力を期待できるようになったと指摘している[40]。そうした背景において、一九五二年の夏に周恩来を団長とし、陳雲、李富春を含む中国代表団がソ連を訪問した。代表団の一つの成果として、中国の五カ年計画および軍事建設に対する援助についてソ連と約束が交わされた。
計画経済の開始に向けて準備が進められると同時に、中央の権限の強化と中央局の人事調整も行われた。一九五二年六月二〇日、毛沢東はスターリンに対し、ソ連の経験を参考にして党中央機構を改善する意思を示した。[41]同日の張聞天宛の電報にて毛はソ連の政治局、組織局、書記処の三つの機構の相互関係、および各共和国、直属州の党機構の関係を調査するよう依頼し、さらには今後、中央局の書記と他の一部の幹部を中央に異動させるよう指示した。[42]このことによって、一九五二年の夏以降、大行政区の指導者は北京に招集され始めた。この人事異動の結果、西南局第一書記鄧小平は政務院副総理、西北局第二書記習仲勲は中央宣伝部部長、東北局第一書記高崗は国計委主任、中南局第三書記鄧子恢は中央農村工作部部長、国計委副主任、華東局第一書記饒漱石は中央組織部部長を務めることになった。
従来の研究では、党中央の機構強化と共に行われた大行政区の指導者の異動は「虎を山からおびきよせる」ための措置、すなわち「地方諸侯」を弱体化するために行われたものであったと指摘されてきた。このうち、特に高崗と饒漱石は中央への異動に抵抗していたと言われる。[43]そうした見解に対し、毛沢東の意図は、党中央機構の強化のために地方の権力を削減することにあったのではなく、実際には建国以来しばしば自身と政策的立場の違いをみせてきた周恩来や劉少奇を牽制することにあったことも指摘されている。[44]
第一節で検討したように、中央政府は華北政府を基盤に成立したものであったため、華北系幹部に偏重した人事に不満を抱いていた幹部は少なくなかった。そのため、大行政区の指導者の起用には中央指導部の人事構成を改編し、是正する狙いがあったとも考えられる。また毛沢東は、直接的な介入ができなくなったと感じた政務院の運営体制に対して、「何でも西花庁で、誰か頤年堂のことを考えているのか」、「周恩来は今また政務院党組幹事会を作って、何をしようとしているのか」との不満の声を漏らしていた。[45]実際には、一九五二年に中央局幹部は中央に異動した後も、大行政区の党政機構を領導する権限を保持し、さらには中央レベルの重要なポストにも着任した。そのため、一連の

表1　1952年11月に任命された国計委メンバー

主席	高崗（東北局第一書記、東北人民政府委員会主席）
副主席	鄧子恢（代理中南局第一書記、中南軍政委員会副主席）
委員	陳雲、彭徳懐（西北局第一書記、西北軍政委員会主席）、林彪（中南局第一書記、中南軍政委員会主席）、鄧小平（西南局第一書記、西南軍政委員会副主席）、饒漱石（華東局第一書記、華東軍政委員会主席）、薄一波、彭真、李富春、習仲勲（西北局第二書記、西北軍政委員会副主席）、黄克誠、劉瀾濤、張璽、安志文、馬洪、薛暮橋

（注）　大行政区の指導者には下線を引いている。
（出所）　中共中央組織部他編『中共組織史資料　附巻1　中華人民共和国政権組織（1949.10-1997.9）』43頁。

人事異動は、「地方諸侯」の弱体化のために行われたとは思われない。

また、国計委の成立によって政務院の経済権限が一部奪われたという事実からすれば、中央局指導者の異動は上述した劉少奇、周恩来を牽制するためという説の方がより説得力をもつ。元々国計委は、財経委の一部であった財政経済計画局を母体として成った。しかし、新たに創設された国計委は政務院の中の一つの組織ではなく、それと同格の組織であり、また、設立当初の国計委を構成したのは経済専門家ではなく、その大部分が政治家や軍人によって占められていた。表1にあるように、大行政区の指導者全員が一九五二年段階で国計委メンバーになっていたという事実も、当時国計委が実質的に政務院と並列した、強大な権力組織であったことを象徴している。また表1からは、それまで周恩来が握っていた経済分野の権限が、大行政区から異動してきた指導者たちに一部分掌されるようになったことも分かる。

大行政区の指導者が国計委に参加したことで、権力の再分配が行われるかもしれないという可能性に対し、周恩来は政務院党組幹事会の拡大を図っていた。現代中国の制度上の一大特徴として、党の領導と統制を遂行するために、行政機関の外部には各種の党組織が設けられている。党グループ（党組）は、行政機関の内部に直接設置され、実際に行政機関の領導機構として機能していた。政務院党組幹事会は、中央政府の各部委（専門の行政機関）に設置された党グループを統括するための組織であり、政府各部門の党グループの人事権を握っており、党中央の政府に対する領導はすべて政務院党組幹事会を通さなければならなかった。一九五二年八月、大行政区幹部らの異動が行われた一方で、周恩来は政務院党組幹事会を中央政府党組幹事会に改名し、組織をさらに拡大するよう提案した(46)。そうすることで、国計委も幹事会のもとに取り込まれることになった。また、党中央の政府に対する領導が幹事会を経由する仕組みも、そのまま維持された。つまり、周恩来のこの提案には、それまでの経済実務の運営の主導権を握り、国計委を牽制するという意図が込められていたと考えられる。

こうして中央の権力の再分配と組織の再編が進められるのと同時に、一九五二年一一月一六日に「大行政区人民政府委員会の機構と任務の変更に関する中央人民政府委員会の決定」が公表された。この決定によると、一九五三年から大規模かつ計画的な経済建設が開始されるのにともない、中央の省に対する領導、さらには地方における省の領導機能を強化しなければならなかった。そのため、それまでに中央が大行政区政府、あるいは軍政委員会を通じて、間接的に地方を領導する体制も変更を強いられた。この決定をうけて、東北大行政区人民政府、西北、華東、中南、西南大行政区軍政委員会が大行政区行政委員会（以下、行政委員会とする）に変更された。

図2は、ここまで述べた大行政区の党政機構の沿革を整理したものである。一九五二年の制度変更をうけて、大行政区という行政区画は存在し続けたものの、そこに置かれた行政委員会の組織上の位置づけは、地方の一級行政機関としての性質を失い、政務院傘下の出先機関に成り下がることとなった。

ただし、行政委員会は権限が縮小されたとはいえ、実態としては中央の業務を分担し、第一次五カ年計画を実践するのに重要な役割を与えられ続けていた。その背景には、中央が中央集権的な管理の限界を認識したことにあったと考えられる。一九四九年以来、正式な五カ年計画を実施するまでに、各大行政区はすでに各自の経済発展計画を作成していたが、それは決して緻密な指令計画ではなかった。その内容は、大行政区における生産の回復や軍事活動の支援などの主要指標、各省が目標とする食糧と税金の徴収額などであった(47)。また、全国統一の物資管理ができていなかったため、主に地域内部の物資流通が計画的に行われて、地域単位の統合と協力の経験が積み重ねられていた。

図2　大行政区の政府機構の沿革

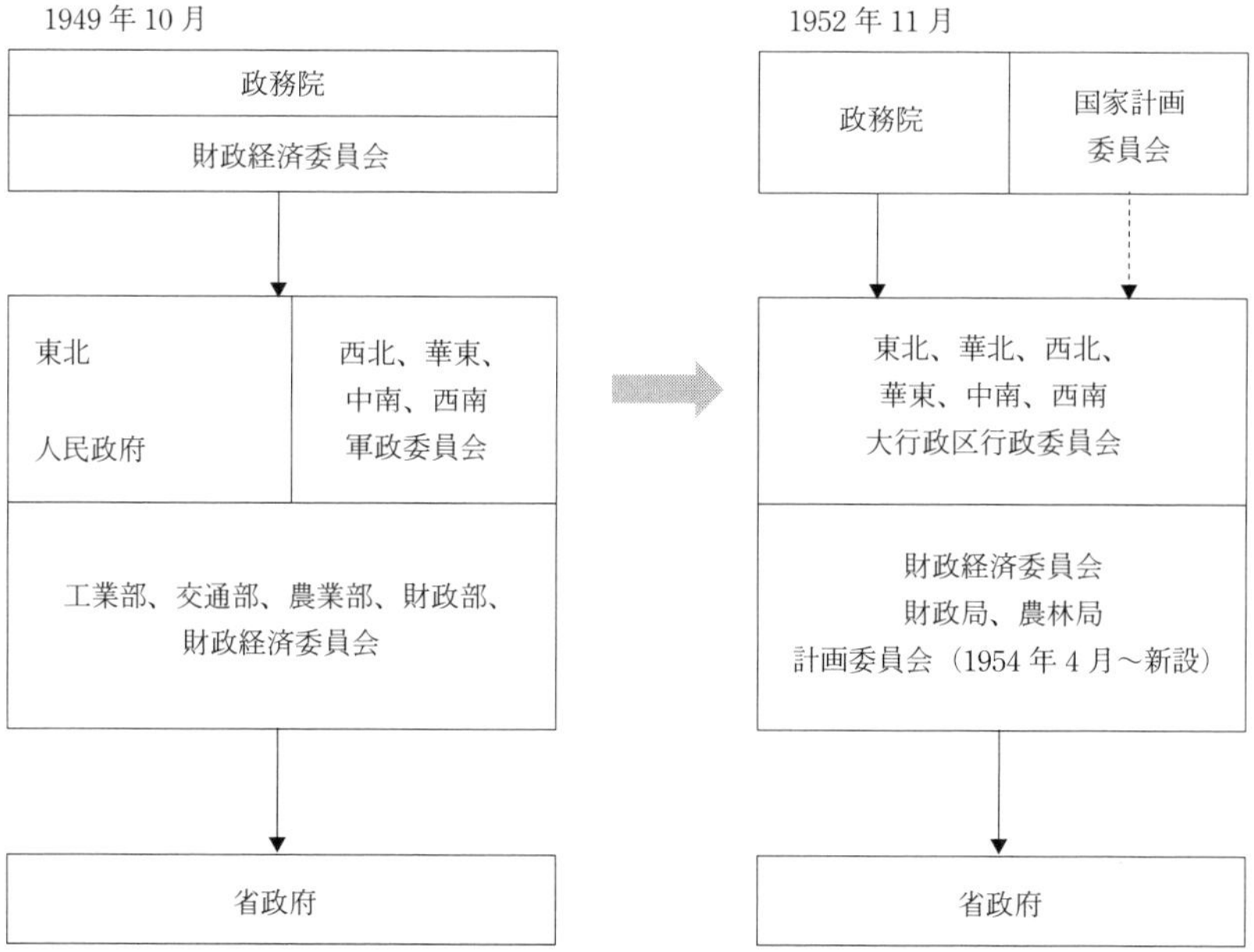

（注1）　実線は行政組織上の上級、下級関係を示す。点線は業務指導関係を示す。
（注2）　各行政委員会の業務機構は完全に一致していたわけではなかった。本図は各大行政区が共通して設けている機構の一部のみを抜粋したものである。
（出所）　中共中央組織部他編『中共組織史資料　附巻1　中華人民共和国政権組織（1949.10-1997.9）』190-268頁より筆者作成。

その一方で、地域単位の協力体系は食糧や労働力、資源の地方封鎖につながることから、中央はそうした弊害を改善するために、一九五〇年に統一的な食糧や税金の管理を行おうとした。しかしその結果、中央は膨大な業務を処理できず、統治システムの運営に様々な障害が生じた。当時の財経委主任の陳雲は、地方幹部に頼らなければ管理しきれないことを認め、中央、大行政区、省による分級管理の方法を打ち出した。すなわち、中央がマクロな管理を行い、一部の事務管理を大行政区、省に委任するという方法である。従って陳雲は、財政経済を担当する中央各部委が重要な決定を行う際には、必ず事前に大行政区の意見を求め、事後も大行政区の了解を得なければならないと強調した[48]。

このように大行政区の協力が不可欠と

認識されていた中で、一九五一年の末に大行政区が地方の計画を協調して統合するという策定方式が考案された[49]。中央財経委が作成した「基本建設工作暫行辦法」では具体的に計画策定の流れが示され、その基本建設計画は以下のようなものであった。

まず、中央財経委が全体的な状況を判断し、中央各部委と各大行政区への投資分配額を決める。次に、中央各部委が地方で遂行する予定の計画指標について大行政区財経委と交渉を行い、当該地域で調達し得る物資や労働力の総合均衡をとる。最後に、大行政区と中央各部委の各自の基本建設投資の目標額を財経委に伝える。この数字に基づいて、中央各部委と大行政区は管轄範囲内の建設担当部門に計画草案を作成させ、最後に財経委に戻して承認を得る。このように、国民経済計画は大行政区を頂点に各省、市、県地方行政組織や地方企業によって構成される地方計画、および中央各部委の計画から構成される全国計画の二本柱から成っていた。

こうした大行政区を頂点とした地方計画の策定方式に対応するべく、一九五二年末の大行政区改組以降も特段の変更はなされず、むしろ機構の整備が続けられていた。一九五三年二月一三日に通達された「中共中央の計画機構設置に関する通知」では、大行政区行政委員会は計画の作成を担当するにあたって、各省および市から送られてくる計画指標に基づいて物資と労働力を分配するという条項が加えられた[50]。従来、大行政区の廃止と直接関係していると考えられてきた高崗、饒漱石事件が、一九五四年二月に行われた中国共産党第七期中央委員会第四回全体会議（以下、第七期四中全会とする）で公開されたのとほぼ同時に、大行政区の計画部門に各省の計画調整という役割を担わせ続けるために、大行政区計画委員会の業務の充実と編成に関する具体的な指示が中央から伝達された。これによると、各大行政区の機構に対してさらに各一二〇名前後の増員が指示された[51]。

以上述べてきたように、大行政区を範囲とした経済協力体系による地域の閉鎖性が中央に問題視されると、中央集権的な管理方式が試みられた。だが、中央は依然として全国を統制する行政能力を欠いていたため、再び大行政区に委任する形に戻った。このように第一次五ヵ年計画の体制整備も、大行政区の存在を前提として行われたことが明らかとなった。

（2）中央局の領導強化

大行政区の政府組織の変更をうけて行政委員会への機構簡素化が行われたが、その権力中枢の党機構である中央局の領導の権限はかえって強化された。本項では、一九五三年に行われた制度変更の内容と、それが中央と大行政区との関係に与えた影響について考察する。

中央局の領導強化の背景としては、毛沢東の政務院に対する不満があった。事の発端は、一九五二年の末から新税制が実施されたことにあった。新税制は物価の高騰を引き起こした。一九五三年一月に毛沢東は、「新税制に関しては、党中央で討論されず、各中央局、分局、省、市にも通知を下達しなかった。このことは私が新聞を読んで初めて知った。記事を読んでもよく理解できていない」と政務院の独断専行を厳しく批判した(52)。

毛沢東は、政務院の権限を一層牽制するために、一九五三年三月、中央政府各部委の党中央に対する報告制度を強化する草案の作成を指示した(53)。そこでは「政府工作が党中央から逸脱する危険性を防ぐために、今後政府の重要な方針と政策、計画、重大事項はすべて党中央の討論と決定、批准を得なければならない」ことが定められた。また、前述の周恩来が主宰した中央政府党組幹事会が撤廃され、毛沢東の影響力が強い党中央が直接政府各部委の党グループを領導することになった。さらに、同年四月に出された「中央人民政府財政経済部門への領導強化に関する決定」によると、高崗、鄧小平、鄧子恢、饒漱石、陳雲は政府の経済各部門を直接領導することになった(54)。この一連の措置によって、周恩来の権限としては外交部門のみが残され、前述したような地方から異動してきた指導者に有利な権力の再分配がより明確に行われることになった。

政務院の指導力を弱体化させる制度変更は、中央局および地方党委員会の影響力を強化させる方向に働いた。党中央の政府に対する領導強化が決まった一ヵ月後、西南局は政府部門に対する領導を強化する指示を公表した(55)。この指示草案によると、まず中央局の行政委員会に対する領導が強化された。例えば、中央局の主要幹部が行政委員会の工業、財政、農業、人事部門を直接管理するようになった。

こうした変更は、前述した一九五二年末の改組と矛盾するものであった。繰り返しになるが、行政委員会は一九五二年の改組により政務院傘下の機構となり、政務院の方針を遂行するべく地方を領導する立場に置かれていた。そのため中央局の領導強化は、政務院の地方に対する影響力を弱めることにつながったと考えられる。また、地方の重要な政策は中央局に報告するか、あるいは中央局を通じて中央政府に報告しなければならないと定められた(56)。それに加えて、中共中央は、中央各部委の政策が地方の状況に適していなければ、中央局および省の党委員会の裁量によって執行しなくてもよいとする指示を出した(57)。

以上の変更をより具体的に説明しておこう。図3は中央局が介在した地方の統治システムを示している。一九五二年末に行われた大行政区の改組によって、中央各部委の地方に対する管理は強化されるように思われた。しかし、図3で示したように、中央局の行政委員会に対する領導強化という背景において、中央各部委の地方に対する指示は、中央局の指示に優先的に従う行政委員会を通さなければならないという、間接的な統治構造が維持されていたのである。

この制度変更を背景として、第一次五ヵ年計画の策定過程における中央局の意見はさらに重要なものになった。前述したように、国計委は計画作成に関して、下級機関に指標を下達する権限をもっていた。しかし、実際には計画作成のために必要な地方工業、農業の五年間の成長指標といった各指標の設定、さらには地方工業と農業の建設項目についてては中央局の意見を仰がなければならなかった(58)。また、各中央局の指導者が国計委で重要なポストを務めていた

図3　中央局が介在した地方の統治システム（1953年）

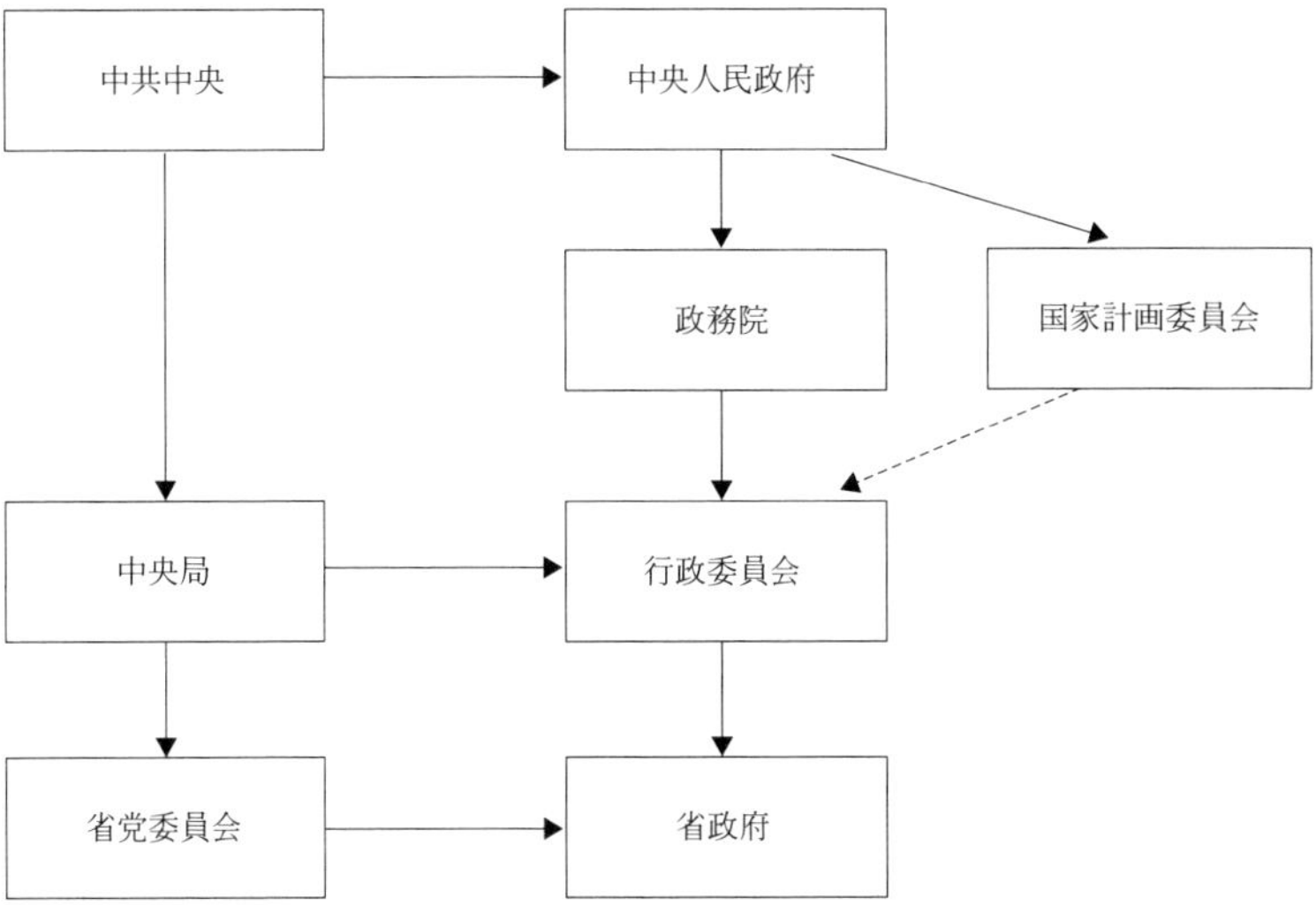

（注）　実線は領導関係あるいは行政組織上の上級、下級関係を示す。点線は業務指導関係を示す。
（出所）　筆者作成。

ため、すでに各中央局内部の各省間で調整を行い、同意を得た地方計画を、国計委の審議段階で再度変更することは難しかったと考えられる。

こうした中央局の権限強化の流れの中で、一度は廃止された行政委員会の業務機構が次々と再建された。例えば、中央集権の一環として、かつて商業、食糧、対外貿易部門は中央部門の下で統一的に管理することになっていた。しかし、中央部門による省への直接管理がしばしば中央局の統一的な領導を妨げたという理由で、管理権限と付属の管理局は再び行政委員会の下に戻されることになった(59)。

以上のように本節では、一九五二年から五三年にかけて行われた大行政区の党政機構をめぐる変化と第一次五カ年計画の関係を考察した。当初、中央は中央集権的な管理方式を試みたが、中央各部委が地方を直接管理するにあたり膨大な業務を処理しきれなかった。そこで、効率的な行政システムの運営確保の必要から、大行政区を通じて地方の協力を得ながら中央集権を進めていく方針がとられ、それと同時に行政委員会の制度整備が行われた。ここから明らかになったのは、第一次五ヵ年計画の実施と大行政区の廃止の間には因果関係がなかったことである。

他方、一九五二年の末に、大行政区の人民政府および軍政委員会が行政委員会に変更された。この制度変更の本来の目的は、行政委員会を地方行政機構から政務院の下級機関に変更することで、政務院の省に対する直接管理を実現することにあった。しかし、この構想は中央局の行政委員会に対する領導強化によってすぐさま頓挫した。その結果、政務院の権限が計画策定と行政機関の管理の両面で中央局に牽制される状態が維持されていった。

3　大行政区の廃止とその政治基盤

一九五三年は、中国が建国当初に掲げていた新民主主義から計画経済に基づく社会主義化に大きく舵を切り、第一次五ヵ年計画と過渡期の総路線が採択された重要な一年であった。本節ではまず、高崗、饒漱石事件による中央指導部の権力再編が大行政区の廃止に与えた影響を検討する。続いて、大行政区が廃止された後の幹部の人事配置を考察し、一九五七年以降に成立した経済協作区と大行政区との関連性を明らかにする。

（1）中央指導部の論争と高崗、饒漱石事件

前述したように、一九五三年に始まる社会主義化の過程において、毛沢東は大行政区の指導者と彼らの政治基盤であった党政機構の機能強化を通じて、劉少奇や周恩来を牽制し、自身のコントロールのもとで中央指導部内の勢力均衡を保たせようとしていた。この均衡状態を崩したのは高崗、饒漱石事件であった。一九五三年一二月、毛沢東は党内団結の強化に関する草案の作成を提案し、翌年二月の第七期四中全会で正式に高崗と饒漱石の行動が反党の性質を

もっと決議した。この事件をきっかけに、それまで進められていた中央局、行政委員会の機構強化にも突如休止符が打たれることになった。

高崗、饒漱石事件とは、一九五四年の春に、東北地域の実力者として知られた高崗が、華東地域の指導者であった中央組織部部長の饒漱石と共に粛清された事件を指す。この事件は、建国初期に起きた最も重要な政治闘争の一つであり、いまだに事件の真相をめぐって多くの不明点が残されている。

まず高崗、饒漱石事件の原因に関しては、いくつかの視点から研究が行われてきた。それらの視点は大きく分けて三つに整理できる。第一に、「ソ連との結託説」[60]。これは高崗とスターリンの緊密な私的関係や、東北区でソ連の影響力が増大することを危惧した毛沢東が高崗を粛清したとするものである。第二に、「権力闘争説」[61]。ティーヴィスをはじめとする多くの研究者は、党中央指導体制の再編をめぐって、高崗や饒漱石と周恩来、劉少奇の間に対立が起き、それが高崗、饒漱石事件に発展したと指摘した。第三に、「軍党説」。当時高崗は党内に「二つの司令部」があると喧伝していたと言われる。ここでいう「二つの司令部」とは、劉少奇をはじめとして、建国前に国民党の勢力基盤で活動し華北地域を構えた「白区の党幹部」と、共産党の旧占領地域で活動し、毛沢東とも緊密な関係をもったソビエト区（ソ区）出身の幹部や職業軍人のことである。建国後、白区の党幹部が中央の党政機構を支配するようになったのに対し、高崗らソ区出身の幹部が不満を募らせていたことが高崗、饒漱石事件の一つの遠因であったと言われる[62]。

ほとんどの先行研究は、高崗、饒漱石事件によって問題視された地方主義問題に対する処理が大行政区の廃止につながったとし、それは中央集権体制を実施するための当然の措置であると指摘してきた。大行政区と高崗、饒漱石事件の関連性に言及した代表的な研究としては、徳田教之の研究が挙げられる。徳田は当該事件について、（一）権力集中化による地方勢力との衝突、（二）資源配分を中心とした地域間の対立、（三）中央指導部の権力闘争という三つの側面から分析を行った[63]。これらの観点を貫くのは、既得権益が脅かされることに対する、大行政区をはじめとする地方の不満が高崗、饒漱石事件に結びついたという前提である。

ただし、これらの論点に対しては、いくつかの反論が考えられる。第一に、大行政区の党政機構が中央集権化によって権限を奪われたことに不満を感じていたという見方に対しては、むしろ一九五三年の時点で地方は権限を取り戻しつつあったことを指摘できる。第二に、政策論争についても、本章の第一節第三項で分析したように、確かに意見の食い違いはあったものの、中央局が中央に抵抗していた様子はみられない。また、大行政区の政策と実践の経験も、毛沢東が自身の政策的主張を打ち出すための重要な政治資本になっていた。第三に、毛沢東個人だけでなく陳雲のような経済の指導者も、客観的な行政や経済建設の必要から地方の協力が必要であり、引き続き行政委員会や中央局の組織を整備することで、中央集権的な体制と併存させようとする立場をとっていた。

これらに加えて、大行政区の廃止は、一部の中央指導者が短時間で決定したと考えられることにも注意したい。当時地方に務めていた幹部は、事件の直接の関係者ではない限り、党中央で起きた異変はもとより、突如として大行政区の党政機構が廃止されることを全く察知していなかった。例えば、当時の西南局書記だった宋任窮の回想によると、宋は一九五四年二月の第七期四中全会にも参加したが、会議が始まるまでは政治の異変に気づかず、西南軍区司令員の賀竜によって注意を喚起されたという(64)。こうしてみると、高崗、饒漱石事件については宋任窮のような高級幹部ですら全く状況を把握できていなかったことが分かる。

では、一九五四年の大行政区の廃止はどのように当該事件と結びついていたのか。同年二月の第七期四中全会で採択された「党内団結の強化に関する決議」には、主に党内の団結を守らなければならないという主張に加えて、一部の幹部が部門や地区を自身の独立王国とするなど、分散主義の蔓延が党中央の統一的な領導を損なったことに対する批判がみられる。

しかし、林蘊暉の考察によると、当初中央はこの批判の影響の範囲を限定的に考えていたという。林によれば、東北局と華東局管轄の山東分局の反党連盟の摘発も、意図した結果ではなかったとされる[65]。例えば、饒漱石とつながっていたと思われた華東局は、饒漱石個人の摘発に集中する姿勢をみせた[66]。また他の中央局においても、同年三月から全国範囲で高崗問題の反省と党内の団結を趣旨とする会議が開かれた。それと関わっていたと考えられる中南局の会議内容によれば、高崗が自身の功績を誇大に宣伝していたことと、根拠なく他の高級幹部を攻撃し、党内の団結を損なったことが批判の焦点となったが、そこに分散主義や独立王国の問題についての言及はみられない[67]。

以上のような各中央局の限定的な姿勢に対し、東北局だけは事情が異なった。周恩来は三月の東北局の拡大会議において、東北局幹部の検討と高崗の摘発が主要な目的であり、個人の過失と組織の過失は区別しなければならないと指示した[68]。しかし、会議の途中から風向きが変わり、高崗と彼の同盟相手の陰謀によって東北局は中央と対立したとされ始めた。注目すべきは、この追及が中央の主導ではなく、東北局の幹部間の争いによって起きた可能性があることである[69]。中央の想定外であった東北の反党連盟の摘発に対して、周恩来は個別に処理した方がよいと主張していたが、毛沢東は東北局の問題として処理するように指示したと言われる[70]。

このように、中央は当初は高崗、饒漱石事件を大行政区の党政機構全体に結びつけようとしていたわけではなかったようである。ところが、東北局の検討会議が反党集団の摘発を行い始めた四月中旬から、中央は正式に大行政区を廃止することを検討し始めた[71]。つまり中央からすれば、高崗、饒漱石の摘発の拡大によって、中央局、大行政区に対する負の印象が強くなり、それらを行政手段として活用する価値も損なわれたと考えられる。

他方、毛沢東が一転して大行政区の廃止に賛成したのは、一九五三年に彼自身への一連の集権措置がとられ、また社会主義化に関する政策論争においてすでに優位に立っていたため、他の指導者を牽制するための大行政区の存在が必要なくなったことが背景にあると推測される。

(2) 大行政区の権力基盤の残存

大行政区の機構、すなわち中央局、行政委員会、大軍区の廃止は一九五四年四月の中央政治局会議で正式に決定された。[72] 同年六月に省、市、自治区が中国の一級行政区として定められたことで、大行政区の各業務が終了し、それと同時に六大軍区は十二軍区に分割されることになった。[73] 大行政区と大軍区の廃止は、大方の予想に反して順調に進められた。とはいえ、特に大行政区の廃止が抵抗なく遂行されたのは、中央統制の強さによるものではなく、それまでの大行政区を基盤とした政治勢力と統治様式が、他の形で温存されたためであったと考えられる。そこで本項では、まず大行政区廃止後の幹部の残留状況とその背景を検討した上で、そうした人事が中央地方関係に及ぼした影響を明らかにする。

大行政区の廃止が決められた後の課題は、数万人の幹部の異動先を決めることであった。西北大行政区を例にとると、党幹部の異動先は大きく四つに分けられる。(一) 中央の党政機構、(二) 西北の党機構、(三) 西北区各省の政府専門機構(工業、農業、交通などを管理)、(四) 西北区の工場や企業である。その中でも、西北の党機構に異動する幹部が最も多かったと言われる。[74] 中央局の指導部のメンバーであった人物は一般の幹部より地位が高く、その異動先は専ら中央政府の要職か各省の指導部であった。中央に異動した幹部は解放軍将校を除いて、経済、宣伝、組織など専門分野での職務経験をもつのが特徴である。それに対し、地方に留任した幹部は、一九五四年の時点ですでに区内の省レベルの指導者として務めていた。また、彼らの特徴は、専門分野の官僚ではなく政府各部門を横断的に管轄する領導経験をもつことであった。

以上は全体の状況であるが、続いては大行政区体制の権力中枢であった中央局幹部の留任状況をみておこう。ここでいう中央局幹部には、指導部にあたる書記、候補書記、常務委員、委員が含まれる。図4で示した地域別の状況からすれば、東北、華北、西北の中央局指導幹部はほとんどが地方から離れて中央に異動したことが分かる。その主な

図 4　中央局幹部の留任状況

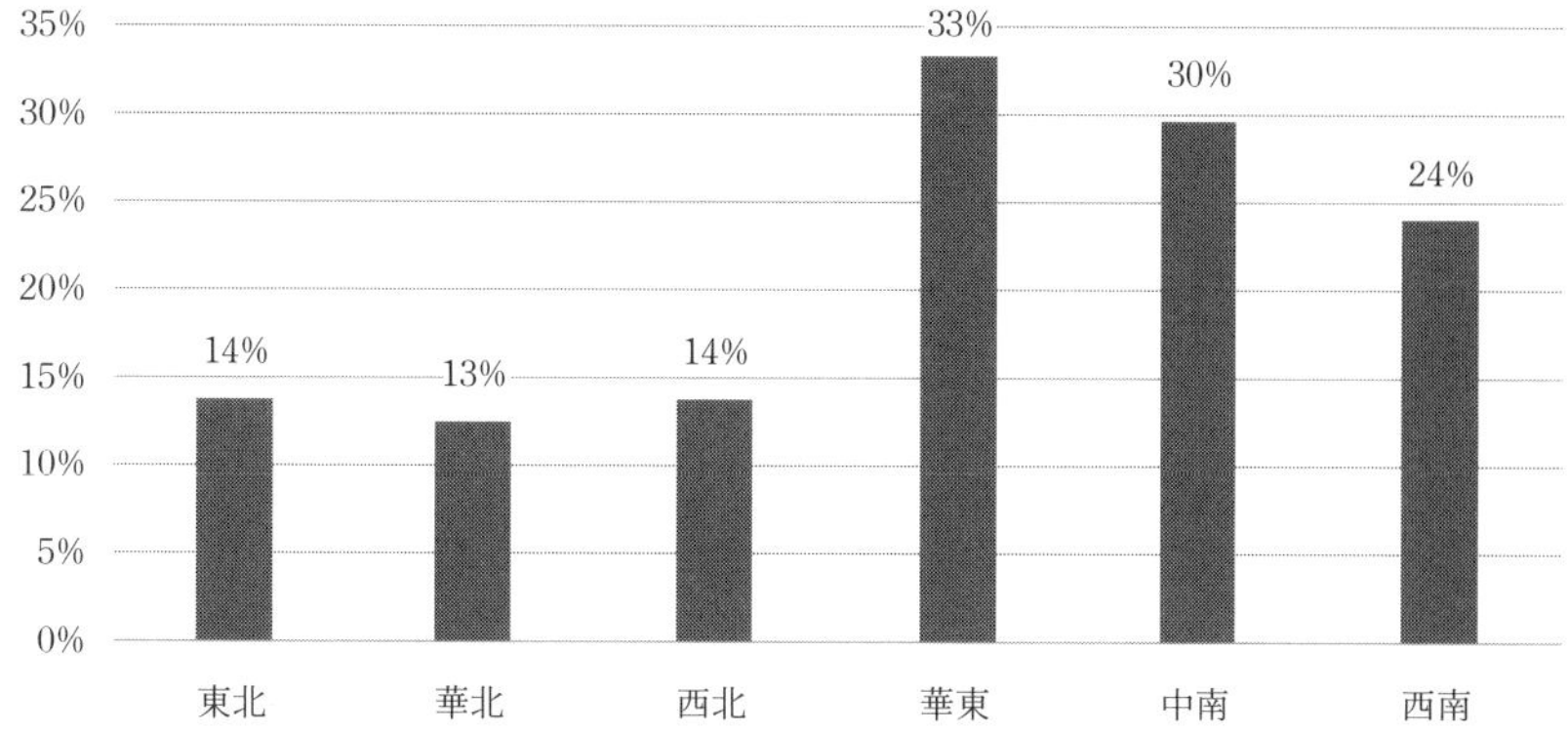

（出所）　中共中央組織部他編『中共組織史資料　第 5 巻　過渡時期和社会主義建設時期（1949.9-1966.5）』119-120、129-131、139、153-155、169-170、179-181 頁、李景田編『中国共産党歴史大辞典・総論和人物巻』北京：中共中央党校出版社、2001 年より作成。

原因として、各地域における共産党の統治経験の長さが考えられる。

第一節で考察したように、特に華北局は建国後の中央政府と密接な業務関係をもち、幹部の構成でも多く重なっていた。これと類似した状況をもつものとして、建国前の中央の所在地でもあり、長期間共産党に支配されてきた西北区がある。華北、西北の幹部は中央と深いつながりを有したため中央に異動しやすく、また建国前の経験によって華北、西北の事情を熟知している幹部も多くいたため、幹部の交代は比較的容易であったと考えられる。一方で東北区の場合は、高崗事件の影響で大幅な人事交代が行われた。

北方の三区と比べて、華東、中南、西南においては、中央局幹部の留任の割合が他の地域のほぼ倍となっている。その原因は、幹部の不足と党軍関係の二つの側面から説明できる。まず、これらの大行政区は北方の三区と比べて共産党の支配が及んだのが遅く、新解放区における統治経験をもつ幹部が少なかった。中央の方針は、なるべくその地域で務めた経験のある幹部を登用するというものであったが、忠誠心と経験の両方の条件を満たす幹部が不足していたのである。

その代替策として中央は、当地で務めた経験はないが、新解放区を出身地とする「本省幹部」を新解放区に送り込んでいた[75]。例えば、周林は貴州省出身であるが、一九五〇年まで主に華東地域で活動しており、幹部不足のため貴州省に派遣され、後に貴州省の第一書記になった。他の例として、東北局の李大章、中央組織部の廖志高も四川省出身であったという理由で、長く務めていた地域から四川省に異動してきた。このように建国後にわざわざ外地から送り込まれ、当地の職務経験を積み上げ始めた幹部らをまたすぐに異動させることは非合理的であり、地方の事情を熟知した幹部の起用を望む中央の方針にも反していたと考えられる。

第二に、六大地域では、建国前から中央局幹部と部隊が行動を共にしていたが、そのことは幹部の当地での留任にもつながったと考えられる。大行政区の特徴の一つに党、政、軍の指揮権が高度に融和していることがある。また、戦争期において共同作戦を展開してきた中央局と野戦軍幹部の間のつながりも強かった[76]。特に、一九四九年以降新たに加わった新解放区の西北、中南、西南の一部である新疆と青海においては、高度な軍事管制が行われた。そのため、およそ三分の二の地方指導者は各地に駐屯していた軍隊に所属していたか、あるいは中央局幹部として共同作戦の経験を有していた[77]。

ウィットソンの考察によれば、六大行政区に対応する六大軍区に駐屯していた野戦軍団は、一九五〇年代に大軍区と改称され、一九五四年以降公式には姿を消したが、非公式な政治勢力としての「野戦軍」は文革まで生き続けていたとされる。六大軍区は十三軍区に分解されたが、重要な高級幹部が任地から離れただけで、省軍区以下の軍、師団の幹部はほとんど動かなかった[78]。このように、野戦軍体制が六大地域に残存したことは、それを統制するための文民幹部の配置にも影響を及ぼしたと考えられる。各軍区の司令員と同じ野戦軍の経験をもち、共同作戦に従事してきた中央局幹部は、一九五四年以降各軍区の政治委員として就任することが多かった。

最後に、一九五四年以後の地方の幹部の異動状況を検討する。そこから、地方指導者が引き続き大行政区の地理範囲を基盤に活動し、一九六〇年代に中央局が再建された際にも重要な影響力を発揮したことを明らかにする。図５は

図5　1960年代における中央局の人事構成状況

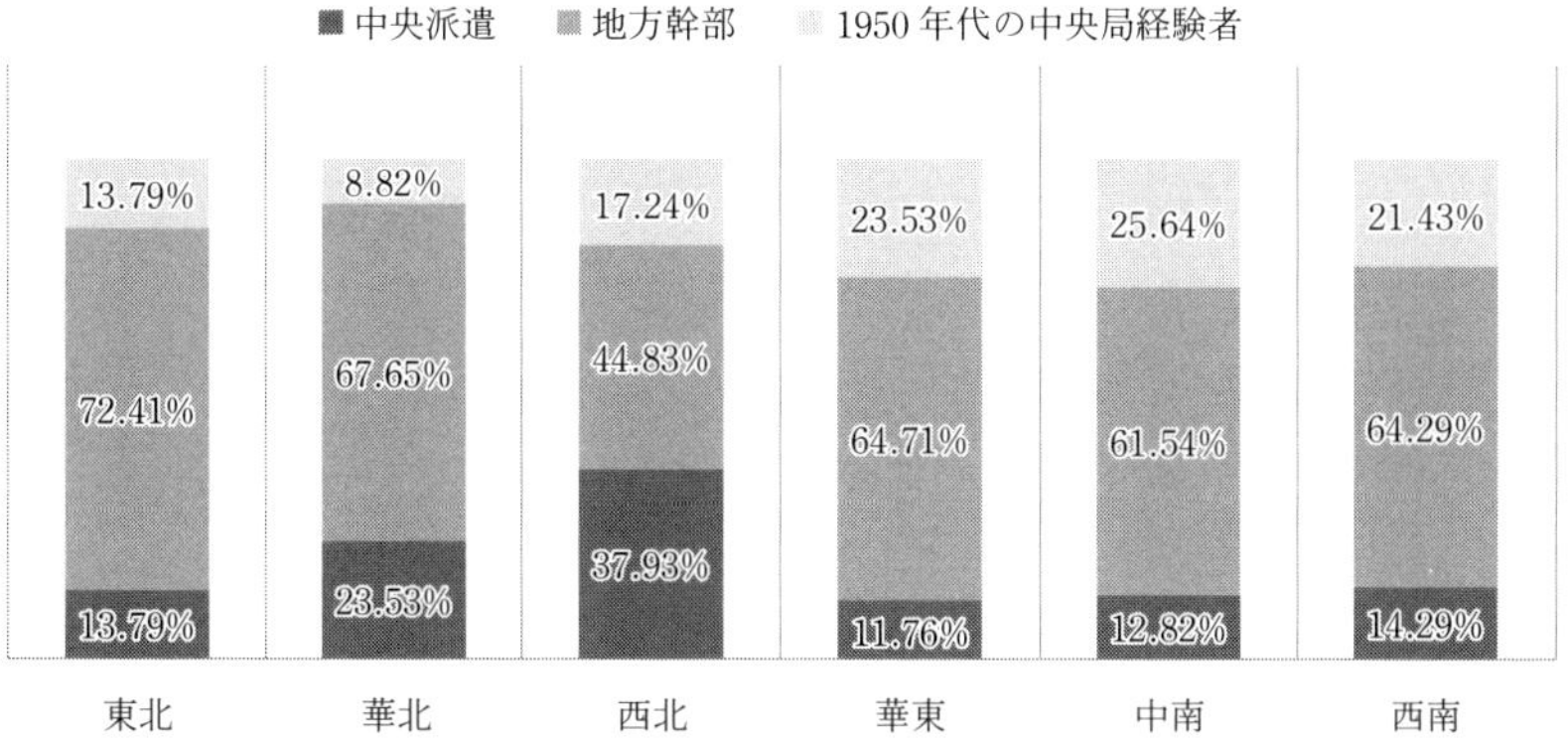

（出所）　中共中央組織部他編『中共組織史資料　第5巻　過渡時期和社会主義建設時期（1949.9-1966.5）』、李景田編『中国共産党歴史大辞典・総論和人物巻』より作成。

序章図2の再掲であるが、一九六〇年代の中央局指導部の構成を示したものである。上述した一九五四年以降も同じ大行政区範囲に留任した中央局幹部は、一九六〇年に中央局が再建された際も、例外なくその主要メンバーになっている。また、いずれの中央局においても最も高い割合を占めていたのは「地方幹部」である。本章ではこれを、第一回目の中央局指導部には入らなかったが、中央局の再建前に地方で務めていた幹部と定義する。地方幹部には各省の第一書記や書記、各省から抜擢された経済、宣伝、農業などの専門官僚が含まれる。

図6は、一九四九年から六六年にかけての中央局指導部について、地方幹部出身者の同じ大行政区範囲における平均任期を示したものである（棒グラフの右側、斜線の棒）。同地域内での平均任期が最も低いのは高崗、饒漱石事件の余波をうけた東北の一二・六年であるが、それ以外の地域では、地方幹部の平均任期はすべて一四年を超えている。この任期の長さから、一九六〇年代の地方幹部出身の中央局指導幹部のほとんどは、少なくとも一九五二年以来、一貫して同一大行政区の管轄地域に務めていたことが分かる。

また、地方幹部出身の中央局指導者には、専門官僚と各省の第一書記、書記などが含まれる。そこから、一九五四年以降の地方政治における最重要ポストである省の第一書記の平均任期のみを抽出したもの

図6　地域内部人事異動状況（在任年数）

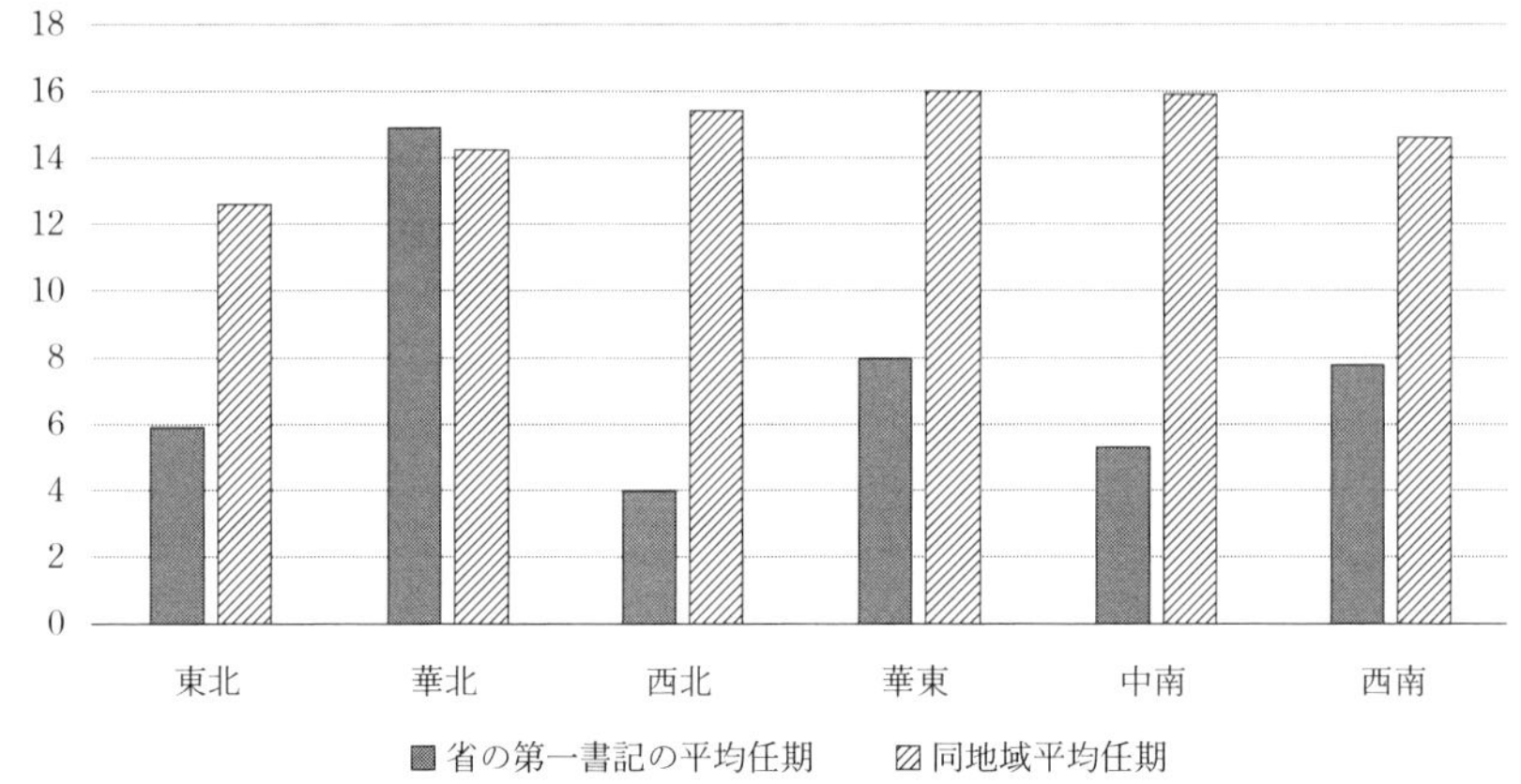

（出所）　中共中央組織部他編『中共組織史資料　第5巻　過渡時期和社会主義建設時期（1949.9–1966.5）』、李景田編『中国共産党歴史大辞典・総論和人物巻』、中共党史人物研究会編『中共党史人物伝』陝西人民出版社、1980年、何虎生他主編『中華人民共和国職官志』北京：中国社会出版社、1993年より作成。

を、図6に示した（棒グラフの左側の黒色の棒）。ここから、省の第一書記の同じ省における平均任期は、華北区を除けば三年から七年程度であり、大行政区範囲の幹部としての平均任期の半分にも及ばなかったことが判明する。そのように平均任期に差が生じた原因として、各省の第一書記の活動範囲は単一の省に限られず、大行政区全体の範囲に及んでいたことが指摘できる。

また、図7で示したように、一九五四年から六六年の省の第一書記の全異動件数は二〇件であり[79]、数少ない中央への異動（一件）と政治失脚による大区外異動（七件）を除き、他の一二件はみな大区範囲内の異動である。それと比べて、一九六〇年代の中央局指導部の人事異動は二八件あり、その中で大行政区範囲内の異動は二三件で多数を占めている（図8）。この現象からみて、中央が幹部の異動を考える際に、大行政区の枠組みが一九五四以降も重要な要因であったと推測できる。省の第一書記は全体と比べて、政治事件によって大行政区の範囲外に異動することがあったが、通常の異動先は大行政区の範囲内が中心であった。

以上の人事に関する考察をまとめると、以下の二点のよう

図7　1954-1966年　省レベル第一書記の人事異動（件数）

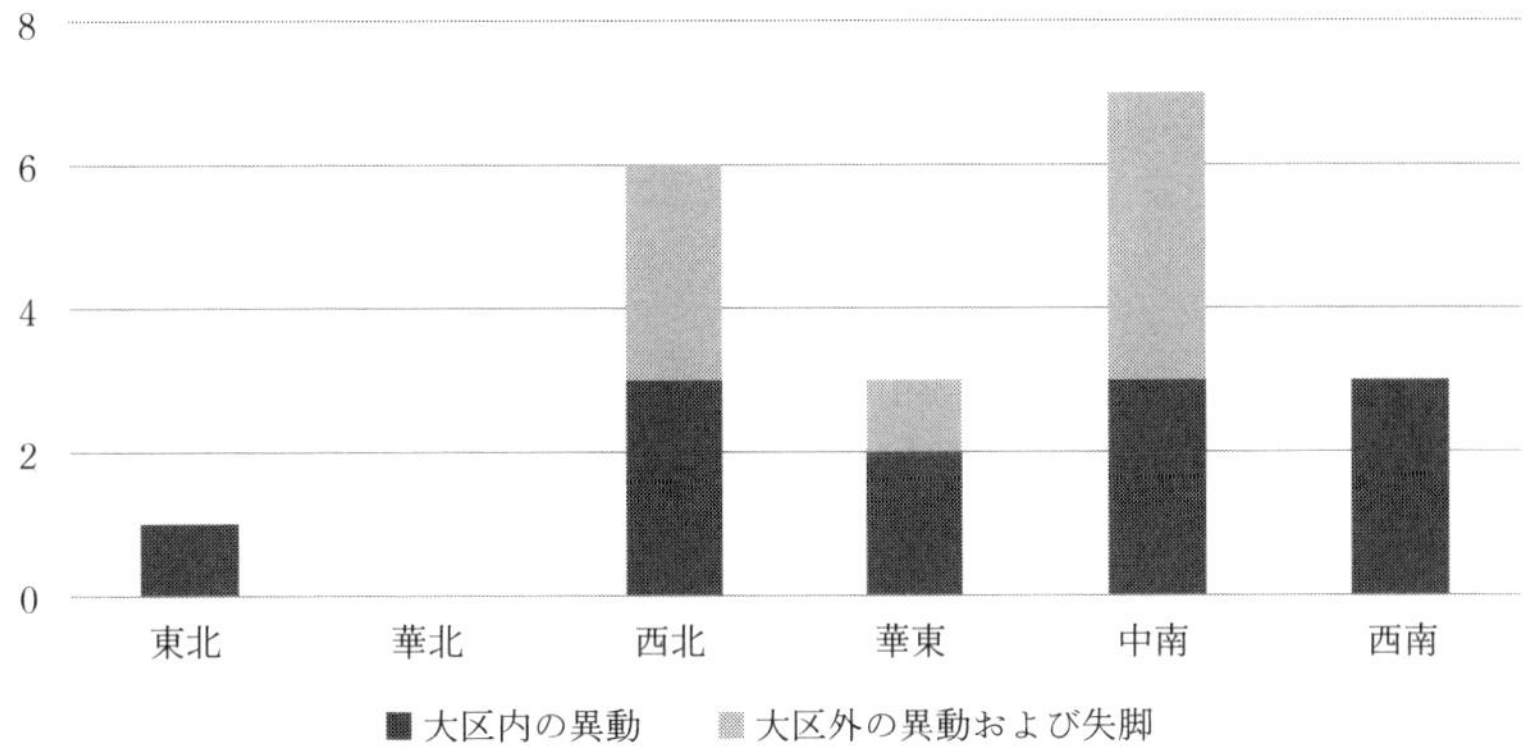

（出所）　中共中央組織部他編『中共組織史資料　第5巻　過渡時期和社会主義建設時期（1949.9-1966.5）』、李景田編『中国共産党歴史大辞典・総論和人物巻』、中共党史人物研究会編『中共党史人物伝』、何虎生編『中華人民共和国職官志』より作成。

図8　1960年以後の中央局指導部異動状況（件数）

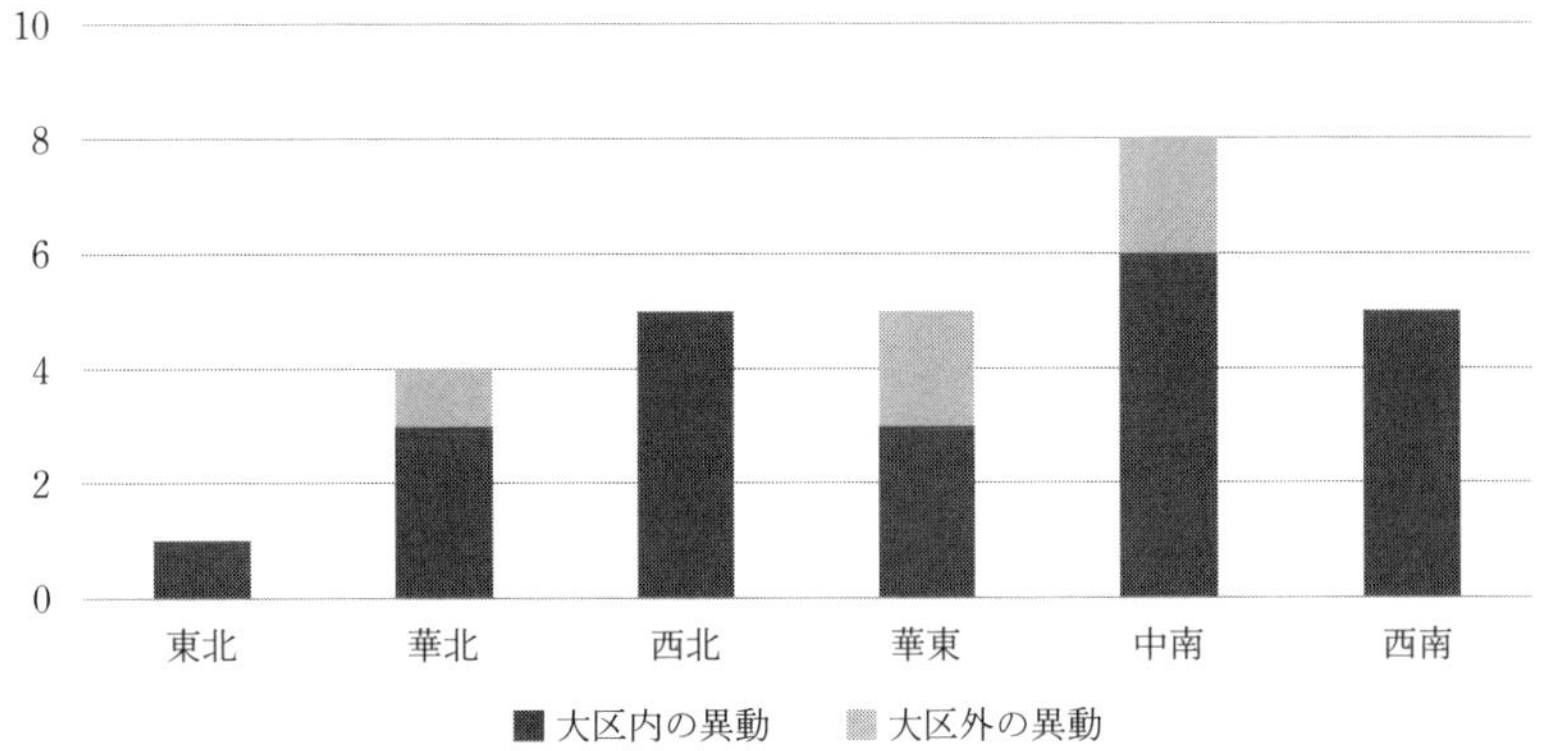

（出所）　中共中央組織部他編『中共組織史資料　第5巻　過渡時期和社会主義建設時期（1949.9-1966.5）』、李景田編『中国共産党歴史大辞典・総論和人物巻』より作成。

になる。第一に、大行政区レベルの機構が廃止された際、その主要な指導者は中央に異動したものの、その他の地方指導者は特殊な原因がない限り同じ大行政区の範囲内に定着し、外に異動することはほとんどなかった。第二に、建国初期の中央局幹部のほとんどが大物軍人や政治家であったのに比べて、一九六〇年の中央局については、地方で長らく経験を積んできた地方幹部がその多くを占めていた。すなわち、一九五四年から文革まで、中央局を中核とする大行政区体制が五四年に廃止された後の二年間を除き、大行政区の幹部は同じ区の幹部として活動し、協力し合ったのであった。同地域内における幹部は、大行政区の統治をめぐり経験を共有し、制度のあり方についてコンセンサスを得ていた。そのことは、その後の大行政区体制と類似する機構の持続を促した一つの要因であったと言える。

おわりに

本章では大行政区が成立した経緯や第一次五ヵ年計画開始前後の機構変更、さらには機構の廃止をめぐる政治過程を検討した。そこから得られた結論は以下の三点である。

第一に、建国後、中央指導部は軍事作戦の終了後も、国家建設のためには緩やかな地方統治体制を通じて、地方の協力を得る必要があると認識していた。さらに、第一次五ヵ年計画が実施された際にも、大行政区では一九五四年の初めまで制度整備と党政機構の強化が行われていたことが明らかになった。

第二に、従来指摘されてきたような、大行政区の機構が独立王国となる傾向を有したために問題視されたり、中央と対抗したりした形跡は実際にはみられなかった。高崗、饒漱石事件が勃発した後も、周恩来や中央局の幹部の言動からみて、事件の影響が及ぶ範囲はかなり限定的であることが想定された。しかし、高崗、饒漱石という個人の摘発は、彼らの領導する機構にまで範囲を拡大させていった。それにより中央局、大行政区に対する負の印象が強まり、行政手段として活用する価値が損なわれ、その廃止の決定的な要因になったと考えられる。

第三に、大行政区の機構廃止の際、中央局、大行政区、大軍区の重要な指導者は中央に異動したものの、多くの幹部の異動は地域内で完結することが多かった。つまり大行政区は廃止後もこれらの地方幹部のキャリアに大きな影響を与え続けていたのである。

以上の本章の検討結果を踏まえて、最後にこの時期に形成された中央局を中核とする大行政区体制が、それ以降の中央地方関係に対して与えた影響について述べておきたい。

まず注意すべきは、大行政区体制が廃止された後も、この体制と類似する経済協作区、中央局が次々と再建されたことである。一九五〇年代の大行政区体制とそれら一連の機構は、本章の第三節でも検討したように、人事面において高度な連続性をもったが、それのみならず以下に示す二点の特徴をも共有していた。

第一に、六大地域を範囲とする、地域間の横のつながりを可能にする経済協力体系が構築されたことである。計画経済のもとでは、市場メカニズムによらず中央各部門が産業別に分かれ、垂直的な経済活動が行われた。その体制は中央の統一的な管理にとっては有利であるが、異なる産業や各地方間の統合を推し進め、協力を促進する際や、生産に必要な資材を一括分配するにあたっては著しく効率を欠く。これに対して、各大行政区に基づく経済協力体系の方式は、そうした欠点を補い、中央に頼らず効率的に物資、労働力を同一地域の省から調達することを可能としたと考えられる。無論、それぞれの地域で自らの経済体系を発展させることは、国の資源を分散させ、統一的な全国計画に不利に働くこともあったが、かかる地域経済工業体系は、毛沢東が掲げた経済上の自力更生の理想とも一致していた。この体系が後の時代でも経済協作区、中央局と共に重要な構想として強調されていったのは、こうした理由による。

第二に、中央局が中央各部委と地方を仲介し、両者の意見を統合し得た点である。本章の第二節で検討したように、中央局には中央各部委の指示を保留する権限があり、そのことは中央各部委の地方に対する管理の拡大を牽制することになり、後述するように、制度を柔軟に調節することに役立った。このように、中央局が中央—省の間に介在する体制はその後も繰り返し出現することになる。ただし、後の時代には中央の方針の変更や中央各部委の権力の強化などがあったため、この体制の運用の実態は異なる様相を呈した。そこで次章では、大行政区体制の経験に基づいて経済協作区が再建され、一九六〇年代の中央局に変容していった動態的な政治過程を考察する。

註

（1） John Gittings, *The Role of the Chinese Army*, London: Oxford University Press, 1967, pp. 185-186. こうした国外の予測に対し、毛沢東は「人民政権のもとでは、過去のような封建的な割拠状態を生じさせた歴史的な条件はすでに消滅したため、中央と地方の適切な分業はいいことずくめである」と述べた（「会議討論通過二十六項任命毛主席説明必須統一和因地制宜要互相結合」『人民日報』一九四九年一二月四日）。

（2） 中華人民共和国は建国当初、憲法を制定しなかった。その代わりに、中国共産党、各民主党派、各団体、各界の代表で構成された全国統一戦線組織によって、「中国人民政治協商会議共同綱領」すなわち「共同綱領」が制定された。共同綱領は国家、社会構造、基本権利、義務を規定し、一九五四年に正式な憲法が制定されるまで臨時憲法の役割を果たしたと言われる（劉少奇「関於中華人民共和国憲法草案的報告」国務院法制局編『中華人民共和国法規彙編』第一巻、北京：法律出版社、一九五六年、三九頁）。

（3） 林載桓『人民解放軍と中国政治——文化大革命から鄧小平へ』名古屋大学出版会、二〇一四年、一〇頁。

（4） 大行政区の「過渡性質」と機構廃止の計画性、必要性を強調するのは中国語論文の主流な意見となっている。中国のCNKIの資料庫で被引用回数が上位の論文はすべてこの観点をもつ。張則振「新中国大行政区制的歴史演変」『百年潮』二〇〇一年第一二期、四六—四九頁、李格「当代中国地方政府的沿革和確立」『当代中国史研究』二〇〇七年第四期、四五—五二頁、李紅梅・王宝琴「論毛沢東的大区建制思想」『社会科学輯刊』二〇〇七年第四期、六七—七一頁などを参照。

（5） Harry Harding, *Organizing China*, California: Stanford University Press, 1981, pp. 67-68.

(6) 浅沼かおり『農業集団化政策決定までの政治過程（一九四九―五五年）――国家形成期の毛沢東』アジア政経学会、一九九四年。
(7) Dorothy J. Solinger, *Regional Government and Political Integration in Southwest China, 1949–1954: A Case Study*, Berkeley: University of California Press, 1977.
(8) 高崗は中共中央政治局委員、国家計画委員会主席、東北局第一書記、東北行政委員会主席を務め、饒漱石は中央組織部部長、華東局第一書記、華東行政委員会主席を務めていた。この二人はいずれも中央指導者の一員であったが、一九五四年二月の中国共産党第七期中央委員会第四回全体会議において反党分裂活動を行ったことを暴露され、粛清された。このことは高崗、饒漱石事件として知られている。
(9) 二〇一一年に出版された中共中央党史研究室執筆の『中国共産党歴史』第二巻では、高崗、饒漱石事件について、彼らの過ちは「党を分裂」させようとしたとしか記されていない。すなわち、そこからは一九五五年に採択された「高崗、饒漱石反党連盟に関する決議」で用いられた「党と国家の領導権力を簒奪しようとしている」「独立王国」などの記述が消えている。中共中央は一九五五年の決議を正式に否定していないが、高崗、饒漱石事件に対するある種の「名誉回復」に動いたと考えられる。
(10) Frederick C. Teiwes, "Establishment and consolidation of the new regime," in Roderick, MacFarquhar and John K. Fairbank, eds., *The Cambridge History of China*, volume 14, London: Oxford University Press, 1987, p. 81.
(11) 磯部靖「中国における大行政区の成立と改組――中央・地方関係の一側面」『法学政治学論究』第二八号、一九九六年、三七五―三九六頁。
(12) 中華連邦共和国については、例えば「中国共産党第二次全国代表大会宣言」（一九二二年七月）、「中華蘇維埃共和国憲法大綱」（一九三四年一月）に記述がある。
(13) 毛里和子の指摘によれば、中共は日中戦争中に各民族を団結させるため、狭義のナショナリズムを唱えるようになった。そこから、連邦制ではなく「統一した共和国」へ、民族自決ではなく「民族の自治権」へと本質的な転換を遂げた。こうした建国前後をめぐる連邦制と民族政策については、毛里和子『周縁からの中国――民族問題と国家』東京大学出版会、一九九八年、三六―四〇頁を参照。
(14) 「新民主主義論」（一九四〇年一月）毛沢東『毛沢東選集』第二巻、北京：人民出版社、一九五二年、六三八頁。

(15)「中共中央関於統一抗日根拠地党的領導及調整各組織間関係的決定」(一九四二年九月一日中共中央政治局通過)中共中央文献研究室・中央檔案館編『建党以来重要文献選編(一九二一—一九四九)』第一九冊、北京:中央文献出版社、二〇一一年、四二二—四二三頁。
(16) 福島正夫『中国の人民民主政権』東京大学出版会、一九六五年、三五九頁。
(17)「中共中央関於九月会議的通知」(一九四八年一〇月一〇日)毛沢東『毛沢東選集』第四巻、北京:人民出版社、一九六〇年、一二三九頁。これは毛沢東が起草し、中共中央の名義で通達した通知である。
(18) 福島正夫『中国の人民民主政権』三五〇頁。
(19) 中共中央文献研究室編『毛沢東年譜(一八九三—一九四九)』下巻、北京:中央文献出版社、一九九三年、三〇一頁。
(20) 中共中央文献研究室編『劉少奇年譜(一八九八—一九六九)』下巻、北京:中央文献出版社、一九九六年、一七五頁。
(21) 金沖及主編『周恩来伝』第二冊、北京:中央文献出版社、一九九八年、九一四—九一五頁、楊尚昆『楊尚昆日記』上冊、北京:中央文献出版社、二〇〇一年、八頁。後者は当時会議に参加した楊尚昆が要約した周恩来の講話である。一九八〇年代に出版された前者の内容と主旨は同じだが、統一すべき業務内容に関しては若干の差異がみられる。
(22)「中央関於財政経済工作及後方勤務工作若干問題的規定」(一九四九年三月二〇日)中央檔案館編『中共中央文件選集(一九四九)』第一八冊、北京:中共中央党校出版社、一九九二年、一八一—一八五頁。
(23) 川島弘三『中国党軍関係の研究 中巻——国防現代化の過程と党軍関係』慶應通信、一九八九年、二二一—二二五頁。
(24) 范暁春『中国大行政区(一九四九—一九五四年)』上海:東方出版中心、二〇一一年、一四一頁。
(25) 政治法律委員会、財政経済委員会、内務部、公安部、財政部、貿易部、重工業部、燃料工業部、交通部、農業部、水利部、教育部、法制委員会、民族事務委員会、出版総署、人民銀行などの政務院機構の責任者はすべて華北人民政府から転任した。詳しい資料は、范暁春『中国大行政区(一九四九—一九五四年)』一〇一—一〇二頁を参照。
(26) 鄧小平「関於高崗饒漱石反党聯盟的報告」(一九五五年三月二一日)中国人民解放軍国防大学党史党建政工教研室編『中共党史教学参考資料』第二〇冊、北京:中国人民解放軍国防大学内部出版、一九八六年、五一九頁。
(27) 本章第三節の高崗、饒漱石事件に関する考察を参照。

(28) 小嶋華津子「中国共産党労働組合――建国初期の「工会」をめぐる論争」『アジア研究』第四二巻第三号、一九九六年、八三―一一四頁。
(29) 一長制の論点は、党委員会が工業生産においてどのような役割を果たすべきかという内容を含むものであった。詳細については川井伸一『中国企業とソ連モデル――一長制の史的研究』アジア政経学会、一九九一年を参照。
(30) 薄一波『若干重大決策与事件的回顧』上巻、北京：中共中央党校出版社、一九九一年、一三一頁。
(31) 鄧子恢は一九五三年までに中南局第三書記、中南軍政委員会副主席、財経委主任を務めていた。その後、中共中央農村工作部長、国務院副総理などを経て農業、林業などの分野における主要な担当者となった。鄧子恢が農業分野の担当者として抜擢されたのは、すでに述べたように建国初期の段階で毛沢東と政策志向が近かったことに起因すると考えられる。
(32) 薄一波『若干重大決策与事件的回顧』上巻、一二九頁。
(33) 「東北局一九五〇年一月份向中央的綜合報告（節録）」（一九五〇年一月）中国人民解放軍国防大学党史党建政工教研室編『中共党史教学参考資料』第一九冊、北京：中国人民解放軍国防大学内部出版、一九八六年、九五―九八頁。
(34) 薄一波『若干重大決策与事件的回顧』上巻、一九七―一九八頁。
(35) 「劉少奇同志対山西省委〈把老区互助組織提高一歩〉的批語」（一九五一年七月三日）中国人民解放軍国防大学党史党建政工教研室編『中共党史教学参考資料』第一九冊、三二六頁。劉少奇と山西省党委員会の論争の経緯については、薄一波『若干重大決策与事件的回顧』上巻、一八四―一九〇頁に詳細な記録がある。
(36) 薄一波『若干重大決策与事件的回顧』上巻、一八五―一八七頁。
(37) 同上、一九一頁。
(38) 毛沢東「関於転発東北農村生産互助運動報告的批語」（一九五一年一〇月一七日）中共中央文献研究室編『建国以来毛沢東文稿』第二冊、北京：中央文献出版社、一九八八年、四七六―四七八頁、浅沼かおり『農業集団化政策決定までの政治過程（一九四九―五五年）――国家形成期の毛沢東』三〇―三一頁。
(39) 劉国光・張卓元・董至凱『中国十個五年計画研究報告』北京：人民出版社、二〇〇六年、五二頁。
(40) 沈志華『毛沢東・斯大林与朝鮮戦争』広東人民出版社、二〇〇三年、二六二―二六七頁。

(41)「為了解蘇共関於中央機構設置的経験給斯大林的電報」(一九五二年六月二〇日)中央文献研究室編『建国以来毛沢東文稿』第三冊、北京:中央文献出版社、一九八九年、四七四―四七五頁。
(42)同脚注四一。同じ日付の中共中央から駐ソ連大使張聞天宛の電報内容が、本文の脚注に記載されている。
(43)このような観点は、高崗と饒漱石の失脚と無関係とは言えない。中央に異動した五人の中で特に高崗と饒漱石が抵抗したという多くの証言は、高崗、饒漱石事件後に出されたものである。例えば、饒漱石はこの異動に対して疑心暗鬼に陥り、深夜に毛沢東のもとを訪れて彼の真意を聞き出そうとしたことが知られている(「鄧小平、陳毅、譚震林関於饒漱石問題座談会的報告」(一九五四年三月一日)『中共党史教学参考資料』第二〇冊、二七四頁)。また、毛沢東は高崗に対しても早く北京に来るよう促していた(毛沢東「関於高崗早日来中央工作的電報」(一九五二年九月二三日)中央文献研究室編『建国以来毛沢東文稿』第三冊、五六一頁)。
(44)林蘊暉『重考高崗、饒漱石「反党」事件』香港:中文大学出版社、二〇一七年、第三章。
(45)趙家梁・張暁霽『半截墓碑下的往事――高崗在北京』香港:大風出版社、二〇〇八年、七四頁。中南海で毛沢東の辦公室は頤年堂に、周恩来の辦公室は西花庁にあった。この話は、多くの用件が周恩来によって掌握されているという、毛の不満を表していた。
(46)中共中央文献研究室編『周恩来年譜(一九四九―一九七六)』上巻、北京:中央文献出版社、一九九七年、二四七頁。
(47)各大行政区が制定した計画については、例えば「東北局政策研究室関於一九五〇年工作総結及一九五一年工作計画向東北局的報告」(一九五一年一月一六日)中共中央東北局党的工作編委会『党的工作』第七六期、内部発行、一九五一年、五―九頁(中文出版物服務中心編『中共重要歴史文献資料匯編』第二一輯第三九種、洛杉磯(ロサンゼルス):中文出版物服務中心、二〇一八年)、習仲勲伝編写会『習仲勲伝』下巻、北京:中央文献出版社、二〇一三年、一二七―一三〇頁などを参照。
(48)「論中央与地方財経工作職権的劃分」(一九五一年五月二四日)中国社会科学院・中央檔案館編『一九四九―一九五二　中華人民共和国経済檔案資料選編』綜合巻、五八二―五八六頁。
(49)「華北局関於建立経済計画工作的指示」(一九五一年一二月二二日)中共中央華北局弁公庁『中共中央華北局重要文件匯編』第二巻、内部発行、一九五四年、一九二―一九三頁(中文出版物服務中心編『中共重要歴史文献資料匯編』第二四輯第一五種、洛杉磯(ロサンゼルス):中文出版物服務中心、二〇一六年)。
(50)「中共中央関於建立計画機構的通知」(一九五三年二月一三日)中共中央文献研究室編『建国以来重要文献選編』第四冊、北京:

中央文献出版社、一九九三年、六二―六三頁。
(51)「中共中央関於建立与充実各級計画機構的指示」（一九五四年二月一日）中国社会科学院・中央檔案館編『一九五三―一九五七中華人民共和国経済檔案資料選編』綜合巻、北京：中国物価出版社、二〇〇〇年、三五〇―三五二頁。
(52)薄一波『若干重大決策与事件的回顧』下巻、二三一―二三八頁。
(53)「中共中央関於加強中央人民政府系統各部門向中央請示報告制度及加強中央対於政府工作領導的決定（草案）」（一九五三年三月一〇日）『建国以来重要文献選編』第四冊、六七―七二頁。
(54)詳しい分業は以下のようなものであった。高崗は重工業部と第一機械部、第二機械部、燃料工業部、建築工程部、地質部、軽工業部、紡績工業部、鄧小平は鉄道部、交通部、郵電部、鄧子恢は農業部、林業部、水利部、全国合作社、饒漱石は労働部、陳雲は財政部、糧食部、商業部、対外貿易商業部、人民銀行、工商業管理部、物資貯備部をそれぞれ領導するとされた。「関於加強対中央人民政府財政経済部門工作領導的決定」（一九五三年四月二八日）『建国以来重要文献選編』第四冊、一八〇―一八二頁。
(55)「中共中央転発西南局関於加強対政府工作的領導及政府系統請示報告制度的規定」（一九五三年四月二六日）中央檔案館・中共中央文献室編『中共中央文件選集（一九四九―一九六六）』第一二冊、北京：人民出版社、二〇一三年、一四九―一五一頁。
(56)「中共中央関於地方党委権力的指示」（一九五三年四月二日）中国社会科学院・中央檔案館編『一九五三―一九五七　中華人民共和国経済檔案資料選編』綜合巻、一六五―一六七頁。
(57)同上、一六五頁。
(58)「中共中央批転華東局関於編制一九五四年計画草案及五年計画綱要草案各項準備工作歩驟的報告」（一九五三年五月二九日）中国社会科学院・中央檔案館編『一九五三―一九五七　中華人民共和国経済檔案資料選編』綜合巻、四九四―四九七頁。
(59)「中共中央関於調整大区商業、外貿、糧食機構及職責等問題的指示」（一九五三年一二月七日）中国社会科学院・中央檔案館編『一九五三―一九五七　中華人民共和国経済檔案資料選編』綜合巻、一五三―一五四頁。
(60)周恩来は一九五四年二月の高崗問題座談会の決議で、高崗が党中央の同意を得ずにソ連に個人情報を漏らしたと述べた。毛沢東も一九五六年の第八期二中全会の講話で、高崗がソ連に情報を売ったことを名指しで批判した。また、ソ連の檔案に基づいた暴露本にも、高崗が国家機密をソ連指導部に漏らしたという記録があると言われる。近年、その信憑性を疑わせる証言については、林

蘊暉『重考高崗、饒漱石「反党」事件』、李海文「科瓦廖夫回憶的不確之処——師哲訪談録」『国史研究参考資料』一九九三年創刊号、七六—八〇頁を参照。

(61) Frederick C. Teiwes, *Politics and Purges in China: Rectification and The Decline of Party Norms, 1950-1965*, New York: M.E. Sharpe, 1993., Parris Chang, *Power and Policy in China*, University Park: Pennsylvania State University Press, 1975. などを参照。

(62) 林蘊暉『重考高崗、饒漱石「反党」事件』および楊奎松『中華人民共和国建国史研究　一』江西人民出版社、二〇〇九年の第七章は建国後の白区幹部とソ区幹部との矛盾を詳細に分析している。

(63) 徳田教之『毛沢東の政治力学』慶應通信、一九九七年、第八章。

(64) 宋任窮『宋任窮回憶録』北京：解放軍出版社、二〇〇七年、三一二頁。

(65) 林蘊暉『重考高崗、饒漱石「反党」事件』二六三—二六四頁。

(66) 「中共中央華東局関於召集華東局拡大会議伝達和討論中央四中全会決議的報告」（一九五四年五月一〇日）中国人民解放軍国防大学党史党建政工教研室編『中共党史教学参考資料』第二〇冊、三一一—三一四頁。

(67) 「中南局関於伝達四中全会決議的情況向中央的報告」（一九五四年四月一六日）中共中央中南局辦公庁編印『中共中央中南局文件輯存』第六巻、内部発行、一九五四年、四六—五五頁（中文出版物服務中心編『中共重要歴史文献資料匯編』第三三輯第六種、洛杉磯（ロサンゼルス）：中文出版物服務中心、二〇一六年）。

(68) 張秀山『我的八十五年——従西北到東北』北京：中共党史出版社、二〇〇七年、三一五—三一六頁、張明遠『我的回憶』北京：中共党史出版社、二〇〇四年、三八九—三九一頁。

(69) 張秀山『我的八十五年——従西北到東北』三二一頁、「羅瑞卿在東北地区党的高級幹部会議上的講話」（一九五四年五月四日）中共中央党史研究室編『中共党史資料』第七期、三七—四三頁。

(70) 張明遠『我的回憶』三九四—三九五頁。

(71) 中共中央文献研究室編『鄧小平年譜（一九〇四—一九七四）』中巻、北京：中央文献出版社、二〇〇九年、一一六五頁。

(72) 同上、一一六八頁。

(73) 一九五六年四月に十二軍区に福州軍区を加えて十三軍区となった。

（74）范暁春『中国大行政区（一九四九―一九五四年）』三三九頁。

（75）楊奎松『中華人民共和国建国史研究　一』二〇〇九年、三八〇頁。

（76）William W. Whitson, *Chinese High Command: A History of Communist Military Politics, 1927-71*, Washington: Praeger Publishers, 1973. ウィットソンが言う野戦軍将校体制は、野戦軍という正式な組織を基礎に形成された「派閥化」の現象である。ほとんどの解放軍上級将校は一九二八年から三〇年間一貫して同じ野戦軍団で過ごし、他の軍事組織に異動しなかったため、共同作戦の経験や野戦軍の指導者に対する忠誠心などによって派閥が築き上げられた。ただし本章では軍の派閥関係を議論するのが目的ではないので、野戦軍と中央局の連帯が及ぼした中央局幹部の残留に焦点を置きたい。

（77）楊奎松『中華人民共和国建国史研究　一』三八〇―三八一頁。従って、この時期に地方指導者に就いた軍の背景をもつ幹部について、純粋な文民か職業軍人かを明確に区別するのは難しい。また、東北、華北に起用された幹部は教育水準が高く、白区出身という共通点をもつのに対し、西北、南方の幹部は軍人でありソ区での活動経験をもつという違いがある。本章では、すべての経歴が職業軍人ではないかぎり「軍とのつながりがある」と表記したい。

（78）William W. Whitson, "The Field Army in Chinese Communist Military Politics," *The China Quarterly*, Vol. 37, 1969, pp. 1-30.

（79）華北区は〇件であるが、天津市が一九五八年に河北省に合併された後、第一書記の黄火青が遼寧省第一書記に異動した事例は計上しなかった。

第二章　地方分権と中央集権の間

——大躍進運動における経済協作区の変容を中心に

はじめに

前章では、一九五四年の前半までに中央指導部の統治方針が国計委および国務院各部委の条条を中心とする集権体制に切り替わったことを論じた。当時の中央指導部には、中央集権的な体制を確立しながらも、中央局を中核とする大行政区体制を併用するという計画があったのである。しかし、その方針は高崗、饒漱石事件の影響によって放棄され、一九五四年に大行政区体制が廃止された後、中央—省を中心とする統治システムが正式に発足した。その後、一九五七年には複数の省の経済活動を統括する経済協作区が導入され、一九六〇年に中央局へと変容を遂げた。本章で論じるのは、中央局に類似する経済協作区が、中央指導部のいかなる政策意図や政治状況によって導入され、いかなる統治戦略のもとにその機能が調整されていったのかという問題である。

経済協作区は、大躍進運動期の経済分権化が始まる前に、複数の省に跨る経済協力体制の構築を統括するために設立された機構である。従来の研究では、経済協作区の目的と機能は大躍進運動の分権化政策の付随的な結果として説明されてきた(1)。そうした研究においては、経済協作区は省政府の前では無力に等しく、ほとんど機能していなかったと評価される。この他に経済的意義だけではなく、経済協作区の成立をめぐる政治過程を分析したのが磯部靖である。(2)磯部の分析によれば、経済協作区が設置された背景には、大躍進運動を支持する地方の有力指導者の権限拡大という毛沢東の政治的な目論見があった。

以上のように、経済協作区の設立に関する従来の研究は、これを一九五八年に正式に開始した分権化政策の一環であるとみるか、もしくは地方権力の拡大として理解するものがほとんどであった。しかし、より長い時間軸からみれば、経済協作区の範囲や幹部構成、機能は、一九五四年に廃止された中央局を中核とする大行政区体制と重複することが多い。この意味において、経済協作区は大行政区体制と共通する制度上の特徴を有していたとも考えられる。

序章で提示した仮説によれば、党中央は一貫して中央局、もしくはそれに類似する機構を通して国内の政治的なバランスをとることを意図していた。前章でも考察したように、中央局を中核とする大行政区体制は、国計委および中央各部委（＝条条）による管理と併用され、省の管理（＝塊塊）を補助するものとして考案された。そうであれば、大行政区体制から作られた経済協作区は、分権化のための存在ではなく、むしろ中央指導部による折衷的な統治システムの運営を維持するための一つの手段であったと想定される。この観点は、本章の第三節において考察する経済協作区から中央局への変化の過程からすれば、より一層明確になるであろう。つまり、経済協作区が分権化のために設けられたのではなかったのと同様に、経済協作区の延長線上に再建された中央局も、単に集権という目的から設けられたのではなかったと考えられる。

以上を踏まえて本章では、経済協作区と当時の制度変動との関係を再検討することで、この機構の調整をめぐる中央、地方の政治力学を明らかにする。特に注目したいのは、一九五七年から六〇年にかけて、中央指導部が随時経済協作区の機能を調整した動態的な政治過程である。具体的には、以下の内容を中心に議論を展開する。第一節では、一九五八年に始まる第二次五ヵ年計画の策定をめぐる意見対立を背景に、経済協作区が設立された最初の政治状況を検討する。第二節では、大躍進運動期において、経済協作区の実際の機能を説明するために、華東協作区の執行状況を取り上げる。第三節では、大躍進運動の収束に向けて、経済協作区という制度の運用にどのような変化が生じ、中央局として再建されるに至ったのかを明らかにする。

1　経済協作区の成立をめぐる政治過程

本節では、経済協作区の設立前後の政治過程について考察を行う。第二次五ヵ年計画（一九五八―一九六二）の策定をめぐっては、いかに経済を発展させるかという方式のみならず、高度な中央集権によって非効率化した統治体制を改善することも重要な課題として論争が行われた。本節では第二次五ヵ年計画をめぐる議論の背景を踏まえた上で、経済協作区の提起は分権化の議論においてどのように位置づけられていたのか、さらには中央指導部、地方指導者はそれぞれ経済協作区に対してどのような思惑を有していたのかについて検討する。

一九五五年の末から、毛沢東の呼びかけに応じて農業経営の集団化が急速に進められた(3)。毛は、農業集団化の推進によって農業の増産を実現し、その上で工業発展の加速化を成し遂げるという構想をもっていた。しかし、現実には地方だけでなく、中央各部委も計画の超過達成を追求し、その結果、各部門のバランスに基づいて事前に計画した予算や物資が負担可能な範囲をはるかに上回り、経済の混乱を招いた(4)。この状況に対して、周恩来、陳雲、李富春、薄一波、李先念などの経済担当の指導者たちは、毛沢東の急進的な経済発展の方針に疑問を示した。一九五六年六月の中共中央政治局会議において、この混乱に歯止めをかけるために、現状に即した緩やかな発展を強調する「反冒進」の方針が確定された(5)。

こうした状況を背景に、一九五六年から、一九五八年に開始予定であった第二次五ヵ年計画の策定をめぐって様々な構想が提起された。第一次五ヵ年計画で想定されたのは、全国的な工業体系を形成しつつ、地域格差を解消した上で工業化を成し遂げるという構想であった。それに対して、毛沢東は一九五六年四月に発表した十大関係論で、食糧と鉄鋼を二本軸として、各地方における自己完結的な地域経済の発展モデルを掲げた。毛は、一九五五年以降急速に進められていった社会主義化による混乱を問題視せずに、地方分権化を通じて、地方を活性化させることで工業発展の加速化を目指したのである。

こうして、計画策定および経済管理制度の改革案も提起された。第一次五ヵ年計画期においては、まず国計委が大体の目標指令を伝達して、地方と中央各部委がそれぞれに所属する企業、事業体の計画を編成し、最終的に国計委がそれらの計画に依拠して国民経済全体の計画を決定するという計画策定の流れであった。当該計画期において、国計委は中央各部委（＝条条）を通じて細かい管理を行っていたため、地方の裁量が大きく制限された。こうした過度な中央集権体制を改革すべきであるという意識はすでに中央指導者の間で共有されていたが、制度改革の度合いと相互に緊密な関係をもつ経済発展の加速化の問題をめぐり、指導者の間で意見が対立した。

周恩来を筆頭とする経済官僚が考えた制度改革案は、緩やかな経済発展方針と中央によるマクロな管理を大前提とする、限定的な地方分権化を主張するものであった。その立場は李富春、薄一波などの経済官僚によっても支持されていた。一九五六年五月から八月にかけて、国務院が主導した制度改革に関する草案の策定が行われた。そこでまとめられた草案は、全国の計画の総合均衡を確保するために、地方の計画、地方企業の管理権限を見直すという内容であった(6)。それに対して、一九五六年の九月から行われた中国共産党第八回全国代表大会において、劉少奇は毛沢東の意見に部分的に賛成し、経済発展の加速化と合わせて地方分権化政策を提起した(7)。このように、指導部の間で第二次五ヵ年計画期の経済発展に関する意見が対立していたため、経済分権化の方式や程度をめぐる議論もしばらく膠着することになった。

中国の制度改革の議論と時を同じくして、ソ連の指導者であったフルシチョフは一九五三年のスターリンの死後に初めて開かれた一九五六年のソ連共産党第二〇回党大会において、新たな政策綱領を提出した。これを契機として、中国と同様に高度な中央集権を行ってきたソ連においても制度改革が始まった。ソ連を構成する各共和国は、産業別の中央経済部門[8]による管理を中心として地域別に生産が専門化され、分業のネットワークに組み込まれていた[9]。フルシチョフの改革案では、中央経済部門に過度に権限が集中することを防ぎ、各部門の分断による浪費や効率低下を是正するために、中央経済部門が廃止された。その代わりに、経済効率を発揮する原則に基づいてソ連が一〇五の経済行政区に分けられ、さらに各経済行政区に各地方党機関が主導する国民経済会議が設置された。地方党機関は国民経済会議を通じて経済管理への介入が可能となったため、地方のイニシアチブが重要となり、地方党機関の責任が増大した[10]。こうしたソ連の改革内容、特に経済行政区に基づく経済管理方式に関連する記事は、一九五七年二月から一一月にかけて『人民日報』で数多く掲載された[11]。中央指導部が『人民日報』でソ連の改革案を盛んに宣伝したのは、地方の能動性および経済効率の向上などを重視する改革の意向を示すためであったと考えられる。

このようにソ連の経験が紹介される中で経済協作区が発足したが、それは正式に経済分権化が決定されるより以前のことであった。毛沢東の了承を得た上海局の主導のもとで、一九五七年七月二〇日に華東区の五省一市が参加した経済協作会議が開催され、華東協作委員会の設立が決定された。ここで、簡単に上海局について説明しておこう。前章で述べたように、一九五四年に大行政区体制が廃止され、第一次五カ年計画の実施に向けて中央が各省を直接管理するシステムが成立した。しかし、その中で華東局のみが上海局の名義に変わり、上海市、浙江省、江蘇省を領導し続けた[12]。上海局が具体的にどのように華東地域を領導したかについては、詳細な情報が少ない。ただし、一九五五年から五七年にかけて『人民日報』に掲載された上海局拡大会議の趣旨からみてみると、上海局の主な活動内容は上海市、浙江省、江蘇省の農業集団化、私営企業の国有化を推進することであった[13]。大行政区の基盤をもつ上海局が華東協作区を主導した点からすれば、中央指導部には廃止された大行政区体制を復活させる意図があったと考えられる。実際にこれより以前、毛沢東は一九五六年に十大関係論を発表した際にも、大行政区体制には欠陥があったが、地方の活性化を実現するのに必要であったと述べたことがある(14)。この発言には、廃止したばかりの大行政区と類似する機構の設立を正当化する狙いがあったと推測できる。

華東協作区の運営方式には、大行政区体制の経済管理機能と類似している点が多い。その核心は、複数の省に跨る経済活動を統合することで、中央各部委による産業別の管理体制の不足を補うという方式であった。一九五七年の一回目の華東協作区会議では、第二次五カ年計画期において、地域内の経済提携を中心とする運営方式および経済計画が決定された。その内容は、第一に、華東地域内部の自主的な技術、設備、物資の交換を可能とするネットワークの構築であった。例えば、上海市が華東各省に技術、工業設備、基本建設投資を提供する代わりに、そうした支援をうけた省が上海市に工業原料や食糧を提供することが定められた。第二に、地域内部の物資流通や計画調整を円滑に行うために、経済協作委員会を通じて地域内の工業部門の活動を調整し、各省の計画策定を統合することが定められた(15)。以上のように華東協作区は、中央各部委の地域分断的な管理系統によって生じる問題を解決し、地域ごとに各省間の経済提携をスムーズに行えるようにするための機構として想定されていた。

大行政区体制と連続性をもち、機能面でも類似した経済協作区が正式の地方分権化より以前に成立できた理由として、以下の二つがあると考えられる。まず、第一章で述べたように、中央指導部は本来の第一次五カ年計画期においても中央局の存続を想定していた。つまり、当時は中央各部委による産業別の管理と並行して、中央局が複数の省の経済活動を調整し統合する予定であった。この構想は高崗、饒漱石事件により頓挫したが、大行政区体制が中央指導部の間では有効な行政管理手段として認識されていた。

次に、経済協作区は、分権化のあり方をめぐり対立していた意見の折衷案として成立したと考えられる。徹底的な地方分権化を求める地方指導者と地方の能動性を重視する毛沢東からすれば、経済協作区の運用次第では、地方の権限拡大につながり得る。仮に経済協作区を通じて地方の間の経済提携が増えたならば、地方が管理する内容を拡大させなければならず、結果的に地方分権化に有利に働くことになる。さらに、上海局の指導者であり華東協作区を招集した上海市党委員会第一書記兼市長の柯慶施は、大躍進運動の急先鋒であり、経済協作区という構想についても事前に毛沢東の了承を得ていた[16]。その一方で、単に華東協作区の機能面からみれば、省の間の経済提携を統括することになるため、周恩来などの穏健派が重視するマクロな管理体制とも衝突しない。このようにして、経済協作区は異なる政治的立場を乗り越える折衷案として受け入れられたのであろう。

経済改革をめぐる対立が続く中、一九五七年から始まった百花斉放、百家争鳴で知識人による党への批判が激しくなった。それに対して危機を感じた中央指導部は、党に対する批判を許容する態度から反右派闘争に転じた。一九五七年の五月中旬から八月にかけて、毛沢東は「事態は変化しつつある」、「これはなぜか」、「一九五七年夏季の情勢」など、反右派闘争を発動する上で決定的な役割を果たした談話を発表した。反右派闘争の熱気が高まりつつあった一九五七年の夏に、毛沢東は南下して湖北、華東地域、四川などに一ヵ月ほど滞在した。毛はしばしば中央の保守的な姿勢を批判し、急進的な路線を推進するために地方の指導者を取り込もうとしていた[17]。

一九五七年の末になり、大躍進の構想が毛沢東の主導のもとで固められた段階においても、経済分野の担当者らは依然として穏健な姿勢を貫いていた。例えば、一九五七年一二月、国計委の主任であった李富春は経済の躍進を述べながらも、鉄鋼生産の一九六二年までの目標を一二〇〇万トンに設定するなど、一九五六年に周恩来が掲げた穏当な計画と大差のない第二次五ヵ年計画を語り続けた[18]。それと同時に、一九五七年の後半にかけて、地方分権化の議論も進められた。一九五七年一一月に国務院から正式に発表された「工業管理制度改善に関する規定」では分権化の内容について、「国家の統一計画の中で地方政府と企業に一定程度の、土地の実状に応じた権限を与えること」が述べられた[19]。しかし、毛沢東はその内容に依然として不満を感じていたため、同年一二月に国計委に対して、省、市、県の地方レベルに経済計画の権限を大幅に委譲し、中央は統括の権限のみを維持して指導するよう指示した。

さらに、毛沢東は穏健派の中央指導者の支持を得られなかったことで、地方の指導者を抱き込みながら周恩来らの意見を強硬に押さえ込もうとした。毛は一九五八年一月の南寧会議において、一九五五年から五六年にかけて反冒進の方針を掲げ、好景気を抑えたとして周恩来、陳雲などの穏健派の人物に自己批判をさせ、経済政策の主導権を自らの手で握るようになった[20]。また毛は、生産建設の拡大を喚起するために、「地方に多くのことを行わせ、これによって全国の各方面にわたる建設が多く、速く、立派に、むだなく発展できるように」すべきであると要求し、徹底的な地方分権化を主張した[21]。

反冒進への批判を経て、毛沢東以外の中央指導部は大躍進の方針に逆らえなかったものの、大規模な地方分権政策のもとでも地方を制約し得る代替案を探っていた中で、一部の経済官僚は経済協作区を一つの手段として考えていた。それをうけて、一九五八年二月、中共中央は「地域の協作区会議の開催に関する決定」を伝達した。それにより、全国が東北、華北、西北、華東、華中、華南、西南の七つの経済協作区に分けられ、各協作区は年に最低四回の協作区全体会議を開くよう義務づけられた[22]。経済官僚は、さらなる大規模な地方分権に応じて経済協作区の機能を強化すべきであると主張していた。例えば、財政担当者の李先念は一九五八年四月の華中協作区会議において、経済協作区の役割は中央各部委の不足を補い、各地域の総合均衡を確保することにあると述べた[23]。この発言の翌月、第一機械工業部部長を務めていた趙爾陸は、中央局、もしくは他の組織を通じて経済協作区の機能を強化すべきだと毛沢東に進言した[24]。しかし、毛はこの時点では地方の能動性をできるだけ発揮させたいと考えていたため、経済協作区をより強力な管理機構にすることに同意しなかった。

この毛沢東の意向をうけて、一九五八年六月に「協作区の工作強化に関する中共中央の決定」が下された[25]。そこで示された経済協作区の機能と、一九五七年の華東協作区との間に大きな違いはなかった。その決定によれば経済協作区の機能は、省の間の物資交換や資金調達などを行うことと、地域内部の各省の計画を調整しつつ、地域ごとの計画を策定することであった。また、経済協作区による地域間の協力も義務づけられた。例えば、東北、上海は基礎工業がまだ立ち遅れていた西北、西南に機械設備の支援をしたり、西北から華北、華東に工業に必要な原材料を供給したりするといった協力である。(26)

このように経済協作区の経済管理機能は大行政区体制と類似しているが、制度上二つの違いがあった。まず、経済協作区には対応する党および政府組織が設置されていなかった。ゆえに経済協作区の機能を発揮するためには、省レベルの地方党委員会およびその傘下の業務機構に頼らねばならなかった。図1は華東協作区を例に、経済協作区の組織構造を示したものである。ここから分かるように、経済協作区の権力中枢である経済協作区委員会の責任者は主に各省の第一書記によって構成されていたのみならず、経済協作区の業務を遂行する経済計画弁公庁と各業務組も省レベルの地方党委員会の業務機構が兼ねる形になっていた。例えば、華東協作区弁公室は実際には上海市党委員会の弁公室が兼ねていたため、その人事の任命や異動はすべて上海市党委員会の組織部が把握していた。(27)そしてその傘下の各業務組を構成したのも、華東地域において各省の関連部署から派遣された代表であった。こうした経済協作区の組織形態は、過去の大行政区体制よりも地方党委員会との関係を一層緊密にさせるものであったと思われる。

もう一つの相違点は、大行政区体制は決められた管轄範囲をもっていたのに対し、経済協作区には明確な範囲がなく、そのため各省は複数の経済協作区に参加することもあったことである。この措置によって、経済協作区には統治機構としての意味合いが薄れ、各省は自らと緊密な経済提携をもつ協作区に参加するという経済的な考慮が優先された。例えば、陝西省は西北、西南の二つ、江西省は華中、華南の二つの経済協作区にそれぞれ参加できた。この措置は、大躍進初期の経済協作区の統治能力を分散させようとした毛沢東の意図を反映している。さらには前述したよう

図 1　経済協作区の組織構造

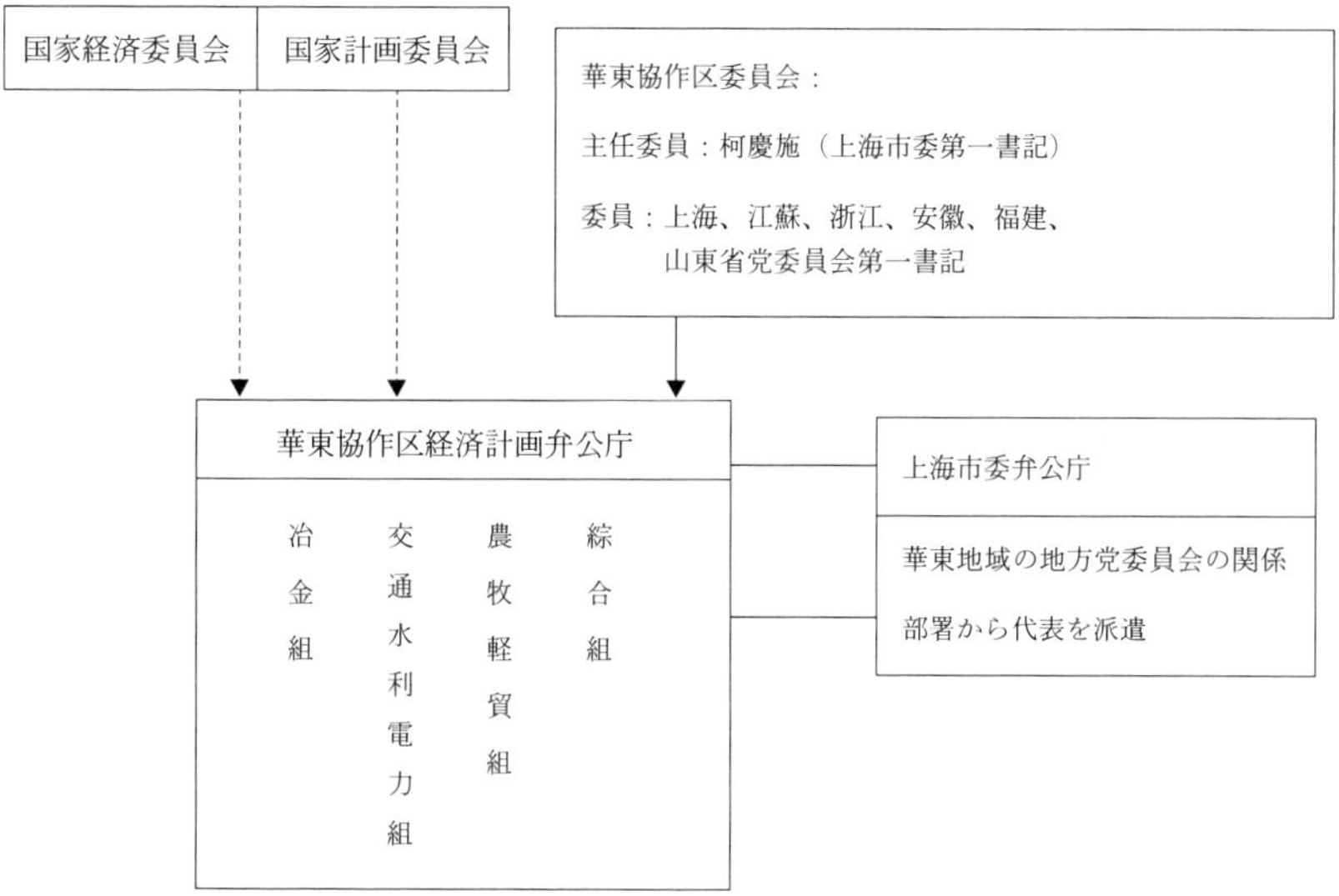

（注）　実線の矢印は組織上の上級、下級関係を示す。点線の矢印は業務指導関係を示す。
（出所）「中共中央関於加強協作区工作的決定」（1958 年 6 月 1 日）中共中央文献研究室編『建国以来重要文献選編』第 11 冊、北京：中央文研出版社、1995 年、343-348 頁、張俊華「大躍進中的協作和経済協作区」『河南大学学報（社会科学版）』2007 年第 5 期、75 頁、〈上海市檔案館〉華東協作区委員会経済計画弁公室「華東協作区基建会議文件」[A77-2-306]、1958 年 7 月より筆者作成。

に、ソ連で実施された経済効率優先の原則に基づき行政区画を見直すという改革の影響もあったと考えられる。

　以上、本節では一九五六年に始まった経済分権化に関連する議論を整理しながら、経済協作区の設立をめぐる政治力学を検討した。中央指導部においては分権化の必要性が共有されていたが、その形式および経済発展計画をめぐっては様々な意見の対立があった。そうした背景のもとで、ラディカルな制度改革よりも、まずは大行政区体制の再建が一つの折衷案として受け入れられた。急進的な分権化を主張する毛沢東やその支持者たちは、議論が膠着をみせる中で、経済協作区を地方の権限拡大のための打開策として考案した。それに対して、穏健派の中央指導部のメンバーは、状況に応じた経済協作区の組織強化などの措置を通じて、地方分権の行き過ぎを防ぐためのマクロ的な管理手段としてもそれを活用できると考えていた。

つまり、いずれの政策志向からしても、経済協作区を柔軟に利用することを通じて、自らの政策目標を達成することが可能であったと言える。そのため経済協作区は、最終的に大躍進運動初期においても存続し続けた。ただしその際、毛沢東は経済協作区が各省の能動性を制限することのないように、経済協作区を大行政区体制よりも緩やかな制度として築き上げたのである。

2　経済協作区の実際の機能

本節では経済協作区が具体的に大躍進運動初期において果たした役割について、まずは地域計画が導入された後の第二次五ヵ年計画の策定過程に注目する。さらには華東協作区の事例の分析を通じて、経済協作区が地域内の各省を統合する機能を果たしたことを明らかにする。

（1）経済協作区と第二次五カ年計画の策定

大躍進運動期の分権化政策によって、全国経済計画の司令塔であった国計委の機能は弱体化した。計画管理制度の改革が決定された後、国計委が管理する工業製品は一九五七年から五九年にかけて三〇〇種から二一五種に減少し、中央各部委が管理する企業や物資も激減した[28]。また、国計委が統括する計画策定方式も刷新された。それは、経済協作区の経済計画弁公庁が中央各部委と地方の計画を地域計画として統合したものであった。地域計画の策定には、各省の計画委員会副主任、国計委、国家経済委員会、中央の工業各部の代表が参加した。なお各省の計画委員会副主任は常に協作区経済弁公室に駐在し、二ヵ月に一回の頻度で経済協作区会議を招集した。その会議で、中央の代表と各省の計画委員会は情報の共有と調整を行い、各省の枠組みを超えた地域共有の計画草案を作成した[29]。同時に、地域ご

表1　1958年、59年度鉄鋼指標作成の決定過程

時期（1958年）	3月	4月	5月	6月	7月	8月	9月	10月	11月
決定者	成都会議	国家経済委員会会議	中央政治局拡大会議	協作区会議 →			省党委員会議	全国計画会議 協作区会議	協作区会議
				冶金部、国家経済委員会会議		北戴河会議			
1958年指標（トン）	700万	711万	850万	900万→1100万		1070万			
1959年指標（トン）				2000万→3000万		2700万		3000万	

（出所）　唐亮『現代中国の党政関係』慶應義塾大学出版会、1997年、160、165頁、中国社会科学院・中央檔案館編『1958-1965　中華人民共和国経済檔案資料選編』綜合巻、北京：中国財政経済出版社、2011年、118、121頁より筆者作成。

との基本建設投資額[30]や財政収入、支出が決定された他、鉄鋼、石炭、食糧、綿花などの主要品目の目標も決定された[31]。

しかし、前述したように、経済協作区の運営は地方党委員会の主導のもとで行われた。そのため、経済協作区は地方の予算や建設計画を削減して計画の総合的な均衡をとるよりも、各省の計画指標を最大限尊重し、その政策目標を反映させたと考えられる。一九五八年に鉄鋼生産規模が大幅に上方修正されたのは、こうした計画策定方式の改革と関連していると考えられる。表1は一九五八年、五九年度の鉄鋼生産目標の決定に関する時間軸を示したものである。ここから窺えるように、一九五八年の六月から各経済協作区会議が開かれ、そこで各経済協作区の報告をうけたことで、急進的な路線を主張していた毛沢東や冶金部の担当者は、大躍進の成功が可能であると確信した。それ以降、一九五八年は九〇〇万トンから一一〇〇万トン、一九五九年は二〇〇〇万トンから三〇〇〇万トンに大幅に上方修正され続けた[32]。また、経済協作区が掲げた生産目標を達成するために、区内の各省もさらに生産指標を高く修正しなければならなかったため、非現実的な高さの指標に修正するという悪循環に陥っていた。

こうした状況において、一九五八年の末から鉄鋼生産の破綻が露

呈したにもかかわらず、各経済協作区は中央指導部の下方修正の意向に対抗した。表1に示したように、一九五九年度の鉄鋼生産目標は三〇〇〇万トンとされたが、一九五八年の末に中央指導部はそれが実現不可能であったことを懸念した。そこで、毛沢東を含めた中央指導部は鉄鋼生産の指標を下げようと動き出した。一一月に行われた中央書記処会議で、鄧小平は一九五九年の鉄鋼生産目標を一八〇〇万トンに設定するよう七つの経済協作区主任に呼びかけた。しかし、その場で経済協作区主任は生産の躍進が達成可能という立場を堅持し、二三〇〇万トンの目標を主張した。[33]このように中央、経済協作区の間では大躍進の目標に対する温度差が現れていたが、結局一九五九年上半期の鉄鋼指標が下げられることはなかった。

(2) 鉄鋼生産躍進と経済協作区

一九五八年六月から鉄鋼生産指標が上方修正され続けたことによって、各経済協作区が提出した基本建設投資予算は膨大な金額に上った。華東協作区の場合について言えば、一九五八年の一月から九月にかけて急速に生産規模が拡大したことによって、予算の投入後も資材不足や技術的な制限などの問題が起こった。結局、ほとんどの工事は目標の半分ほどしか達成できなかった。例えば、上海市は九億元の予算を投入する予定であったが、九月までに投資の五五・八%程度の任務しか完遂できなかった。[34]その主な原因は、鉄鋼材、セメント、木材などの物資が建設プロジェクトの規模に追いつかなかったことにある。華東地域の他の省も同じ苦境に立たされていた。表2は、一九五八年度における華東各省の基本建設の規模を示したものである。各省の工業建設の規模は膨大になっていたが、上海市と同じく、各省は四〇%から六〇%ほどの投資任務しか達成できなかった。[35]こうして、各省は資材や技術的な問題を解決できなくなり、省の間の連携がさらに困難になった。

以上の状況に直面して、中央は第二次五カ年計画期の初年度の鉄鋼生産計画を達成するために、経済協作区の機能

表2　1958年度における華東協作区の基本建設投資

省	投資予算額（万元）	1958年1月から9月	
		基本建設の予算（万元）	基本建設の全体投資に占める割合（%）
上海	91550	67170	73.4
江西	48450	25285	52.2
福建	43700	18800	43
山東	123000	57921	47.1
江蘇	78600	39300	50
浙江	72200	43316	60

（出所）〈上海市檔案館〉中共上海市委基本建設委員会『華東協作区基本建設会議文件』[A54-1-57]、1958年10月。

を強化させようと動き出した。一九五八年九月二四日に公表された「中共中央、国務院の計画管理制度の改革に関する規定」では、経済協作区の役割について、「協作区は各省、市、自治区による積極的な国家計画の完成を確保しなければならない。（中略）そして国家任務の完成を保証した上で、協作区内の各省、市、自治区の生産、建設、幹部訓練、および他の協作を行い、または物資、商品、投資、労働力の調整を果たす」ことなどが決められた(36)。四月、六月の決定と比べると、経済協作区の役割における地域内の「国家計画の実施の保証」という点がより強調されるようになったことが看取される。

中央の要求に応じて国家計画を実現させるために、一九五八年九月に各経済協作区の主導のもとで石炭緊急会議、基本建設会議などが開かれた。その中で、華東協作区が六〇〇万トンの鉄鋼生産目標を達成するために、生産に必要な石炭や設備の調達が緊急に進められた(37)。華東協作区の会議記録によれば、一九五八年九月から一二月にかけて華東地域に分配された石炭は全部で一三〇三万トンあり、そのうちまだ生産に投入されていなかったのは華東地域内の山東省の二〇〇万トン、江蘇省の二八万トンであった。表3は山東省から余剰分の二〇〇万トンの石炭を華東各省に配分した状況を示したものである。そこでは、華東協作区委員会が資源を統一的に調達し、分配する機能をみせていた。また、中央は一九五九年の鉄鋼生産を確

表3　山東省による石炭支援状況

省	9月	10月	11月	12月	合計
上海	5	9	9	—	23
福建	8	15	15	2	40
江蘇	8	11	11	5	35
浙江	8	2	—	—	10
安徽	6	33	35	18	92

（単位）　万トン。
（出所）　〈上海市檔案館〉上海市物資局「関於保証鋼鉄冶煉用煤的幾項規定」[B109-2-60]、1958年9月23日。

保するために、八月の北戴河会議において華東協作区に対し、さらに二四八万トンの石炭を増産するよう指示した。山東、江蘇、安徽が石炭を増産するために必要な五〇〇台の生産設備は、すべて上海によって提供された(38)。このように、華東経済協作区の主導のもとで、各省は地域内から余剰分の材料と設備を調達することができたのである。

また、経済協作区は物資の調達のみならず、管理権の分散によって生じた問題の解決にも介入していた。例えば、現実的には生産設備や鋼材が余ったとしても、当時の全国的な交通の混乱は、鉄鋼生産に必要な原料を提供する上で大きな妨げとなった。大躍進運動が本格的に始まってからは、華東地域の鉄道管理機構が鉄道部による統一的な管理から、各省の党委員会が地域内の計七つの鉄道局を管理するという方式に移行することになった(39)。しかし、鉄道管理の権限が分断されたことによって、物資を届けるための車両の調達や運行スケジュールなどの混乱を招き、鉄鋼生産計画を達成する上で障害となった。例えば、一九五八年に上海市は建築材料一二〇万トンの輸送量の計画の三〇%しか達成できなかった(40)。そこで効率低下を解決するために、一九五八年一〇月に上海鉄道管理局を華東区鉄道運輸司令部に改編し、鉄道部と華東経済協作委員会が共同して華東地域の鉄道の秩序を維持する体制がとられるようになった(41)。

表4　各協作区による1959年度の計画と第二次五カ年計画の状況報告

協作区	1959年鉄鋼	1962年鉄鋼	1959年度基本建設投資予算額
東北	1100-1300	3000-3500	—
華北	600	2000	137
西北	158	1100	112
華東	600	3941	80-110
華中	400	2100	120
華南	124	1000	64
西南	360	1670-1720	92.5
合計	3342-3542	14811-15361	635

（単位）　鉄鋼は万トン、基本建設投資予算額は億元。
（出所）　中国社会科学院・中央檔案館編『1958-1965　中華人民共和国経済檔案資料選編』綜合巻、107-108頁より筆者作成。

（3）「塊塊」の統合——経済協作区の間の経済提携

前述したように、協作区内では地域計画のための協力がなされていたのに対して、協作区の間では経済的な提携が適切に行われていなかった。工業生産が立ち遅れた地域は、経済上の「躍進」を達成するために、工業設備の不足や交通の不便などを中央からの補助によって解消しなければならなかった。表4は、一九五八年に各協作区が報告した一九五九年度計画と、第二次五カ年計画の最終年にあたる一九六二年度の鉄鋼生産指標、基本建設投資の予算額を示したものである。西北区が目指していた基本建設規模の大きさは華北、華中の次に多かった。ところが、一九五七年の西北区の財政収入は全国で最下位であり、西北区を独自の工業体系とするために、ほぼ中央からの補助に依存することになった。表5は、一九五七年から五九年にかけて華北区、西北区、華東区、西南区の財政収入に占める中央補助金の割合を示したものである。一九五八年の時点で西北区がうけた中央の補助金は、全体の財政収入のうち一二%から二四%に上昇し、華北区の一六%、華東区の一三%、西南区の七%をはるかに上回った。この差異は、一九五九年に入ってからさらに拡大した。

同じ経済協作区内の省は、共通の国家計画の達成の責任を負っていたため、物資、技術の相互支援は比較的容易であった。ところが、本

表5　財政収入に占める中央補助金の割合

協作区	1957年	1958年	1959年
華北	—	16%	2%
西北	12%	24%	18%
華東	2%	13%	3%
西南	7%	7%	5%

（注）　原資料に中央補助金の記載がない場合、0として計上し算出する。
（出所）　加島潤『中国計画経済期の財政研究——省・直轄市・自治区統計から』東京大学社会科学研究所、2012年より筆者作成。

来期待されていたはずの協作区間の経済連携について、各協作区の対応は消極的であった。国家経済委員会は会議で東北、華北、華東の協作区が他の協作区に協力する方案を提出しないことを批判した。それに対して、華東協作区は対抗姿勢を露わにし、第二次五ヵ年計画期において他の協作区を支援するのは難しいと主張した(42)。こうして経済協作区の存在は、再び全国を七つの「塊」に分けることになり、地域格差を是正する目標が実現できなかったどころか、経済が立ち遅れた地域は中央の補助への依存傾向を加速させた。

以上の考察から、大躍進運動の発動以降、経済破綻が生じ始めた頃にかけての経済協作区の役割は次のようにまとめられる。大躍進運動初期において、国計委は全国の計画を統合する機能を失い、経済協作区を通じて地域ごとに中央各部委および地方の計画を統合する形式に変更された。しかし、経済協作区には党や政府機構が設けられていなかったため、その運営のほとんどを地方党委員会に頼ることになった。その結果、経済協作区は地方党委員会の主導で行われるようになり、地域の利益最大化を優先することにつながった。

また、こうした計画策定方式の改革は各地域が基本建設の規模を拡張するための手段となり、一九五八、五九年度に次々と起きた鉄鋼生産指標の大幅な上方修正とも関連していた。この点からすれば、経済協作区には地方の指導者を協作区単位で統合することで、その国政に対する影響力を強めた側面もあったと考えられる。ただし、経済協作区を中心とする地域内部の求心力は、内部では物資の調達や技術支援をうけることを可能にしたが、各地域や各省の利益がしばしば地域間や全国範囲の計画よりも優先された。こうした欠点は、後に中央局が再建する伏線となった。

3　大躍進運動の収束と経済協作区

前節では、大躍進運動の初期にかけての経済協作区の役割を考察した。経済協作区の経済管理方式は地域内の各省の相互協力を促進した一方で、実現困難な高指標の原因となり、さらには地域間の経済提携を阻害しつつあった。これを踏まえて本節では、大躍進政策の修正に応じて経済協作区の機能がどのように調整されたのかを中心に検討する。

(1)　経済協作区の強化から中央局の再建へ

一九五八年の末から中央指導部は大躍進運動の問題に気づき、計画の修正に着手し始めた[43]。ところが、一九五九年夏に一つの事件が発生した。事の発端は、廬山で行われた中国共産党第八期中央委員会第八回全体会議（廬山会議）において、国防部長の彭徳懐が大躍進運動の行き過ぎの問題点を意見書としてまとめ、毛沢東に提出したことにあった。その行動は毛沢東の逆鱗に触れ、彭徳懐に同調した軍総参謀長の黄克誠、外交部副部長の張聞天、湖南省党委第一書記の周小舟が反党集団とされ、彼らのすべての職務が解除された。この事件をきっかけに大躍進運動を継続せざるを得ない状況となった[44]。

大躍進運動の諸政策が中止されなかったことで、経済協作区の運用はまた一つの折衷案として考慮された。中央の経済官僚は、繰り返し経済協作区の機能を発揮すべきであると呼びかけた。例えば、一九五九年六月一〇日に、当時国計委の主任であった李富春は、経済協作区計画弁公庁の会議において「現在の状況は悪いが、協作区の任務を完成しなければならない、協作区は撤廃できない、協作区の会議は確実に開かなければならない」と述べ、経済協作区の役割を強調した(45)。

こうした政治状況の変化に応じた経済協作区の位置づけの変化については、地理範囲の変更からその一端が窺われる。前述したように、経済効率が最優先であった時期において、一つの省は複数の経済協作区に加わることができた。しかし、一九五八年九月以降、経済協作区が区域内各省の計画を統括するという役割が強化されたことで、一省が参加可能な経済協作区は実質的に一つに限定された(46)。さらに、一九五九年一二月に華中、華南協作区が中南協作区に合併され、華南協作区主任であった陶鋳が中南協作区主任を、元の華中協作区主任であった王任重が副主任を務めることになった(47)。このように、経済協作区の範囲は建国初期の大行政区体制と同じ区割りになるよう調整された。こうした変化は、中央指導部による大行政区体制再建の意向を反映するものであったと考えられる。

一九五九年の後半に入ると、中国はさらに深刻な経済危機に陥った。そのため、中央指導部は再び大躍進政策の見直しに着手せざるを得なかった。こうした方針転換に合わせて、経済協作区の機能も変化し続けることになった。実のところ、当時経済協作区を通じて中央行政部門の管理体制(=条条)と地方の管理体制(=塊塊)を統合する体制はすでに破綻していた。例えば、大躍進運動期において、同地域内の条条と塊塊の間では資金、物資の不正流用がしばしば起きていた(48)。

それに対して、李富春は、一九五九年一二月の華北協作区会議で今後の経済協作区について、「協作区は各省の間の総合均衡を研究しなければならない(中略)条塊問題は私たちが解決するが、塊塊の内部矛盾は協作区が解決しなければならない」と述べた(49)。前述したように、一九五八年の初期において、中央指導部には経済協作区を通じて地方と中央各部委の意見を統合する意図があった。それに対して、李富春の発言は、国計委のマクロな経済管理機能の回復を強調し、経済協作区の機能を塊塊の管理に制限する方向性を示すものであった。

一九六〇年八月の北戴河会議の頃から、大躍進を見直すための基本方針や調整政策の議論が始まった。[50] しかし、そこでは大躍進を見直すための経済調整政策が一気に進められたわけではない。毛沢東は同会議で一方的に重工業の増産を追求することを否定したが、大躍進運動の中止を明言せず、一九六一年を「実事求是」の一年であるべきだと述べた。[51] こうして、目の前の経済危機を乗り越えるために、党中央指導部の意見が一旦はまとまりをみせ、穏健な一九六一年度の計画の調整が始められた。

同会議では地方分権化の見直しについて明確な方針は打ち出されなかったが、経済協作区を発展的に解消し、中央局を再建することが決定された。[52] 中央局の再建に関する決議が正式に発表されたのは、その約半年後の一九六一年一月に開かれた中国共産党第八期中央委員会第九回全体会議（以下、第八期九中全会とする）においてであった。この「中央局の設置についての決議」[53]は、中央局の再建に至った経緯や目的、役割を述べたものであるが、その内容は以下の三点にまとめられる。

第一に、一九五四年には中央の省、市、自治区に対する直接の経済領導を強化するために、中央局を撤廃しなければならなかった。

第二に、一九五八年から各省、市、自治区では、中央の決定に沿って地域協力に関する会議が何度も開かれ、その後は協作区委員会も作られた。工業の合理的な配置を決定し、経済発展計画を統一的に配置する上で、協作区の成果は明らかであった。だが経済協作区は単なる協議機関に過ぎず、活動範囲も実行力も限られているため、現今の情勢には対応できなくなった。そのため六つの中央局を設け、地域におけるさまざまな活動、特に自己完結的な経済体系を作り出し、そのための領導力を強めることが中央局の主要な任務である。

第三に、中央局は各地の実情に即して中央の決定を執行し、同地域の政治、経済、文化、軍事、党組織などの各工作を全面的に領導し、統一的に計画を立てる。

(2) 中央局再建の意義

経済協作区から中央局への変更は、一体どのような意味をもつであろうか。序章でもまとめたように、従来の研究では、中央局の決議と同時期に決定された、一連の中央集権的な政策と同じ文脈で理解されることが多かった[54]。しかし、その認識は必ずしも正確ではない。ここで区別しなければならないのは、通常の文脈でいう一九六〇年代の中央集権的な体制の再建とは、第一次五ヵ年計画のような国計委および中央各部委による管理体制の回復を指していることである。しかし、第三、四章で詳細に検討することになるが、実際に中央局の一九六〇年九月以降の活動内容をみてみると、その活動の内容は、餓死者が多い省への緊急対応や食糧調達、さらには人事改革に対する強制的な介入などであった。それらの活動は、地域内部の秩序を維持するために行われたものであり、中央集権的な体制の再建とはほとんど関係がなかった。

このように、中央局の実際の活動を、一概に中央集権的な制度再建の文脈から捉えることはできない。そこで、一九六〇年に中央局が再建された背景や政策の目的を正しく理解するために、再建に関わる時間軸および中央局と経済協作区の関係という二つの側面から再検討を行う必要がある。

まず、中央局の再建に関わる時間軸を整理してみよう。中央局の再建が実際に行われたのは一九六〇年八月であり、一九六一年一月に発表された経済調整の方針および地方からの権限回収の指示は、六〇年秋から次第に確立されていったもので、中央局の再建と同時に決定されたわけではなかった。そこで一九六〇年八月の状況に遡ってみると、前述のように、毛沢東は大躍進の中止に同意したわけではなく、適度な調整を認めるにとどまっていた[55]。当時の中央指導部は食糧不足への対応と地域計画の完成などの課題に迫られており、これらを解決するためには、既存の経済協作区の協力が不可欠であったと考えられる。つまり、中央指導部が中央局を再建したのは、地方の権限を弱体化させることを通じて経済調整政策を遂行するためではなく、むしろ地方を統合し得る中央局の指導力に期待を寄せていたた

表6　1950年代の大行政区、経済協作区、および1960年代の中央局における担当者

	範囲	大行政区第一書記	協作区主任	1960年中央局第一書記
東北	遼寧、吉林、黒竜江	高崗	欧陽欽（黒竜江省委第一書記）	宋任窮
華北	北京、河北、内モンゴル自治区、山西、天津	薄一波	林鉄（河北省委第一書記）	李雪峰
西北	陝西、甘粛、寧夏回族自治区、青海、新疆ウイグル自治区	彭徳懐	張徳生（陝西省委第一書記）	劉瀾濤
華東	上海、江蘇、浙江、安徽、江西、福建、山東	饒漱石	柯慶施（上海市委第一書記）	柯慶施（上海市委第一書記）
華中	湖北、湖南、河南	林彪	王任重（湖北省委第一書記）	陶鋳（広東省委第一書記）
華南	広東、広西壮族自治区	林彪	陶鋳（広東省委第一書記）	陶鋳（広東省委第一書記）
西南	四川、雲南、貴州、チベット自治区	鄧小平	李井泉（四川省委第一書記）	李井泉（四川省委第一書記）

（出所）　王健英編著『中国共産党組織史資料匯編　領導機構沿革和成員名録——従一大至十四大』北京：中共中央党校出版社、1995年、968、1066頁より作成。

めであったのである。

次に、中央局と経済協作区の関係について考察する。そもそも一九六〇年代の中央局には、新たな組織や人事の配置があったわけではなく、本来の経済協作区の枠組みを基盤として、それをさらに強化したものであった。人事の面からすれば、華東、中南、西南では引き続き地方の指導者が中央局の第一書記を務める状態が維持され、一方で東北、華北、西北の中央局の第一書記は中央から派遣された人物に取って代わられた。

東北、華北、西北に「部外者」の第一書記が任命されたのは、特定の中央指導部との人間関係による結果であったと思われる。華北局の李雪峰と西北局の劉瀾濤は、建国前から白区[56]と呼ばれる華北系の幹部であったという共通点をもち、共に劉少奇の部下であった。また、この二人は経済分野の専門家ではなく、幹部管理を含めた党務の管理に関わるポストを歴任してきた。それに対して、東北局の宋任窮は第二野戦軍団に属し、かつて西南局に務めた鄧小平

の部下であった。宋任窮は六つの中央局の中で唯一軍人の身分をもつ人物であり、人民解放軍の最高の階級である上将を授与された。彼は建国後も引き続き軍隊の幹部管理と核兵器の開発に関わる第二機械部の部長を務めていた。当時の多くの国防工業企業が東北にあったという点からすれば、宋任窮の任命は以上の管理経験にも関連があったと考えられる。

すなわち中央局の人事の配置については、次のようにまとめられる。華東、中南、西南は大躍進運動を比較的支持していた人物をそのまま留任させたのに対し、東北、華北、西北は大躍進が終了した後に実務を担当した劉少奇、鄧小平と関係が近い人物が選任された。このことは、中央指導部の間の勢力均衡を反映している。ただし、第一書記が中央から派遣されたとはいえ、中央局の指導部が地方の幹部によって構成されていたことは変わらない。中央局の指導部ほぼ全員が地方指導者という状況のもとで、中央局第一書記が地方の利益に反した活動をするのは難しかったと考えられる。このことは後の経済調整期の展開においてもみられる。

以上のように、経済協作区から中央局に再編された際に、一部で人事配置に変化があったが、地方党委員会の勢力は保たれた上で、再建後の中央局はより強力な指導力を獲得した。つまり、この制度上の変更は、新たな権力機構を通じて地方党委員会の権力を奪取するためではなく、元の経済協作区が期待されていた地域内の統合をより効果的に行うことを目的としたと考えられる。

おわりに

本章では大躍進運動の前後に経済協作区が設置された政治過程や、協作区が実際に果たした役割を検証する中で、一九六〇年代に六つの中央局が設置されたことの意味を再考した。そこで明らかになったのは、まず経済協作区から中央局への変容の過程において、経済管理体制に対する異なる政治勢力の角逐があったことである。

一九五六年から始まった政策議論において、分権化の形式および経済発展計画をめぐっては、様々な意見の対立があった。そうした背景のもとで、中央指導部と地方指導者の間で折衷案として受け入れられたのは、大行政区体制の再建であった。すなわち異なる主張をもった両者は、経済協作区を柔軟に利用することを通じて、それぞれの政策目標を達成することが可能となった。

次に、同じような政治力学は大躍進運動の破綻が判明した段階においてもみられた。この段階の中央指導部は経済秩序を回復させるために、国計委の統括のもとで全国統一的な計画の執行を強調し、地方に委譲した企業の管理権を回収するなどの政策を打ち出した。その一方で、中央は中央集権策をとりながら、経済協作区の強化も地方分権の混乱を収拾するための良策であると認識していた。結果的に、地方党委員会の権力基盤は中央局の再建によって弱体化されたのではなく、温存され続けていた。

最後に、本章の検討から大躍進運動期の中央、地方の政治力学については以下のような新たな示唆を提供できる。従来の多くの研究は、運動の失敗の原因が地方の行動にあったとしてきた。例えば、政治上の昇進のために毛沢東に追従した地方指導者の存在（上海市の柯慶施や四川省の李井泉）、あるいは中央が地方による情報の隠蔽に対応しきれなかったことなどが挙げられる。こうした論調にあっては、大幅な地方分権が実施され、国計委による中央統制が機能できなかったという制度上の欠陥、いわゆる「地方分権悪玉論」が前提となる。ゆえに、その議論の延長線上にある、一九六〇年代における中央局の成立を含めた一連の制度変更は、いずれも地方権力削減のための措置であるとみなされてきた。

それに対し、本章では地方制度の側面から、大躍進運動についての新たな見方を示した。すなわち、中央は大躍進運動の渦中においても、広域統治機構の調整を通じて地方の行動をコントロールし続け、運動の失敗が露呈した後も地方の協力を求め続けていたのである。そこには、中央指導部が広域統治機構の運用を通じて中央、地方の政治力学のバランスをとる意図が表れていたと言える。

以上の観点を踏まえれば、一九六〇年代の一連の政治、経済の変化において、中央が求めていた地方の役割、地方の国政に対する影響力に関しては、根底から論じ直さなければならない。そこで続く各章においては、中央局が再建された後の統治システムの諸問題を順次検討していく。

註

（1）こうした論調は、中国政府の説明を踏襲する文献で多くみられる。例えば、汪海波・董志凱『新中国工業経済史（一九五八―一九六五）』北京：経済管理出版社、一九九五年、劉国光・張卓元・董至凱『中国十個五年計画研究報告』北京：人民出版社、二〇〇六年などを参照。

（2）磯部靖「現代中国における中央・地方関係の研究――協作区成立をめぐる政治過程を中心として」『長崎外大論叢』二〇〇五年第五号、一三―三一頁。

（3）第一章で検討したように、一九四九年の建国以来、農業集団化と社会主義建設に向けた政治過程は常に議論の焦点となっていた。一九五五年に入ってからは、毛沢東の主導によって地方における農業集団化が急速に進められた。この過程や他の中央指導部との対立の詳細については、浅沼かおり『農業集団化政策決定までの政治過程（一九四九―五五年）――国家形成期の毛沢東』アジア政経学会、一九九四年、九五―一一四頁を参照。

（4）薄一波『若干重大決策与事件的回顧』上巻、北京：人民出版社、一九九一年、五二七―五三一頁では、一九五五年から五六年の初めに各省や中央各部委が計画指標を上方修正していった過程について述べられている。

（5）一九五六年の反冒進の方針がどのように確定されたかについては、すでに多くの先行研究で説明されている。詳しくは、金冲及主編『周恩来伝』第三冊、北京：中央文献出版社、一九九八年、房維中・金冲及編『李富春伝』北京：中央文献出版社、二〇〇一年を参照。

（6）Robert R. Bowie and John K. Fairbank, *Communist China, 1955–1959: Policy Documents with Analysis*, Cambridge: Harvard University Press, 1962, pp. 537–538.

（7）人民出版社編『中国共産党第八次全国代表大会文件』北京：人民出版社、一九五六年、三二一―三五頁。

（8）日本語訳では、ソ連の各産業を管理する省庁は「省」と呼ばれる。ここでは中国の省と混同することを避けるために、中央経済部門と呼ぶ。

（9）アレック・ノーヴ著、大野喜久之輔監訳『ソ連の経済システム』晃洋書房、一九八六年、原著は一九七七年、三二一―三三頁。

（10）H・G・スキリング著、中西治監訳『利益集団と共産主義政治』南窓社、一九八八年、原著は一九七一年、一八頁。

（11）『人民日報』一九五七年二月一七日五版、三月二一日六版、四月七日五版、四月一二日五版・六版、五月九日五版、五月一一日五版、五月一二日五版、五月三〇日五版、六月一一日五版、七月二三日五版、七月三一日五版、八月九日六版、九月三日六版、一一月一八日六版。

（12）中共中央組織部他編『中共組織史資料　第五巻　過渡時期和社会主義建設時期（一九四九・九―一九六六・五）』北京：中共党史出版社、二〇〇〇年、一五〇―一五一頁。

（13）『人民日報』一九五五年一〇月二五日一版、一九五五年一一月二五日一版、一九五六年四月七日三版、一九五六年九月一一日一版。

（14）毛沢東「論十大関係」（一九五六年四月二五日）中共中央文献研究室編『建国以来重要文献選編』第九冊、北京：中央文献出版社、一九九四年、二五二―二五三頁。

（15）「上海局関於五省一市経済協作会議的情況報告」（一九五七年八月六日）中国社会科学院・中央檔案館編『一九五三―一九五七　中華人民共和国経済檔案資料選編』綜合巻、北京：中国物価出版社、二〇〇〇年、八二二―八二五頁。

（16）中共中央文献研究室編『毛沢東年譜（一九四九―一九七六）』第三巻、北京：中央文献出版社、二〇一三年、二二〇頁。

（17）この時期の毛沢東と地方指導者の政治同盟に関しては、すでに多くの研究が注目している。例えば、Parris, Chang, *Power and Policy in China*, University Park: Pennsylvania State University Press, 1975, David S. G. Goodman, *Centre and Province in the Peo-*

ple's Republic of China: Sichuan and Guizhou, 1955–1965, New York: Cambridge University Press, 1986, Frederick C. Teiwes and Warren Sun, *China's Road to Disaster*, Armonk and New York: M.E. Sharpe, 1999, 浅沼かおり「中央—地方関係の政治化——一九五八年を事例として」岡部達味編『グレーター・チャイナの政治変容』勁草書房、一九九五年、四〇—五七頁。

(18)「関於我国第一個五年計画的成就和今後社会主義建設的任務方針的報告」『人民日報』一九五七年一二月八日二版。一九五六年の報告で言及された計画指標については房維中・金沖及編『李富春伝』四七九—四八〇頁。

(19)国務院「関於改善工業管理体制的規定（一九五七年一一月一四日）中国社会科学院・中央檔案館編『一九五三—一九五七　中華人民共和国経済檔案資料選編』工業巻、北京：中国物価出版社、一九九八年、七七—八四頁。

(20)毛沢東の南寧会議での発言は、金沖及主編『周恩来伝』第三冊、一三六五—一三六九頁を参照。

(21)当代中国的計画工作弁公室編『中華人民共和国国民経済和社会発展計画大事輯要　一九四九—一九八五』北京：紅旗出版社、一九八七年、一一三頁。

(22)「中共中央関於召開地区性的協作会議的決定」（一九五八年二月六日）中共中央文献研究室編『建国以来重要文献選編』第一一冊、北京：中央文献出版社、一九九五年、一五七—一五八頁。

(23)「李先念同志在華中協作会議上的講話」（一九五八年四月七日）中国社会科学院・中央檔案館編『一九五八—一九六五　中華人民共和国経済檔案資料選編』綜合巻、北京：中国財政経済出版社、二〇一一年、九七—九八頁。

(24)毛沢東「対趙爾陸関於従組織上加強各経済協作区的建議的批語」（一九五八年五月二五日）中共中央文献研究室編『建国以来毛沢東文稿』第七冊、北京：中央文献出版社、一九九二年、二五一—二五二頁。

(25)「国家経委党組関於各大協作区討論一九五八年国家計画第二本帳的簡報」（一九五八年五月一六日）中国社会科学院・中央檔案館編『一九五八—一九六五　中華人民共和国経済檔案資料選編』固定資産投資与建築業巻、北京：中国財政経済出版社、二〇一一年、五五三頁、「中共中央関於加強協作区工作的決定」（一九五八年六月一日）中共中央文献研究室編『建国以来重要文献選編』第一一冊、三四三—三四八頁。

(26)「中共中央転発李富春同志関於開好各大区協作会議的幾点意見」（一九五八年七月四日）中国社会科学院・中央檔案館編『一九五八—一九六五　中華人民共和国経済檔案資料選編』綜合巻、一〇三—一〇四頁。

(27)〈上海市檔案館〉華東協作区委員会経済計画弁公室「華東協作区基建会議文件」[A77-2-306]、一九五八年七月四日。
(28)当代中国的経済体制改革編集委員会編『当代中国的経済体制改革』北京：中国社会科学出版社、一九八四年、七二、五一九頁。
(29)「陝西省委員転発省計建委党組《関於参加西北五省（自治区）計画協作会議的報告》」（一九五八年三月一五日）陝西省檔案館『中共陝西省委文件選編　経済建設編――綜合、社会主義改造』内部発行、一九九九年（中文出版物服務中心編『中共重要歴史文献資料匯編』第三五輯第三五分冊、洛杉磯（ロサンゼルス）：中文出版物服務中心、二〇一六年、九三―九九頁）。
(30)基本建設投資は中国独特の概念であり、政府が中心的な投資主体となって統一的に投資計画を策定し、集められた財政資金を投入するというものである。またそれは固定資産の拡大再生産に資するものと定義されており、その内容には生産、非生産施設、設備類の建設が含まれ、規模によって小型、中型、大型のプロジェクト別で行われた。
(31)「李富春同志在華東協作区計委主任会議上発言記録」（一九五八年六月二四日）中国社会科学院・中央檔案館編『一九五八―一九六五　中華人民共和国経済檔案資料選編』綜合巻、一一三―一一七頁。
(32)唐亮『現代中国の党政関係』慶應義塾大学出版会、一九九七年、一六一頁。
(33)鍾延麟は、一九五八年において、中央指導部が鉄鋼生産に対する期待から下方修正を求めるに至るまでの転換の過程を詳しく考察した。鍾延麟『文革前的鄧小平：毛沢東的「副帥」（一九五六―一九六六）』香港：中文大学出版社、二〇一三年、第四章を参照。
(34)〈上海市檔案館〉牛樹才「関於上海市一九五八年及一九五九年基本建設工作的情況匯報」『華東協作区基本建設会議文件』[A54-1-57]、一九五八年一〇月。
(35)同上。
(36)「中共中央、国務院関於改進計画管理体制的規定」（一九五八年九月二四日）中共中央文献研究室編『建国以来重要文献選編』第一一冊、五〇五―五〇九頁。
(37)〈上海市檔案館〉上海市物資局「関於保証鉄鋼冶煉用煤的幾項規定」[B109-2-60]、一九五八年九月二三日。
(38)同上。
(39)「中共中央批転鉄道部党組関於改進鉄路体制工作的報告」（一九五八年一月一七日）中国社会科学院・中央檔案館編『一九五八―一九六五　中華人民共和国経済檔案選編』交通通訊巻、北京：中国財政経済出版社、二〇一一年、一一八頁。一九五八年八月より

以前、華東地域の鉄道は上海、済南、南昌の三つの管理局に分けられ、鉄道部が直接管理を行っていたが、大躍進運動期に各省に鉄道の管理権限を委譲したことで、上海、合肥、南京、杭州、南昌、福州、済南の七つの鉄道管理局が置かれるようになった。

(40) 〈上海市檔案館〉牛樹才「関於上海市一九五八年及一九五九年基本建設工作的情況匯報」『華東協作区基本建設会議文件』[A54-1-57]。

(41) 同上。

(42) 中国社会科学院・中央檔案館編『一九五八―一九六五　中華人民共和国経済檔案資料選編』綜合巻、一〇七―一一八頁。

(43) 日本国際問題研究所現代中国研究部会編『中国大躍進政策の展開　資料と解説』下巻、日本国際問題研究所、一九七四年、一二五頁。

(44) この事件の詳細に関しては、李鋭『廬山会議実録』湖南教育出版社、一九八九年、彭徳懐『彭徳懐自述』北京：人民出版社、一九八一年、二六五―二七九頁などに記されている。

(45) 「李富春主任在各協作区弁公庁主任座談会上的講話（紀要）」（一九五九年六月一〇日）中国社会科学院・中央檔案館編『一九五八―一九六五　中華人民共和国経済檔案資料選編』綜合巻、一〇一―一〇三頁。

(46) 「中共中央、国務院関於改進計画管理体制的規定」（一九五八年九月二四日）中共中央文献研究室編『建国以来重要文献選編』第一一冊、五〇五―五〇九頁。

(47) 「中共中央関於将華中、華南協作区合併為中南協作区的決定」（一九五九年一二月六日）中国社会科学院・中央檔案館編『一九五八―一九六五　中華人民共和国経済檔案資料選編』綜合巻、一〇四頁。

(48) 具体的に、地方は膨大な生産指標を完成させるために、同地域内で条条が管理していた中央企業に対し、計画外の資金や物資を要求していた。その結果、物資や資金の浪費が起こり、さらには条条の計画指標達成の妨げになった。こうした状況は、「中共中央関於制止地方建設向中央企業攤派投資的通知」（一九六〇年八月二〇日）において報告された。中央檔案館・中共中央文献研究室編『中共中央文件選集（一九四九―一九六六）』第三四冊、北京：人民出版社、二〇一三年、五七三頁。

(49) 張俊華「大躍進中的協作和経済協作区」『河南大学学報（社会科学版）』二〇〇七年第五期、七五頁。

(50) この会議で、後ほどの経済調整期の基本方針である「八字方針」、すなわち「調整、強化、充実、向上」が初めて李富春によって提起された。そのため、一般的に一九六〇年から六五年にかけての五年間で国民経済の調整が行われたとされる（郭徳宏・王海光・韓綱編『中華人民共和国専題史稿：一九五六―一九六六』四川人民出版社、二〇〇四年、四四二頁）。

（51）林蘊暉『烏托邦運動――従大躍進到大饑荒』（一九五八―一九六一）香港：中文大学出版社、二〇〇八年、六四一―六四二頁。

（52）『楊尚昆日記』、『毛沢東年譜』のほかに、東北局第一書記であった宋任窮の回想録によれば、鄧小平は一九六〇年八月頃に彼に東北局への異動を伝えた。

（53）「中国共産党第八届中央委員会第九次全体会議関於成立中央局的決議」（一九六一年一月一八日）中共中央文献研究室編『建国以来重要文献選編』第一四冊、北京：中央文献出版社、一九九七年、七五―七七頁。

（54）例えば、A. Doak Barnett, *Cadres, Bureaucracy, and Political Power in Communist China*, New York: Columbia University Press, 1967, p. 112, 国分良成『現代中国の政治と官僚制』慶應義塾大学出版会、二〇〇四年、一一二頁。

（55）Roderick MacFarquhar, *The Origins of the Cultural Revolution, Vol. 2, The Great Leap Forward 1958-1960*, New York: Columbia University Press, 1974, pp. 323-324.

（56）白区は内戦期に国民党が支配していた地域であり、ソ区は共産党の軍隊に支配されていた地域を指す。

第三章　中央集権化と中央局統治のジレンマ

——一九六〇年代初期の中央局の経済管理機能を中心に

はじめに

前章では中央指導部の統治戦略を、経済協作区の設立から中央局への変容という過程から検証してみた。その結果、中央は大躍進を収拾させるために、性急に中央集権化を目指すのではなく、中央局を通して地方党委員会を温存し、その協力を求めたという結論を得た。続いて、本章では、中央指導部はなぜ中央集権化を進めながらも中央局に頼り続けていたのかという問いのもと、中央集権化の進展と中央局の経済機能の変化を中心に、以上の仮説の妥当性をさらに検証していくことになる。具体的な議論の流れは次の通りである。第一節では、大躍進中止の前後において、中央局は中央統制が強化された経済体制の中にどのように組み入れられ、変容を遂げていったのかを検討する。第二節では、中央局が再建された当初、中央局の機構はどのような構成から成り、またどのように地方党委員会（=塊塊）の間の調整を行い、中央各部委（=条条）と協力もしくは対抗をしていたのかを明らかにする。第三節では、一九六二年以降、経済調整政策の加速化という中央の政策目標の変化に応じて、中央指導部は中央局の機能にどのような調整を施したのか、さらにはその結果として政治状況がどのように変化していったかを考察する。

1　経済調整期の展開と中央局

一九六〇年八月の北戴河会議の頃から、中央指導部は大躍進運動による経済の危機を解決するために様々な調整政策を考案し始め、その際に中央局を経済協作区の延長線上に再建することが決議された。前章で明らかにしたように、中央指導部による中央局再建の目的は、地方の権限を弱体化する形で経済調整政策を遂行することにあったのではなく、むしろ地域内の統合を効率的に行うことにあった。

しかし一九六一年に入り、経済活動の中核は再び国計委に集約され、地方に委譲した各権限も中央に回収されていった。本節では、こうした中央集権化の進展という背景において、中央指導部が中央局にどのような機能を期待し、実際にどのような成果を収めたかという点を明らかにしていく。

(1)　中央局の活動と制度の実態

中央局にはその管轄範囲の党、政府、軍を領導する大きな権限が与えられていた。その点において、経済的な機能のみを付与されていた経済協作区とは次元を異にする。しかし、それらの権限を実際にどこまで行使させ得るかについて、中央指導部は最初から明確な計画をもっていたわけではなかった。そのため、中央局の経済的な権限には一九六一年から明文化されていた基本的な規定もあったが、必要に応じて次第に拡充されていった部分もある。

ここでは、具体的に中央局の経済面での基本的権限を説明しながら、中央指導部が意図していた中央局の役割を検討する。一九六一年の第八期九中全会で発表された決定と、後に追加された中央局関連の経済管理体制の内容上のポイントは、以下の四つに整理される。

第一に、大躍進期に地方に委譲された企業の管理権限は中央、中央局、省に集中させなければならず、特に目下の二、三年の間は、中央と中央局に集中させなければならないとされた。(1)

第二に、計画策定体制に関して、まず国計委は基本的な方針を定め、各中央局はその方針に沿いながら、管轄する地域内部の「総合均衡」を考慮し、暫定的な計画を作成した。(2) そして、全国の均衡をも考慮した上で、中央局が条条と塊塊を統合し、その主導によって作成された地域計画を最優先することが計画会議で強調された。(3)

第三に、中央局と省は、地方直属企業の行政管理、生産指揮、物資調達、労働者の管理などの権限を有した。また、中央局は計画を完成させるために、中央各部委に直属していた企業の計画、物資の調達を調整する権限を与えられた。(4)

第四に、資金の濫用や膨大な予算外資金から生じた混乱状態を収拾するために、末端まで分散していた財政権の回収が図られた。またこの時期には、中央局独自の財政体系の構築が提起された。(5) その構想では、中央局は一級財政単位になり、主に以下の三つの財政権が与えられた。(一)各省の財政指標を分配、調節する。(二)中央局が管轄する地域の各省の財政工作を領導、管理する。(三)中央局が直接運用可能な予算を作る。(6)

このうち、第四の予算管理について補足しておこう。上述の財政権の(三)に関しては断片的な資料しかないが、例えば一九六一年の基本建設投資の予算で、中央局から直接地方に分配可能であった予備予算は二・二億元であり、予備予算全体の六五%を占めていた。(8) この予備予算は新たな建設プロジェクトに使用するものではなく、すでに進行中のプロジェクトをサポートするための予算であった。この規定には、中央が中央局に独自の財政権を与えながらも、その用途を制限しようとした意図があった。

一方で、経済危機が比較的緩和された一九六二年になると、中央局にはより多くの予算決定権が与えられた。(9) この予算は国家計画を完成する上で新たな建設を行うための資金であった。その具体的な割合をみてみると、中央局が直接地方の投資に運用可能であった予算は六・五億元で、国全体の基本建設用予算の一五・三%を占めた。この予算のうち一・五億元は地方予算とされ、地方の裁量で用途を決める予算全体の二二・六％を占めた。[10] このように全体的な比率からすれば、全体の予算決定権は中央によって握られていたが、中央局は地域内部の計画に応じて細部の予算を調節し、地方の建設プロジェクトをサポートする財政権限を有していたと言える。中央局はこの財政調節権の保有を通じて、省党委員会の地方建設の活動に介入することができるようになったのである。

以上でまとめたように、一九六一年以降の中央局の経済機能にはその再建がなされた一九六〇年夏に比して一定の変化がみられる。その時点で、中央集権化を進めようとした中央指導部は、なるべく中央局の権限を塊塊の調整と地方の活力の維持に限定させながら、中央統制的な経済システムに取り込もうとしていたと思われる。

しかし、現実的には一九六〇、六一年の時点において、中央指導部はすぐさま中央各部委の機構を大躍進運動前の規模に戻すことはできず、ゆえに各業務を回復させるのは難しかったと思われる。特に、経済的な困難によって、中央各部委が遂行を要する業務は拡大したが、実質上業務を負担し得る人員は減少し続けていた。図1に示したように、一九六〇年代の初期にかけて財政上の負担を軽減するために、三年連続で二〇％—三〇％の幹部を下放するという人員削減が行われていた。[11] その結果、中央各部委は多くの権限と企業を回収したが、その業務を管理する体制を整えることはできなかった。

一九六〇年末の周恩来の講話からは、中央局の業務上の重要性に対する認識と、中央各部委の一部の業務が中央局傘下の事務機構によって代行されることに対する憂慮の両面が窺われる。同年一〇月に周恩来は、中央各部委から地方に伝達した計画内容は、すべて中央局を通さなければならないと指示し、さらに中央局の最も重要な任務はその実現、貫徹にあることを述べた。また、周はその数日後の会議において、中央局の役割はあくまで中央各部委の補助にあることを強調すると共に、中央局が中央各部委の業務を多く代行していることで、中央の統制力が弱まることに懸念を示し、中央局の事務機構が過度に増設されたことを批判した。[12] つまり、周は中央統制が完全に回復する前にあっ

図 1　中央各部委の機構数と定員の推移

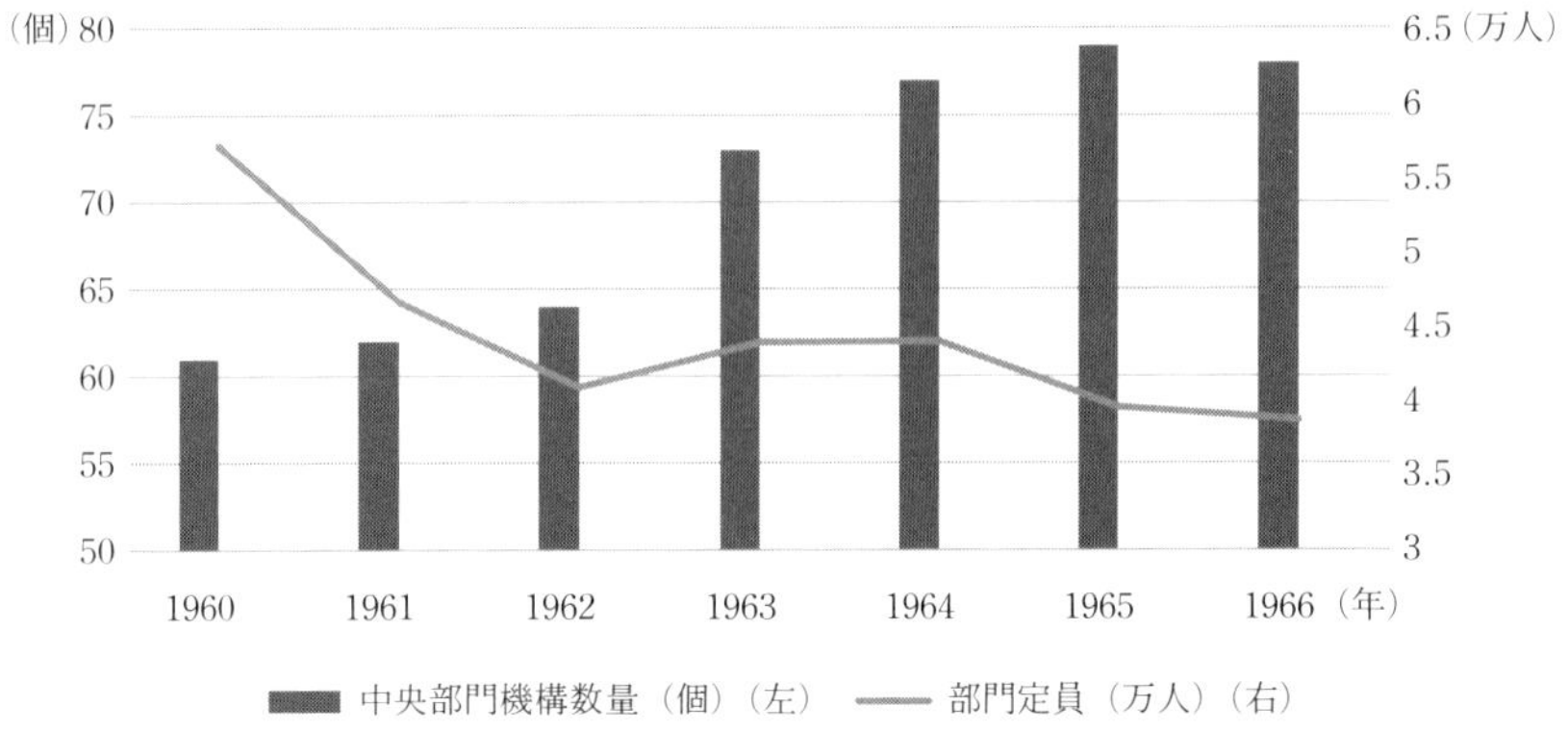

（出所）　何艶玲「中国国務院（政務院）機構変遷邏輯——基于 1949-2007 年間的数拠分析」『公共行政評論』2008 年第 1 期、15、19、21 頁より筆者作成。

ては、混乱の収拾や各業務の遂行のために中央局に頼るべきだと考えていたが、それと同時に、中央局の規模が過度に拡張することにも歯止めをかけようとしていた。

（2）中央局の組織構成と地方党委員会

前述のように、中央局に期待されていた役割は、地域内部の各省間（=塊塊）の調整と中央各部委（=条条）の業務の補助であり、そのための権限が与えられていた。その意図を最も反映するのは、中央局の組織構成であったと考えられる。よって続いては、その詳細について検討する。そこから、中央局の運営の実態、および中央の方針の変化が中央局の構造に与えた影響を考察する。以下では中南局の事務機構を事例に中央局の基本構成をみていく。

中央局の業務機構の名称と種類は、各中央局の業務の必要によって違いがある[13]。図2は全体に共通する基本構成である。中央局の業務機構には党の活動に関する事務を遂行する宣伝部や組織部、そして経済管理と関わる計画委員会や財貿弁公室、農業弁公室などが設けられていた。このうち経済管理と関わる機構[14]は、中央局の領導と国務院農林弁公室、財貿弁公室の業務指導を同時にうけていた[15]。

ところが、一九六〇年から六二年の間に、中央局の農業弁公室、

図2　中南局の組織構造

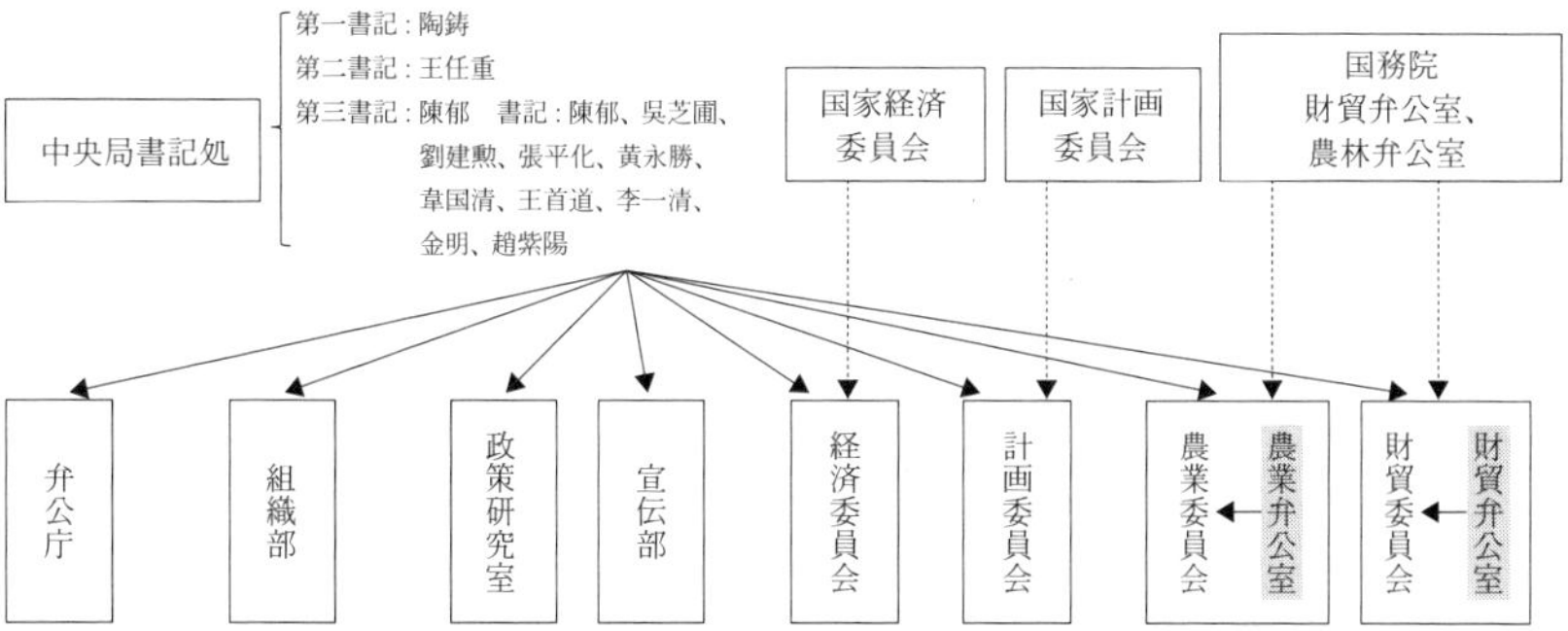

（注）　点線は行政上の業務指導関係を指す。実線は組織上の上下関係を示す。
（出所）　中共中央組織部他編『中共組織史資料　第5巻　過渡時期和社会主義建設時期（1949.9-1966.5）』北京：中共党史出版社、2000年より筆者作成。

財貿弁公室のような経済関連の事務機構は大きな権限をもたず、中央各部委と各省の農業、財貿関連の機構との間の意思疎通を行っていたに過ぎなかった。このことを中南局と対照的な東北局の例から説明してみる。唯一東北局には再建当初から農村工作委員会が設けられていた。これは全国的な食糧不足に応じて、主要な食糧生産地である東北地域から安定的に食糧の調達をするためであったと推測される。そのため、最初から単純な業務執行のための弁公室ではなく、多くの高級幹部が参加する議事機構である委員会が設けられた。実際に、農村工作委員会を担当した幹部は、主要な食糧生産地であった黒竜江省の書記馮紀新、吉林省の農業庁庁長の徐元泉であった(16)。以上のように、地域による機構設置の違いは、中央局の経済関連の役割と機構の数量を最小限に制限しようとした中央指導部の意図を反映している。

　また、中央局の経済領域における役割が限定的であったことのもう一つの背景に、党の事務機構の廃止があった。本来、党の事務機構は行政機構に対する党の領導確保を目的として置かれた。一九六〇年一〇月から、国務院の事務機構に対応する党中央の事務機構が次々と撤廃された。例えば、一九六〇年に国務院財貿弁公室に対応する中共中央財貿工作部、そして一九六二年に国務院農林弁公室に対応する中共中央農村工作部が撤廃された(17)。この決定によって、省レベル以下の各級党委員会の農村工作部や財貿工作部も一斉に撤廃された。党の事務機構の簡素化は、当然ながら経済領域における党の領導をなくすためではなく、過度な管理によって行政効率の低下や財政上の負担が生じないようにすることが目的であった。中央局傘下の事務機構が最小限にしか存在していなかったのも、こうした中央の方針によったものと考えられる。

以上の中央局の基本構成や党の事務機構の減少傾向からすれば、最初の中央局の経済に対する領導はかなり限定的であったと思われる。ところが、中央が経済秩序を回復させるべく打ち出した経済調整政策は奏功せず[18]、そこで中央指導部は中央局の地方に対する領導の強化を再び求めた。これについて鄧小平は、「権限をより中央と中央局に集中しなければならない。中央局の権限を拡大したほうがいい（中略）特に集中と統一を強調する現在、中央の力が及ばないため、中央局の権限を一九五三年のように回復させることを検討しなければならない。この件は中央局が決めてよい。中央局はただの協商機構ではなく、中央局の決定を執行しなければならない」と述べた[19]。この鄧小平の講話からは、中央指導部が一九六一年の時点において、中央局の領導をさらに強化することで地域各省を統合し、当時の危機を乗り越えようとした意図が明瞭に看取される。

こうした中央の方針に応じた中央局の変化について、具体的に中南局の例からみてみよう。党の事務機構の簡素化のため、中南局の管轄範囲内の各省は、一九六〇年九月に一斉に地域内党委員会の農業、財貿工作部を撤廃し、中央局の事務機構も最小限にしていた。しかし、一九六二年に入ってから、前述の鄧小平の呼びかけに応じて、中南局は工業、農業、財貿各分野の事務に対する領導を強化するために、各分野を直接領導する中央局書記を設けた[20]。また、農業、財貿弁公室による領導を強化するために、東北局のごとく事務遂行を目的とした弁公室を、より多くの高級幹部が参加する委員会に改編した。このことをきっかけに、中南地域各省から多くの党幹部が中南局に異動したり、それを兼務したりするようになった。こうして、中南局の経済管理機構は、中央の業務補佐や意思疎通の担い手というより、地方の意見を統合し地域を領導するという明確な役割を与えられるようになった。

しかし、この時期における地方党委員会の簡素化の重要な結果として、中央局と地方党委員会が組織と人事の両面で重複するという事態が一層進んだ。地方党委員会は機構簡素化を行ったが、実際には中央局との組織合併を通して、事務機構の存続と幹部の留任を行った。例えば、中南地域において、一九六〇年九月に一斉に撤廃された省レベルの財貿、農業関連の事務機構の幹部は、実際には中南局に異動した。他の例として、西南局の国防工業弁公室は、一九六〇年に撤廃された四川省の第二工業部と同じ機構でありながらも異なる名義を用いた、「二つの看板、一つの機構」であった(21)。つまり、中央局には一九六〇年代初期の機構簡素化の受け皿となった側面もあったのである。

以上、本節では、中央局が再建された後の制度の展開を検討した。一九六一年以降、中央集権化が始動してから、既存の中央局を経済管理体制に取り込もうとする中央指導部の思惑があった。そのため中央局の経済機能は、主に地域内部の調整と中央各部委の地方における業務遂行の補助に限定されていた。また、中央局の事務機構の配置からみても、中央指導部は党の事務機構の簡素化に努め、必要のない限り、中央局の経済領域に対する介入を制限しようとしていた。

ところが、一九六一年の末から六二年にかけて、中央各部委の業務体制は完全には再建されず、そのため経済調整の執行が難航した。こうした状況において、中央局は中央の求めに応じる形で、地方の意見を統合して地域を領導するという経済領域における役割を強化させた。しかしそれと同時に、中央局と地方党委員会が人事と組織の両面で重複するという現象が進んだ。その結果、中央局の再建当初においては、中央局を基盤として経済領域における地方党委員会の影響力が保たれ、中央集権化の進展が限定されたと考えられる。

2　経済調整政策の執行と中央局――一九六〇年―六二年を中心に

前節でも述べたように、中央局は最初から確固とした機能を与えられていたわけではない。その理由は、大躍進の間に経済協作区に組み込まれた地方党委員会、すなわち「塊塊」を中心とする経済システムから、中央各部委の権限を強化する「条条」中心の経済システムに回帰するのにあたり、中央局が果たすべき役割が明確ではなかったことにある。つまり、中央指導部は役割の曖昧な中央局を、制限付きで活用しようとしていたのである。

また、一九六〇、六一年の時点でどのような経済調整を行うべきかについて、指導部の中でも意見の一致をみていたわけではなかった。そこには、概ね二つの政策立場があった。一つは、毛沢東や大躍進運動において活躍した地方指導者を中心として、運動の方向性を保留しようとする立場であり、彼らは調整政策に疑念を示していた。それに対し、一九六〇年代前半に国政の第一線に立ち、実務を担当していた劉少奇や鄧小平らは、党の規制強化、国計委によるマクロな経済統制を前提に、経済規模の縮小、農業請負制などの政策を推進していた。本章では後者の立場を「中央統制派」とする。

経済調整政策の必要性が認められたのは一九六〇年の八月であったが、経済調整期が一体いつから始まったのかについては、先行研究の間でも様々な意見がある。「建国以来の党の若干の歴史問題についての決議」では、調整期の開始は一九六〇年の冬とされる。[22] それに対して、「調整、強化、充実、向上」の八字方針が発表された一九六一年一月の第八期九中全会が調整期の開始だとする見方も多くある。[23] こうした研究者の経済調整期に対する見解の違いは、そもそも当時の中央、地方指導部の間でも、どれほどの期間を調整期として設定するか、またどのように調整するかについても様々な議論があったことに起因すると考えられる。

これらを念頭に置きつつ、本節では、一九六〇年から六二年にかけて、具体的に中央局がどのような役割を果たしたのかを検討する。以下では、まず大躍進の失敗によって起きた、地方の深刻な飢饉問題や工業規模の削減の側面から、各地の資源封鎖の問題を取り上げる。次に、工業生産の大躍進に応じて都市部に流入した農村人口が、最終的に帰還させられた過程に注目する。これらの事例を通じて、中央と中央局、省の間の政治力学を検討する。

(1)「以鋼為綱」方針の調整、食糧の買い付けと中央局

一九六〇年九月三〇日に、「一九六一年度国民経済計画のコントロールの数値に関する報告」が批准され、国計委主任の李富春は、一九六一年度の経済計画は「調整、強化、充実、向上」の八文字を基本方針とすることを示した。具体的に地方レベルで工業の規模を縮小し、農業生産の回復に精力的に取り組むなどの指示が出された。

だが当時は、中ソ関係が悪化しつつあった。北戴河会議が開催された際に、ソ連政府は対中経済協力を中止し、中国に派遣していた専門家を召還することを中国に通告した。それまで中国の大躍進運動に反対していたソ連に対して能力と威信を示すために、一部の関係者は鉄鋼増産運動の継続を主張した(24)。この指示をうけて、各地方、中央各部が鉄鋼生産に注力した結果、一九六〇年度は一八七六万トンの鉄鋼の生産目標を達成したが、経済危機は一層深刻化することになった。

しかし、一九六一年になっても中央指導部の間で大躍進運動に関する経済政策をどのように調整するか、意見がまとまらなかった。例えば、一九六〇年末に行われた東北局計画会議の内容によれば、当時の東北三省の指導者は以後の経済計画では八字方針のうちの「向上」を強調しなければならないと述べ、東北地方の工業規模のさらなる縮小に抵抗した(25)。東北局第一書記の宋任窮は中央から派遣された幹部であったが、彼も地方の意見を押さえきれず、東北地方の経済調整政策を徹底できなかった。第二章で述べたように、中央局の前身である経済協作区は大躍進期に高指標

を主張する立場にあり、計画指標を下げれば資材や予算が得られず、新設した地方企業の運営ができなくなる恐れがあったため、深刻な食糧と原材料の不足があっても工業規模の削減に反対していた。

各地で工業規模の削減が実行されない状況のもとで、一九六一年一月、中央指導部は中央局の第一書記を招集して二〇〇〇万トンの鉄鋼の生産目標の実現可能性について討論した。そこでは、指導部が指標の下方調整をしようとしていたにもかかわらず、結局会議に参加した中央局書記と李富春の意見に従って、一九〇〇万トンという高指標を維持することになった(26)。それ以降、石炭、電力、食糧の不足という状況の中で、ほとんどの中央局は管轄地域内の企業を守るために、工業生産や生活に必要な物資の流通を地域内部に限定するようになった。各中央局による資源封鎖の問題は、劉少奇が東北を視察した際の記録から窺われる。中央の指示により東北から石炭の原料と食糧が徴収された中で、他の地域から日常生活を支える軽工業商品や原材料が調達できなくなり、東北局は苦境に立たされていた(27)。

各中央局の資源封鎖が続けられる中、食糧問題も表面化した。中央は食糧の徴収を要請し続けたものの、一九六一年九月期の食糧徴収は生産の二〇%程度にとどまった(28)。中央局の指導者は中央からの要請に応じると言いながらも、地域内部の調達を優先させざるを得ない状況であった。一一月に中央局第一書記会議が開かれ、人民公社の基本単位である生産隊を中心とする農業生産管理体制の再編と、食糧徴収の二つの問題が主に議題に上った(29)。その会議で鄧小平は、一九六二年度に地方から一五〇億斤の食糧を買い上げる意向があることを各中央局第一書記に伝えた。その中で、率先して中央の要請を受け入れたのは華東局の柯慶施であった。柯は、大躍進期に最も急進的だと言われた指導者であったが、彼もまた華東各省の反発に配慮を示し、一五〇億斤の目標を擁護はするが達成は保証できないと明言した。このことも、当時の地方が陥っていた危機的状況を表している。

一方で、他の地域と同様に一九六〇年以来、中央による石炭と食糧の調達に積極的に応えてきた東北局は、その場で中央の徴収量に同意しなかった。それは、時の東北局第一書記宋任窮の一貫した中央支持の姿勢が、地方指導者の反発を招いたためであったとされる。宋にはもともと東北での活動経験がなく、東北の幹部との特別な人脈もなかった。それにもかかわらずこうした人事が行われたのは、大中型国有企業が多く設置された東北において、彼の第二機械部での経験を生かせると考えた鄧小平の推薦があったためであった(30)。

東北地域には鞍山、大連、撫順、本渓などの大型鉄工場があり、その鉄鋼生産量は全国の五二％を占めていた。宋任窮の回顧録によれば、東北局が成立した後、まず力を入れたのは鉄鋼の生産量の確保と食糧の買い上げであった(31)。しかし、もともと食糧生産地であった黒竜江省と吉林省は、中央による過度の徴収のため、一九五九年から六二年の間に多くの餓死者を出した。特に全国的な食糧不足に直面した一九六〇年以降も、宋任窮は地方の反対を押し切って中央の目標達成を優先した。彼はその自伝で、一九六〇年以降に中央に報告した食糧の生産量が高すぎたせいで、中央による黒竜江省からの過度な食糧徴収を招いたと反省している(32)。こうして宋任窮は東北の指導者から反発をうけた末に、周恩来の介入でようやく東北から過度の食糧の買い付けを止めることになった。

（2）危機中の簡素化、合理化政策と中央局

大躍進の失敗によって各省で飢饉が起きただけでなく、主要な大都市への食糧供給にも破綻が生じ始めた。食糧問題を解決するために、一九五八年以降都市に移住していた過剰な農村人口を帰還させなければならなかった。また、一九六〇年九月以降、農業部門の提供可能な商品食糧の規模に合わせて、都市人口と工業化規模を調整する必要性が指導部に意識されるようになったが(33)、中央各部委および各中央局がそれに抵抗した。

一九六一年の削減目標は最初は一〇〇〇万人とされたが、一九六一年の末になっても都市の人口は大躍進前より二〇〇〇万人も多かったため、中央はさらなる大規模な人口削減が必要だと指示した(34)。都市人口を適正な規模にするための重要な一環として、基本建設の投資規模(35)によって必要な労働者の数を算出した上で、各中央局が管轄する範囲の

都市部に残る労働者数が決定された[36]。その数に応じて地域の削減計画が作成されたが、そこには地方政府の管理範囲のみならず、各地方で運営される中央各部委の直属企業の労働者も含まれた。しかし、地方は大躍進運動で運営もしくは建設が進められていた工場をなるべく継続しようとした。同様に、中央各部委は大躍進運動後、地方における中央直属企業の管理権限を回収したため、それらの運営を確保しようとした。こうして地方と中央各部委は企業の人員削減計画に関して、いずれの企業規模を縮小させるかをめぐり攻防を展開した。

例えば、中南局の場合、一九六一年度に全地域に配分された基本建設資金は一七億元であったため、中南地域の労働者の基本賃金を考慮するならば、一五万人の削減が必要であった。それに対し、中南局が管轄する各省が提出した数字を合わせても、せいぜい一〇万人以下の削減計画に過ぎなかった。各省が提出した数字の不足分を埋め合わせるために、中南局は中央各部委が管理する企業の人員削減を求め、地方の要請を優先するように調整を行った[37]。他にも、地方の企業規模簡素化の過程で、中央局が中央各部委に所属する企業の人員規模を先に削ろうとした例は少なくない。一九六二年の全国計画会議では、東北局、西北局が地方の企業を保護するために、当該地域にあった第一機械部の直属企業の人員規模を半分以下に削減することを求めた[38]。

以上のように、一九六〇年から六二年の間、中央局は、中央指導部が要求する調整政策の核心的な内容である食糧の調達、さらには都市人口の削減を含む工業規模の縮小に対して、消極的な姿勢を示した。第一節で述べたように、中央は中央局の省への領導強化を期待していたが、中央局の組織自体は地方党委員会と切り離すことができず、独自の指導力を発揮して地方を抑制することができなかった。そもそも中央局は、大躍進運動を支えてきた地方指導者をその中核としたものであり、その間の政策を否定することに抵抗感があっても不思議ではない。本節の検討のように、中央が中央局を活用して混乱を収拾しようとした結果、中央局はかえって各省党委員会の権力を統合し、地方の利益を保護する機能を果たすことになった。総じて、一九六〇年の末から六二年の初めにかけて、中央局の運用を通じて調整政策を推し進める中央指導部の戦略は行き詰まっていた。

3　中央局と第二段階の経済調整期

これまで、制度の側面と具体的な事例から調整政策の初期段階における中央局の役割を考察した。一九六〇年、六一年の初歩的な経済調整の段階で、中央は中央局の経済的な権限を制限しようとしていたが、一方で中央局の地域に対する領導の強化にも期待していた。しかしその結果、地方党委員会の影響力が中央局を通じて保たれ、各中央局は調整政策の推進よりも、地域内部における経済危機の解決を優先させようとした。

このように、中央局による折衷的な問題解決が難航していた中で、一九六二年の拡大中央工作会議以降、中央集権化のさらなる推進の方針が固められた。こうした新たな状況下において、中央局の位置づけはどのように変化し、さらには各政治アクターはどのように中央局を活用して自らの政治目標を達成しようとしたのか。本節ではそうした過程における政治力学を考察する。

（1）中央統制の再強化をめぐる対立

経済調整の方針は一九六一年一月の第八期九中全会で発表されたが、各地の資源封鎖と食糧危機、工業規模の削減への抵抗は続いていた。経済調整を徹底させるために、一九六二年一月から二月にかけて、全国の中央局、省、地区、県レベルの党委書記を招集し、参加者の規模から七千人大会とも呼ばれる拡大中央工作会議が開かれた。七千人大会の成果に関してはすでに多くの研究が論じており、これまでは主に毛沢東が大躍進運動の失敗を認めたことが注目されてきた。ここでは、会議で行われた中央地方関係に関連する議論に焦点を絞って整理しておきたい。

問題の発端は、七千人大会を総括するための書面報告にあった。そこで劉少奇は、「経済面の分散主義は国家の生産計画、基本建設、物資分配計画、商業計画、労働計画、財政計画に悪影響を与えた」と地方批判を行った(39)。この発言は主に地方政府の国家計画からの逸脱、資源の封鎖、さらには食糧徴収の困難に対する批判であった。それに対して、書面報告の起草委員会に参加した中央局第一書記らは、「集中」の原則は間違っていないと認めたが、分散主義への批判に関しては異議を表明した。

中央局書記たちの反対意見の主な内容は、分散主義批判によって地方への一定の裁量権の付与が問題視されることであった。例えば、華東局の書記は大躍進運動期に用いられた経済協作制度の存続について、「現在、華東区の経済活動に国家計画は四五%しか占めていない。地域内各省の経済連携方式(経済協作)による生産規模は五五%を占めている。分散主義に反対するなら、協作をまた行うのか、行わないのか」と反論した(40)。すなわち、中央局の領導で地方に一定の権限を与えて地域経済を発展させる方式を放棄し、過去のように国家計画を優先し、中央統制型の管理を回復することに反対していた。

中央局の反対意見に対し、陳雲は、今後の国家計画による統一は過去のように隅々まで管理するのではなく、物資、紙幣、労働力を中心に行うよう提案し、地方の不安の払拭に努めた。また、劉少奇は国家計画の中核である国計委の役割強化について、「統一的な思想、統一的な政策、統一的な計画があっても、統一的な指揮、統一的な行動がなければ中央の集中した統一領導は保障されない。(中略)国家計画は、その全面的な達成を保障し、超過達成を勝ち取らなければならない。地方の計画を国家計画に組み込まなければならない」と述べた。さらに劉少奇は、地方党委員会の役割について、「各級の党委員会の主要な指導者は、計画委員会を主宰しなければならない。各級の計画委員会は党委員会と政府に協力して、経済活動に対する集中統一した領導を強め、党委員会と政府の重要な助手となるべきである(41)」とも強調した。その際、毛沢東は政府の第一線に立つ劉少奇らが主張したように、中央統制型の経済管理体制のもとで調整政策を徹底的に執行する方法を認めた。こうして、七千人大会以降、劉少奇や鄧小平、国計委主任である李富春などを代表とする中央統制派は、国家計画の総合均衡を中核とする経済管理体制の再建に乗り出した。

国計委の集中的な統括のもとで、企業管理権、基本建設管理権、計画策定、物資分配などの権限はさらに中央に集中することになった。計画の策定は国計委が総合均衡の原則に基づいて厳格に管理することになり、また、中央が大躍進時期に下放された企業管理権に関しても、段階的に回収して再び管理するようになった。一九六五年の統計によると、中央直属企業の数は一〇五三三に及び、その収入は全体の四二・三%を占めた(42)。こうした変化が中央局の機能に及ぼした影響について、公開された文書をみる限り、第一節で検討した中央局の基本的な経済権限には変更がなかった。とはいえ、国計委の統一的な管理のもとで、中央局の権限の運用はかなり制限されるようになったとも思われる。

ところが、一九六二年からの国家計画に含められた八一種の産品のうち七〇種の生産計画が超過達成されたことは、経済回復の兆しだとみなされた。この状況をうけて、一部の中央局は再び経済発展の加速化を要請し始めた(43)。また、一九六二年八月の北戴河会議では、最も困難な時期の収束や、調整政策の継続の可否について、指導部内での認識の違いが再び露呈し始めた。毛沢東は農家請負制を許容する傾向を有した経済調整政策の内容や、国計委の機能強化に不満を感じていた(44)。その不満が北戴河会議で噴出し、経済調整を主に担当した国計委と国家経済委員会の仕事ぶりが批判された。その上で毛沢東は、調整政策による農村部での個人営業の拡大などの悪影響を抑制するために、再度の階級闘争の必要性を呼びかけた(45)。

（2）政治運動の激化と中央局による領導の強化

前述のように、国計委の主導による経済調整政策に不満を感じていた毛沢東は、一九六二年の冬から積極的に社会主義教育運動を提唱するようになった。社会主義教育運動の経過は第四章で詳述するため、ここでは本章の主題との関連で若干の言及にとどめたい。毛沢東は階級闘争を中心に、幹部の不正や官僚主義を暴くために、経理帳簿、在庫、財産、労働点数の四つの点検整理（四清運動）を呼びかけて、大衆運動を引き起こそうとした。それに対して、劉少奇は運動における党の領導を重視し、生産部門の活動を妨げないように配慮をしていた。そのため、一九六三年から毛沢東の提唱により、農村部のみならず都市部の各企業においても三反、五反運動[46]が開始されたが、その範囲は党の領導のもとでの経済の整理整頓に限定されていた。

運動に対する中央指導部の方針には不一致があったが、中央局は地域内の政治運動の領導に対して重要な役割を果たしていた[47]。特に、社会主義教育運動は幹部の汚職や財務の整理に重点を置いていたため、中央局による経済分野への介入が強化されることになった。例えば、社会主義教育運動の一環として企業で三反、五反運動が行われたため、それをきっかけに中央局が工作隊[48]を派遣して地域内の中央直属の主要企業に駐在させるようになり、企業の運営に対する介入を深めた。

また、毛沢東は各工業部門にも軍隊のように政治工作部を設置することで、政治思想の教育を強化するよう指示した。企業の政治工作部門は一九六四年から設立された。政治工作部門の設立は本来工業部門のみであったが、その後財政貿易、農業、教育分野にまで及んだ。先行研究は、こうした制度の変更が政治体制の軍事化であったと指摘している[49]。しかし、かかる指摘は文革期以降に活躍をみせた軍隊の存在を遡らせた推論に過ぎず、この時期の文民政府において軍隊の影響力が増大したことについては、明確な根拠を欠く。実際、以上の措置は、単に軍隊の政治思想教育の経験を活用するために、その経験を有した軍隊幹部を各部門に登用しただけであり、軍人を中心とする新部門を設立したわけではなかった。

むしろ政治工作部門の設立は、軍隊の影響力拡大を示すものというより、大躍進後に一時撤廃されていた党の事務機構の復活につながったことに重要な意義がある。例えば、湖北省では一九六一年から六三年にかけて党組織の農村工作部が撤廃されたが、一九六四年の政治工作部門の設立をきっかけに、農村工作部は農業庁と合併する形で農村政治部として再建された[50]。地方党委員会の事務機構の増加と同様に、中央局にも財貿、農村、工業交通の政治工作部門が新たに設立された。特に、中央局には元々工業関連部門を管理した専門の部署がなかったが、政治工作部門の設立を通じて、中央局が管轄する内容がさらに拡大した。こうして、政治運動や政治思想教育が大いに推進されることによって、中央局および地方党委員会は経済に対する介入を深めることになった。

(3)　中央統制と中央局の間

一九六三年以降、政治運動が全国的に展開したことによって、中央局の経済分野における領導が強まりつつあった。これに対して、経済調整政策の継続を目論む中央統制派は、中央局および地方党委員会の強化が中央統制型の経済体系の構築の妨げにならないように、中央局を中央統制のシステムに取り込むよう努め続けた。例えば、前述したように中央局が地方党委員会の機構や人員を吸収し、組織を拡大させたという現象を是正するために、周恩来は一九六三年に再び中央局の機構簡素化を求めた[51]。

それと同時に、中央統制派は中央各部委が直接支配を行う機構を中央局に編入する動きを開始した。一九六三年から、国家物資管理総局は中央局経済委員会に「中央局経委物資局」を設立した。この措置の背後にあった政治的意味の一端は、機構の命名から窺うことができる。この機構が設立された当初、「中央局経委物資局」と「大区物資局」の名称をめぐり議論が行われた。当時国家物資管理総局の責任者であった袁宝華は、「中央局経委物資局、大区物資局どちらの呼び方でもかまわず、呼び方は各中央局に任せる。しかし、やはり物資局は国家経済委員会の直接的な領導をうけているので、私は中央局経委物資局と呼んだ方がいいと思う」と述べた[52]。この発言が意味するのは、中央各部委が直接管理する機構を中央局に編入しても、その機構の主導権は中央各部委にあったため、中央局はそれに従わなければならなかったということである。

さらに、中央局および地方党委員会の影響力を地方の企業運営から後退させるべく、中央によるさらなる統一的な管理が試みられた。一九六三年の末から六六年の前半までの間、劉少奇の提案をうけて、産業別に組織された専門的経済組織による地域横断統一管理システム、「トラスト」が導入された。トラストの実施は、行政組織の命令式管理方法の改革を主な目的としていた。特に、条条と塊塊の管理方法が適切に統合できない状況下において、一つの企業は複数の行政命令をうけなければならないため、効率の低下と重複建設の問題がしばしば起きていた。

トラストの構想が初めて示されたのは、一九六〇年春に党中央が同年以降の工業発展問題を論じた際であったが、それが実際に動き出したのは一九六三年のことであった。劉少奇は工業の経済管理体制に生じていた行政部門による分断の現象を「分散主義」として批判し、統一的な市場、経済的手段による管理が必要だと主張した。[53]こうして設立されたトラストのうち、中央各部委が管理した全国的トラストは九つ、中央局が管理した地域的トラストは三つ、省や市が管理したトラストは一一であり、合わせて二三となった。[54]

劉少奇が想定したトラストの目的は、中央統制の強化と、企業において党が行政代行をしていた状況を是正することにあった。トラスト設立の基本原則は産業別であり、同一産品を生産する工場、また協業関係がある企業が同じトラストに組み入れられた。例えば、一九六三年、軽工業部の下に中国煙草総公司が設立され、タバコの原料、タバコ産品の製造、さらにはタバコの巻き紙の製造に至るまで統一的に軽工業部が管理するようになった。[55]煙草だけではなく、ほかにも中国塩業総公司、汽車総公司、紡織総公司など全国規模のトラストが成立した。しかし、産業別の総公司が設立される際にはその産業に属する地方企業がすべて接収されるため、地方は企業の再編や人員の削減を行うことで、トラストに対する反発を示した。[56]

中央局の管轄する地域においても中央が管理するトラストが設けられた。例えば華東煤炭工業総公司は、政治工作と生産建設、技術業務などの面で煤炭部の領導をうけ、地域内の調達問題は華東局が統一的に計画するという二元領導の体制になった。しかし、それまでは華東局が直接華東区の石炭工業を支配し、地域内部の経済提携を主導していたため、トラストの導入によって華東局の権限はやや制限されるようになった(57)。以上のように、劉少奇がトラストを考案したのは、中央局の領導を中央各部委の統制により弱体化させ、一つの産業から地方党組織の影響力を弱めるためであった。

しかしこの構想は、結局は一部の中央指導者や地方の反対に遭い大きく展開できなかった。その一端は、以下の文書の作成過程からも窺える。劉少奇は、薄一波にトラストの試行草案を作成させた際、党の領導と企業の関係について、「党は監督、思想工作、仲裁だけを管理して、企業の経営と生産は工場に任せるべきだ」と指示した(58)。また、劉少奇の構想をうけて、一九六三年九月の中央工作会議で「工業発展問題について」という文書が作成されたが、その中には「トラストのような科学的な方法で、主に経済手段で企業を管理する組織は、今後工業管理体制改革の核心となる」と記述されている(59)。しかし、この文書は結局「様々な」理由で公表されなかったと言われる(60)。この文書は同年八月末に行われた中央政治局常務委員会で一旦完成した。その後、中央局の第一書記らも参加した会議と九月の中央工作会議で同文書について討論が行われたが、結局正式に下達できなかった。議論の内容は公表されていないが、中央指導部の意見と他の参加者との間に意見の齟齬があったと考えられる。

以上、本節の考察を通じて、体制のあり方や政策の方向性において中央指導部の間で対立がみられた中で、各政治アクターは再び中央局の機能を調整し、自らの政策立場に有利な方向に向けさせるように、それを活用しようとしていたことが明らかになった。このように、制度調整のための折衷案であった中央局は、再びその役割を果たすようになったのである。

おわりに

以上、本章では大躍進運動の混乱の収拾に向けて、中央指導部がどのように方針を変化させていき、その中でどのように中央局を運用していったのか、さらには中央局の運用法をめぐり各指導者間でどのような政治的角逐が行われたのかについて検討を加えた。これまでの議論を要約すると以下のようになる。

大躍進運動によって生じた混乱を収拾するために、中央指導部は中央集権化を進めながら、中央局の領導に頼り地方を統合することを模索していた。しかし、機構簡素化の状況において、中央局と地方党委員会は人事、組織の両面で重複するという現象が進んだ。その結果、中央局を通じて経済領域における地方党委員会の影響力が保たれ、経済調整政策の進展が限定されることになった。

そうした状況をうけて、中央統制派の中央指導者は調整政策を徹底させるべく、中央局に頼らずにさらなる中央集権化を求めた。しかしそれと同時に、経済調整政策に不満を感じた毛沢東は、一九六二年の冬から幹部の汚職や思想の変質を防ぐために、社会主義教育運動を始めた。それをきっかけに、中央局および地方党委員会は経済分野における介入を深めた。劉少奇らはそうした状況が中央統制型の経済体系構築の妨げとならないように、中央統制を強化するためのトラストを導入したり、中央局の組織内部における条条の影響力を増やしたりする対策をとった。

以上をまとめれば、中央局は大躍進運動の収束段階から、中央集権化の中で地方の活力を保つ折衷策として存在していたが、中央統制派の政策目標の変化によって、その権限の拡大は主に中央統制の強化を牽制する役割を果たすようになったと言える。図3は、中央局の運用に関して異なる政策志向をもつ中央指導者の対策を示したものである。

図3に示したように、中央局は中央集権化と地方分権化の間に位置づけられる。中央局の運用に関して、中央統制

図3　中央局をめぐる関係図

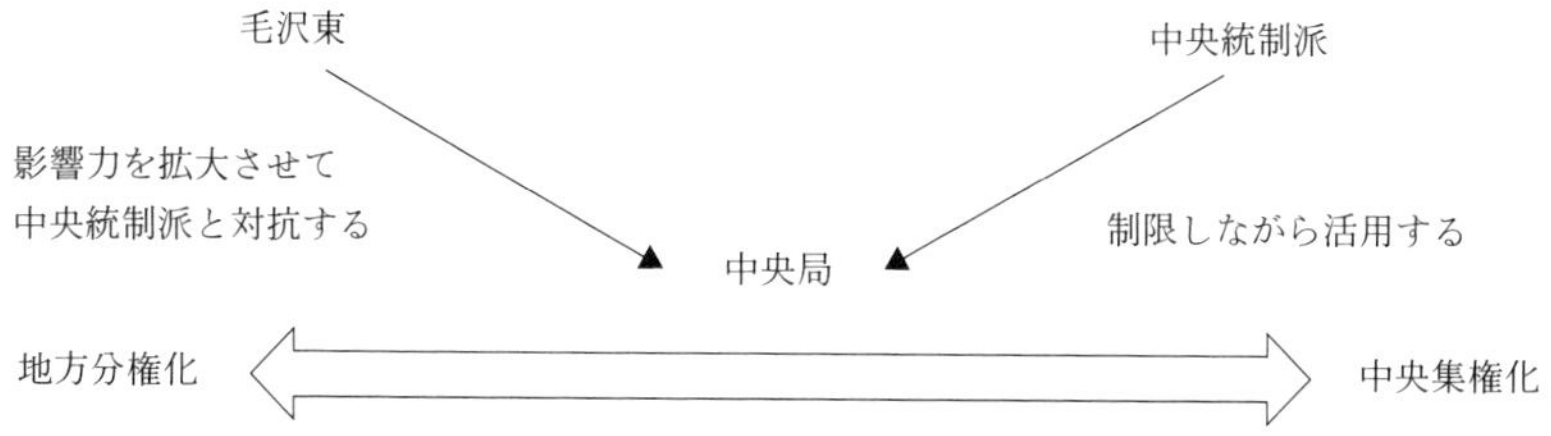

（出所）筆者作成。

派と毛沢東は異なる目的をもっていた。毛は政治運動を経由して中央局および地方党委員会の経済領域に対する領導を強化し、中央統制を強調する経済調整政策と対抗しようとしていた。それに対して、中央統制派は当初、中央局に頼ることで大躍進後の混乱した状況を収拾しようとした。しかし、その後中央統制派の主な政策目標が中央集権化に転じたことにより、地方党委員会の勢力を糾合する作用を果たす中央局の存在を牽制しようとした。このように、一九六〇年代前半にかけて、中央局の運用をめぐっては政治的対立が顕在化し、中央集権化に歯止めがかけられたのである。

また、本章では集権化、分権化をめぐる政治力学のみならず、党政関係の議論についても検討した。一九八〇年代以降、政治改革の一部として「党と政府の分離」、「党と企業の分離」が盛んに議論され始めたのは、周知に属する。しかし、本章の検討によれば、実際に一九六〇年代においても党機構の経済活動における役割の議論があり、トラストを含めすでに様々な政策上の試みが行われていた。そうした党機構が経済活動において果たすべき役割に対する見方の変化は、中央局の権限や役割にも影響を及ぼした。特に、政治運動が繰り返され、さらには第五章で詳述するように戦争準備の状況が続く中で、党が社会の多くの領域に介入することは不可避であり、結果的には経済活動における中央局の役割も強まりつつあった。そこで、次章からは経済分野のみならず、政治運動や国家全体の戦略に関わる中央局の役割についてもさらに掘り下げていく。

註

（1）李富春「関於安排一九六一年国民経済計画的意見」（一九六一年一月一四日）中共中央文献研究室編『建国以来重要文献選編』第一四冊、北京：中央文献出版社、一九九七年、四二―四三頁。
（2）「中共中央関於調整管理体制的若干暫行規定」（一九六一年一月二〇日）中共中央文献研究室編『建国以来重要文献選編』第一四冊、一〇二―一〇五頁。
（3）「北戴河計画会議簡報（第四六期）西北局計委主任宋平同志七月二十八日在領導小組拡大会議上的発言要点」（一九六一年七月二八日）中国社会科学院・中央檔案館編『一九五八―一九六五　中華人民共和国経済檔案資料選編』綜合巻、北京：中国財政経済出版社、二〇一一年、四〇三―四〇四頁。
（4）「中共中央関於調整管理体制的若干暫行規定」（一九六一年一月二〇日）中共中央文献研究室編『建国以来重要文献選編』第一四冊、一〇二―一〇五頁。
（5）「中共中央批転財政部党組関於改進財政体制、加強財政管理的報告」（一九六一年一月一五日）中共中央文献研究室編『建国以来重要文献選編』第一四冊、五〇頁。
（6）同上、五二頁。
（7）これは中国語では機動予算と呼ばれる。予備予算の具体的な使途は未定であり、計画以外の需要をうけた際に中央局によって当地域内での調達が可能であった。
（8）「中共中央批転国家計画委員会党組関於安排一九六一年基本建設計画的報告」（一九六一年四月九日）中共中央文献研究室編『建国以来重要文献選編』第一四冊、二六九頁。
（9）この時期に中央局の管理下の予算が増加したことは、中央局の管轄範囲を中心とする戦争準備計画の展開とも関連していると考えられる。このことについては、第五章で詳細な検討を行う。
（10）「国家計委党組関於第二個五年計画補充計画的報告（修改稿）」（一九六一年九月二九日）中国社会科学院・中央檔案館編『一九五八―一九六五　中華人民共和国経済檔案資料選編』固定資産投資与建築業巻、北京：中国財政経済出版社、二〇一一年、四二三頁、「中共中央批転国家計委党組関於第二個五年計画後両年補充計画（控制数字）的報告」（一九六一年一〇月六日）中共中央文献研究室編『建国以来重要文献選編』第一四冊、七一二―七一三頁。

(11) 馬暁東「二〇世紀六〇年代中央機関精簡工作論析」『北京党史』二〇一六年第一期、三八―四五頁。

(12) 中共中央文献研究室編『周恩来年譜（一九四九―一九七六）』中巻、北京：中央文献出版社、一九九七年、三六四頁。

(13) 例えば、東北局には最初から農林工作委員会が設けられていたが、それに対して中南局の場合、最初は農業弁公室があり、それを一九六二年に農業委員会に改編した。また、一九六二年の時点で国防弁公室が設けられていたのは西南局のみであった。その背景には西南地域に隣接する国境紛争があったと推測される。

(14) 国務院農林弁公室は農業部、農墾部、林業部、水産部、中央気象局の管理業務を補佐した。国務院財貿弁公室は財政部、糧食部、商業部、対外貿易部、人民銀行、軽工業部、紡績工業部、中央手工業管理局、中央工商行政管理局の業務管理を補佐し、そして全国供銷合作社の業務指導を担当した。中共中央組織部他編『中共組織史資料　附巻一　中華人民共和国政権組織（一九四九・一〇―一九九七・九）』北京：中共党史出版社、二〇〇〇年、一五二―一五三頁を参照。

(15) 「中共中央、国務院批転国家計委、財政部関於今年増加和預付一部分財政支出、用於農業、水利建設和軽工業増産措施的報告」（一九六二年一〇月一一日）中国社会科学院・中央檔案館編『一九五八―一九六五　中華人民共和国経済檔案資料選編』財経巻、北京：中国財政経済出版社、二〇一一年、六三四頁。

(16) 中共中央組織部他編『中共組織史資料　第五巻　過渡時期和社会主義建設時期（一九四九・九―一九六六・五）』北京：中共党史出版社、二〇〇〇年、一三七頁。

(17) 同上、六六―六九頁。

(18) 具体的な事例は第二節で詳述する。

(19) 「鄧小平――実事求是、搞好調整、以退為進」（一九六一年九月五日）中国社会科学院・中央檔案館編『一九五八―一九六五　中華人民共和国経済檔案資料選編』綜合巻、三七一頁。

(20) 「中共中央批転国家経委党組関於中央局経委主任会議状況的報告」（一九六二年九月二八日）中央檔案館・中共中央文献室編『中共中央文件選集（一九四九―一九六六）』第四一冊、北京：人民出版社、二〇一三年、一二四頁。この文書には中央局書記が工業分野を直接領導することが記載される。

(21) 中共中央組織部他編『中共組織史資料　第五巻　過渡時期和社会主義建設時期（一九四九・九―一九六六・五）』六九五頁。

(22) 紅旗雑誌編集部『偉大的歴史文献――学習「関於建国以来党的若干歴史問題的決議」的体会』北京：紅旗出版社、一九八一年。他の研究や歴史書によくみられるもう一つの説は、一九六一年から六五年にかけての五年間で、国民経済の調整が行われたとするものである。また、経済調整が一つの政策として確立したのは一九六二年からであり、中共中央により決定された第二次五ヵ年計画期と第三次五ヵ年計画期の間の一九六三年から六五年が経済調整を徹底する過度期であったとも言われる。これについては、郭徳宏・王海光・韓綱編『中華人民共和国専題史稿（一九五六―一九六六）』四川人民出版社、二〇〇四年、六三三―六三四頁を参照。

(23) 張素華「第一次国民経済調整研究述評」『当代中国史研究』二〇〇八年第一期、八七―一二八頁では、調整期の開始、終了の時間をめぐる議論を紹介しているが、張によれば、八字方針が正式に執行された一九六一年を経済調整の起点とする見解が主流である。

(24) 唐亮『現代中国の党政関係』慶應義塾大学出版会、一九九七年、一七二―一七三頁。

(25) 石建国「略論二〇世紀六〇年代東北地区的工業調整」『中国経済史研究』二〇〇九年第一期、一三〇頁。

(26) 楊尚昆『楊尚昆日記』上冊、北京：中央文献出版社、二〇〇一年、六三一頁。

(27) 石建国「略論二〇世紀六〇年代東北地区的工業調整」一二八―一二九頁。

(28) 張素華『変局』北京：中国青年出版社、二〇〇六年、二〇―二一頁。

(29) 同上、二〇―二二頁、中共中央文献研究室編『鄧小平年譜（一九〇四―一九七四）』下巻、北京：中央文献出版社、二〇〇九年、一六六九頁。

(30) 宋任窮『宋任窮回憶録』北京：解放軍出版社、二〇〇七年、三六一頁。

(31) 同上、三六四―三六五頁。

(32) 同上、三七〇頁。宋任窮が調整期の初期に東北から食糧を徴収し過ぎたことに関しては、文革期の批判資料にも多くの記載がある。例えば、遼寧無産階級革命派聯絡站『宋任窮反党反社会主義反毛沢東思想言行三百例』出版社不明、一九六七年（中文出版物服務中心編『中共重要歴史文献資料匯編』第一六輯四六八分冊、洛杉磯（ロサンゼルス）：中文出版物服務中心、二〇〇八年）。

(33) 中国語でいう一九六〇年代初期の「精簡工作」、すなわち簡素化、合理化の活動には二つの側面が含まれている。まずは、第一節で検討した一九六〇年七月以来の財政危機と官僚主義の解決を目的とした機構簡素化も「精簡工作」の一環であった（孫東升「六十年代初期調整機構、精簡人員工作略述」『党的文献』一九九三年第三期、二五―三〇頁を参照）。もう一つは、本節で考察する都市部の人口や投資規模の削減であり、それは一九六〇年九月から周恩来の主導によって行われた（中共中央文献研究室編『周恩来年譜（一九四九―一九七六）』中巻、四〇一、四〇三、四一八頁を参照）。

(34) 羅平漢「三年困難時期的大精減」『文史精華』二〇〇三年第四期、二五―二六頁。

(35) 計画経済体制のもとで、基本建設は国家が行う設備投資のうち、新規建設など固定資産の拡大再生産に資するものと定義されており、あらゆる生産、非生産施設や、設備類の建設、新設が含まれた。こうした投資の規模は地方の開発に大きく関わるため、地方からすれば、できるだけ中央に投資計画を提案することで資金の獲得が目指されたのである。

(36)「中南局批転中南局計委関於基本建設会議的報告」（一九六一年五月六日）中国社会科学院・中央檔案館編『一九五八―一九六五　中華人民共和国経済檔案資料選編』固定資産投資与建築業巻、四〇六頁。

(37)「中共中央関於基本建設会議報告中三個問題的復示」（一九六一年五月六日）中国社会科学院・中央檔案館編『一九五八―一九六五　中華人民共和国経済檔案選編』固定資産投資与建築業巻、三九三頁。

(38)「国家計委機械局関於調整企業的報告」（一九六二年四月一六日）中国社会科学院・中央檔案館編『一九五八―一九六五　中華人民共和国経済檔案資料選編』綜合巻、四〇一頁。

(39) 張素華『変局』九〇頁。

(40) 同上、九二頁。次段も同書に依拠するところが大きい。

(41) 劉少奇「在拡大的中央工作会議上的報告」（一九六二年一月二七日）劉少奇『劉少奇選集』下冊、北京：人民出版社、一九八五年、三九一―三九三頁。

(42) 当代中国的経済体制改革編集委員会編『当代中国的経済体制改革』北京：中国社会科学出版社、一九八四年、二二九頁。

(43)「中央局計委和省、市、自治区計委編制一九六四年計画工作座談会綜合簡報（第五期）」（一九六三年六月一二日）中国社会科学院・中央檔案館編『一九五八―一九六五　中華人民共和国経済檔案資料選編』綜合巻、六三〇―六三二頁。

(44) 銭庠理『歴史的変局：従挽救危機到反修防修（一九六二―一九六五）』香港：中文大学出版社、二〇〇八年、二〇〇―二〇五頁。
(45) 毛沢東「北戴河における中央工作会議の講話」（一九六二年八月九日）東京大学近代中国史研究会訳『毛沢東思想万歳』下巻、三一書房、一九七五年、四〇―四八頁。
(46) 「三反」は一九五一年に提唱された官僚主義・汚職・浪費の三害に反対する運動、「五反」は一九五二年に提唱された贈賄・脱税・国家資材の横領・原料の詐称・経済情報の漏洩の五毒に反対する運動のこと。
(47) 社会主義教育運動については第四章で詳細に検討する。
(48) 上層組織の幹部によって結成されて直接現地を調査し、重要な方針や政策の実施に対して協力を行う臨時組織である。
(49) 小竹一彰「第二章　毛沢東時期の中国共産党」毛里和子編『毛沢東時代の中国』日本国際問題研究所、一九九〇年、四六―四八頁。
(50) 中共湖北省委党史研究室編『中国共産党湖北志』北京：中央文献出版社、二〇〇八年、一一一頁。
(51) 中共中央文献研究室編『周恩来年譜（一九四九―一九七六）』中巻、五六〇頁。
(52) 袁宝華『袁宝華文集――文選（一九四六年八月―一九八〇年九月）』第一巻、北京：中国人民大学出版社、二〇一三年、一四一頁。
(53) 薄一波『若干重大決策与事件的回顧』下巻、北京：人民出版社、一九九三年、一一七五頁。
(54) 石原享一「第六章　一九七〇年代までの中国経済管理――システムと実態」毛里和子編『毛沢東時代の中国』一五一―一五二頁。
(55) 当代中国的経済管理編集部編『中華人民共和国経済管理大事記』北京：中国経済出版社、一九八六年、一八九頁。
(56) 薄一波『若干重大決策与事件的回顧』下巻、一一八四頁。
(57) 呉允中「華東煤炭工業公司試辦托拉斯的回憶」『企業経済』一九九五年第一期、六〇―六四頁。第二章で考察したように、華東局の石炭産業における支配力は、地域内各省の経済連携、すなわち経済協作の方式を通じて発揮された。
(58) 趙光元・陸暁明「創辦托拉斯――劉少奇改革我国経済管理体制的嘗試」『郷鎮経済』一九九九年第二期、四一―四二頁。
(59) 張忠江「二〇世紀六〇年代中国試辦托拉斯的歴史軌跡」『茂名学院学報』二〇〇六年第五期、一四―一七頁、「薄一波同志在托拉斯試点工作座談会上的講話要点」（一九六五年五月一〇日）中国社会科学院・中央檔案館編『一九五八―一九六五　中華人民共和国経済檔案資料選編』工業巻、北京：中国財政経済出版社、二〇一一年、二五五頁。

(60) 薄一波『若干重大決策与事件的回顧』下巻、一一七四―一一七五頁。

第四章　一九六〇年代の政治統制からみた各中央局の統治方針

はじめに

第三章では、一九六〇年代前半にかけて、経済に関連する中央局の制度展開および運営の実態を検討した。結論から言えば、中央局は地方を統合し、条条と塊塊の意見を調整する機能を、集権化の時代とされてきた一九六〇年代にあっても、発揮し続けていたのである。しかしそれと同時に、中央局は経済管理を行うだけでは、地方に対する強い統制力を示すことはなかった。第三章でも検討したように、中央局は経済管理だけではなく、管轄する地域内部の様々な活動領域を統括し全面的に領導しなければならなかったのである。ところが、先行研究や一次資料では一九六〇年代の党組織の管理や政治運動について言及する際に、断片的にしか中央局の役割が取り上げられておらず、その意義について体系的に分析されたとは言えない(1)。

本章ではこうした問題意識から、中央局が地方に対する領導や、一九六〇年代前半にかけて絶えず行われた党組織の整頓の中で果たした役割について検討する。そこで、本章では、中央局の実態を解明する中で、組織上でも人事上でも地方党委員会と多くの重複があった中央局が、どのように地方党委員会に独自の権威を示し、どのような地域統治の方針に基づき中央の政策が実施されたのかを明らかにすることになる。本章の考察を通じて、中央、中央局、そして地方党委員会の相互関係はどのようなものか、そして中央指導部がどのように中央局を通して地域を統合したのかを新たな側面から明らかにし得ると考える。それと同時に、中央局を通じた統治方式の検証を通じて、権力が高度に中央に集中したと言われる一九六〇年代前半の政治体制に対しても、新たな示唆を提供できるであろう。

本章では具体的に、まず大躍進の収束段階において、中央局がどのように管轄範囲内部の混乱収拾に動き出したかを検討する。その手段には、中央局が直接調査を行い地方党委員会の政策決定に介入することと、地方の人事異動を主導することが含まれていた。次に、大躍進運動直後の中央局の役割を踏まえた上で、党組織の整頓の延長として、一九六二年の冬から六四年にかけて行われた社会主義教育運動の事例を取り上げる。当時、中央が打ち出した運動の指導方針は幾度も変更されたが、各中央局がどのように政策を解釈し、中央の方針を地域の状況に合わせて執行したかを考察する。一連の分析を通じて、中央、中央局、さらには地方党委員会の関係を動態的な視点から描き出したい。

1　大躍進運動の収束段階における地方統治と中央局——一九六〇年—六二年

本節では、中央局が大躍進運動の収束段階において、経済破綻や深刻な食糧不足を解決するために、どのような緊急対策を打ち出し、そして大躍進運動の政治責任を追及するための各省の人事異動にどのように関わっていたのかを考察する。

（1）大躍進後の組織再編と中央局

一九六〇年に入ってから、大躍進運動の失敗による深刻な食糧危機を解決するために、中央指導部は様々な対策をとっていたが、効果は即座には現れなかった。そのため、一九六〇年九月以降、中央局が主導した緊急対策が始まった。中央局は地方の状況を調査して緊急対策を策定した他、地方党組織の人事異動においても重要な役割を果たした。第二章で中央局による人事任命の状況を簡単に紹介したが、そこで述べたように中央から直接任命された現地未経験者には、東北局の宋任窮、華北局の李雪峰、西北局の劉瀾濤がいた。彼らが有した党務管理の経歴からみて、中央指導部が中央局に期待したのは、地方党組織の整頓と人事の刷新を通じた各秩序の再建であったことが推測される。そこで以下では、まず西北局傘下の甘粛省と青海省を事例に、中央局の具体的な役割を検討する。

一九六〇年一〇月から六一年一月にかけて、西北局の主導のもと、大量の幹部が動員されて甘粛省で徹底的な調査が行われ、甘粛省の農村における深刻な状況が中央に報告された。[2] 甘粛省の問題を解決するために、西北局は中央組織部の幹部、甘粛省の幹部と共に会議を開いて緊急対策を決定したが、事態の収拾がつかなかった。[3] 西北局は自ら主導した緊急対策の執行が徹底できなかった原因を甘粛省の指導部に帰した。一二月二日から五日にかけて西北局は蘭州で会議を開き、甘粛省の飢饉問題、一九五九年の反右傾闘争の不徹底、西北の民族統一戦線問題を理由に、甘粛省第一書記の張仲良の責任を追及した。

この西北局蘭州会議では明確な結論には達しなかったが、その後も、西北局は張仲良を失脚させるよう働きかけた。西北局第一書記の劉瀾濤は、一九六〇年の一〇月から一二月にかけて頻繁に北京で活動し、中央に状況を報告した。[4] 劉瀾濤が党中央に対し、「甘粛省委の深刻な過ちの主な責任は第一書記張仲良にある」と報告したことが、張仲良失脚の決定的な要因となったと考えられる。[5] 張仲良の後任となる汪鋒が甘粛省に転任せよとの指示をうけたのは一二月半ばであった。[6] さらに、一九六一年一月、劉瀾濤は甘粛省で大規模な張仲良批判を始め、張に連なる各級地方党委員会の「小張仲良」を摘発するキャンペーンを始めた。

同月、西北局は甘粛省に続いて、同じく深刻な食糧不足に陥っていた青海省で調査を始めた。そこでは西北局の主導のもとで第一書記高峰、省委書記陳思恭などを批判するための会議が開かれ、高峰を含む数名の幹部が解任された[7]。後任には、西北局の幹部で、公安部副部長でもあった王昭が青海省第二書記に任命された。

西北局だけではなく、華東局が管轄する山東省、中南局が管轄する河南省においても、中央局の領導のもとで調査や省の指導部の人事異動が行われた[8]。例えば、大躍進運動中に多くの餓死者が報告された河南省では、中南局による調査が実施された。中南局第一書記陶鋳と第二書記王任重が一九六一年一月に行われた河南省委拡大会議に直接介入し、省第一書記の呉芝圃に辞任を迫った。さらに河南省の場合は、指導部の解任にとどまらず、一九六一年四月までの長期にわたる調査を通じて、大量の基層幹部が粛清された[9]。

以上のように、大躍進運動の収束段階において、中央局は大躍進運動がもたらした危機を解決するために直接各省にて現地調査を行い、人事異動を主導した。地方党委員会に対する処置を決める際には、中央局から中央指導部への建言と情報提供が重要な役割を果たしたと考えられる。

（2）中央局、省指導者の人事にみる地方統治

中国では現在、各部、委員会の幹部を地方に異動させ、さらに頻繁に省級幹部の任地を変更する方法が導入されている。特に、任地の異動の際には、元の任地から遠方へ派遣されることも多い。中央はこの方法を通じて、幹部が特定の地域で長く務めることによって起きる地方主義を防ぐことができる[10]。それに対して、第一章でも検討したように、一九六〇年代の前半期において、地方の人事異動は六つの中央局が管轄する地域内で行われていた。

表1は、大躍進運動後の一九六〇年から六二年にかけて失脚した省の指導者と、その後任者の前職を示したものである。ここから明らかなように、多くの場合は中央局が管轄する地域内から後任者が選任されていた。後任者を同じ地域から選任した理由については、二つが考えられる。第一に、毛沢東時代には、なるべくその地方をよく理解した、

表1　1960年から1962年の主な人事異動

地域	時期	省区分	粛清された指導者	後任者（前職）	地域内での人事異動
華東	1960	山東省	舒同	曾希聖（安徽省党委第一書記） 譚啓龍（山東省党委書記）	あり
	1962	安徽省	曾希聖	李葆華（中央水利部）	なし（白区幹部）
中南	1961	河南省	呉芝圃	劉建勲（広西壮族自治区党委第一書記）	あり
西北	1961	甘粛省	張仲良	汪鋒（寧夏回族自治区党委第一書記）	あり
	1961	青海省	高峰	王昭（公安部副部長） 楊植霖（内蒙古政協主席）	なし（白区幹部） なし（白区幹部）

（出所）　王健英編著『中国共産党組織史資料匯編　領導機構沿革和成員名録——従一大至十四大』北京：中共中央党校出版社、1995年、中共中央組織部他編『中共組織史資料　第5巻　過渡時期和社会主義建設時期（1949.9-1966.5）』北京：中共党史出版社、2000年より筆者作成。

経験豊富な幹部が登用された(11)。中央局が管轄する地域内の各省はよく似た歴史や地理をもつため、地域内からの幹部選定はこの方針に合致していた。第二に、この時期においては中央局が省の状況調査や人事異動を主導したため、中央局の幹部は自分の地域での仕事に長く従事し、業務を熟知した幹部の選任を中央指導部に建言していた可能性が考えられる。

ところが、人事異動が中央局の管轄する地域内部で行われない事例もあった。そうした例外には中央指導部の直接的な介入があったと考えられる。一九六二年の七千人大会以後、劉少奇は中央局を介さずに安徽省党委第一書記の曾希聖を解任するよう直接指示した(12)。劉少奇が推薦した後任者李葆華は、華東地域で務めた経験はなかったが、建国前から劉少奇が領導していた白区で長らく務めていた幹部であった。第二章でも分析したように、表1の人物だけではなく、現地未経験者ながら任命された華北局第一書記の李雪峰と西北局第一書記の劉瀾濤も長らく劉少奇の下で務めていたことが知られている。このように、劉少奇には地方において彼が信頼を寄せる白区幹部を増やそうという意図があった。ところが、毛沢東はかつて自身の政策を支持していた地方指導者を、白区幹部出身者によって代替させた劉少奇に対し、疑念を深めていったと言われる(13)。

表2　中央監察委員会駐中央局監察小組

地域	中央駐中央局監察小組 組長	前職	中央監察委員会	中央局のポスト	成立時期
東北局	王鶴峰	黒竜江省党委副書記	なし	なし	1963年
華北局	—				
西北局	方仲如	陝西省党委書記	常務委員（1962.9）	西北局常務委員	1963年1月
華東局	鄭平	浙江省党委常務委員	候補委員（1962.9）	なし	1963年
中南局	李立	河南省党委書記	なし	中南局常務委員、組織部部長	1962年11月
中南局	譚余保	湖南省党委書記	常務委員（1962.9）	中南局常務委員	1962年11月
西南局	陳剛	四川省党委書記	常務委員（1962.9）	西南局書記	1963年3月

（出所）　王健英編著『中国共産党組織史資料匯編　領導機構沿革和成員名録——従一大至十四大』、中共中央組織部他編『中共組織史資料　第5巻　過渡時期和社会主義建設時期（1949.9-1966.5）』、中共中央組織部他編『中国共産党組織史資料　第9巻　文献選編（下）（1949.10-1966.5）』北京：中共党史出版社、2000年より筆者作成。

（3）中央局の監察機能

前述のように大躍進運動の収束時期において、中央局が各省に直接介入し、人事異動を主導するなどの緊急対応が行われた。さらに一九六二年、中国共産党第八期中央委員会第一〇回全体会議（以下、第八期一〇中全会とする）の「党の監察機構の強化に関する決定」によって、中央局による監察制度が正式に定められた。その決定によれば、中央監察委員会が各中央局に中央監察委員会駐中央局監察小組を設立することとなった(14)。同じ決定によれば、この駐中央局監察小組は中央局と中央監察委員会の二重領導をうけるが、地方に駐在する中央局の意見を優先するとしている。

それまで、地方においても監察委員会が設立されていたが、同級党委員会の領導をうけなければならないため、省級機構への監察は不完全であった(15)。この時期に監察小組の設立がされたのはその欠陥を補うものであった。ところが、表2に示したように、各駐中央局監察小組の責任者は全員地方党委員会から選任されていたが、駐中央局監察小組の担当者になってから中央監察委員会の常務委員や候補委員の資格が付与された者がほとんどであった。つまりこの機構の創設は、中央局と地方党委員会のつながりを保ちながらも、中央局が上級組織であることを強調し、さらには中央が中央局を通して地方を監視するという意図を打ち出したものであったと考えられる。

以上で検討したように、中央指導部は大躍進による諸問題の収拾に乗り出した一九六〇年から、中央局を介して調査を行うとともに緊急対策を策定し、さらには地方党委員会の人事異動を主導することで地方への統制の強化を図った。その過程において、中央局は地域内の各省に対して独自の統制力を発揮し、中央に対する情報提供の点でも重要な役割を果たした。また後任者に関しても、中央局の管轄する範囲内から選任するという基準があったため、中央局の意見も重要視されたと思われる。他方、中央局の管轄地域外からの人事異動も散見し、それらの任命には、劉少奇の影響力が直接働いたと考えられる。さらに、中央監察委員会駐中央局監察小組が設立された措置によって、中央局による緊急事態の対応が終わった後も、継続的に地方党委員会に対して監察機能を果たすことが期待されていたと思われる。

2　社会主義教育運動の展開過程における中央局の対応

これまでの検討を通じて、大躍進運動の収束段階において中央が地方の党組織を整頓する際に、中央局が重要な仲介役を果たしていたことが分かった。一九六二年に入ってから、経済調整政策の実施を通して経済の秩序が取り戻されつつあった。一方で、毛沢東は再び階級闘争が必要であると呼びかけ、社会主義教育運動を大々的に展開しようとした。経済調整政策と政治運動との両立をめぐって、中央指導部の間には様々な意見対立があった。こうした背景のもとで、本節では一九六二年から六四年にかけて、社会主義教育運動の展開をめぐる中央指導部の方針に対して、中央局がどのように各自の方針に基づき対応していったかという政治力学を検討する。

（1）社会主義教育運動の始動と中央局の対応

一九六二年の初めに行われた七千人大会以後、経済秩序を回復させるための調整政策の執行がさらに徹底された。しかし、毛沢東は調整政策による基層幹部の腐敗や単幹風（農村部における個人経営）の拡大、さらには封建的習慣の残存に危惧の念を抱いていた。そのため、一九六二年八月に行われた第八期一〇中全会において、毛沢東は「絶対に階級闘争を忘れてはいけない」と提起し、農村における社会主義教育の必要性を主張した。

ここで、まず「社会主義教育運動」がもつ意味を説明する。社会主義教育の必要性が初めて提唱されたのは、一九五七年春に農業集団化の失敗が顕在化し、農民が大規模に人民公社から脱退する徴候が見え始めた時期であった(16)。そして、大躍進運動が中止された後の一九六一年一一月にも、党中央は「農村で社会主義教育を行うことに関する指示」を通達した。この指示の目的は農村部において蔓延していた浪費、過度の経済生産指標、命令、特権、盲目的指揮といった傾向を是正し、生産隊を改造することなどにあった。以上のように、社会主義教育は、農村の幹部や大衆を再教育するための一つの手段として用いられ、一九五〇年代からしばしば行われてきたが、いずれも大規模な大衆運動にはならなかった。

毛沢東が再び階級闘争論を提起したことに対して、実務を担当していた中央指導者は、ようやく回復の兆しを見せ始めた経済の秩序が大衆運動によって破壊されることを恐れ、これに積極的に応じなかった(17)。毛沢東自身も運動の展開に関しては慎重な姿勢であったため、階級闘争に関する講話は県レベル以下には宣伝を控えるべしとする劉少奇の建言に同意した(18)。また、この時期には、毛沢東が自身の考える社会主義教育運動のあり方について明確に指示しなかったため、一九六二年の一一月頃から六三年の五月まで、各地は社会主義教育を行うにあたり、異なる政策を実施していた。

そのような状況下で、華北局は一九六三年の春に農村の基層党組織を強化する目的で、正式に貧下中農代表会議を成立させた[19]。他の中央局が依然として社会主義教育運動のあり方を模索している段階において、華北局の機関誌『華北建設』は一九六二年の冬から河北省や山西省における貧農、下層中農組織の設立状況に関する記事を掲載し続けた[20]。特に、河北省保定県では社会主義教育運動の一環として、人民公社、生産隊の帳簿、倉庫、財産物資、労働点数を点検し、幹部の汚職を摘発する四清運動を開始した[21]。このように、華北局の社会主義教育運動は、イデオロギーの宣伝というより財務整理に重点を置く四清運動として展開をみせた。四清運動のモデルは、華北局によって大いに宣伝され、華北地域で急速に広まった。

華北局の四清運動と比べて、東北局と華東局における社会主義教育運動の方針は思想教育に重点を置くものであった。例えば、東北局は遼寧省の経験に基づいて、一九六三年二月から東北三省で「村史、社史、家史、工場史」などの過去の経験を素材にして、若者を中心とした階級闘争の教育を行うという方針を打ち出した[22]。

また、華東局は階級闘争を強調しながら、大規模な運動を展開しようとする方向に進んでいた。一九六二年に第八期一〇中全会が行われた後、華東局第一書記の柯慶施をはじめ、華東局の幹部が華東各省の党大会に自ら参加し、幹部に対する階級闘争の宣伝を促した[23]。その上で、華東局は一九六三年春から、広く華東地域で階級闘争を強調し、農業の個別経営に反対するキャンペーンを始めた。その一環として、一九六三年二月二日から一六日にかけて華東農業先進集体（集団）代表会議が開催された。同会議の目的は、華東地域から模範的な人民公社、生産大隊、生産隊を選んで農業集団化を宣伝することにあった。この会議で柯慶施は「貧農、下層中農に依拠した党支部の強化、幹部と大衆の交流、幹部の政治思想教育」を中心に演説を行った[24]。また、華東地域の農業工作担当者であり、華東局秘書であった魏文伯は演説において、「今農村において、社会主義教育運動を大いにやらなければならない。この運動では第八期一〇中全会の精神に基づいて宣伝教育工作を行い、（中略）農村に依然として存在している階級闘争と二つの路線の闘争の意義を人々にはっきりと認識させせなければならない」と述べ、階級闘争と社会主義教育運動の必要性を強調した。[25]

それとは対照的に、中南地域の中で最初から政治運動を積極的に実施したのは湖南省のみであった。湖南省は早くも一九六一年末から「整風整社（党員教育の強化および人民公社の整頓）」の一環として社会主義教育運動を始めた。[26]その経験は毛沢東によって称賛されたにもかかわらず、中南地域に直ちに広まることはなかった。その原因は、当時の中南局第一書記の陶鋳にとって、生産秩序の回復が最優先の課題であったためであった。そのため、陶鋳は湖南省を視察した際、農村で生じた二つの路線の闘争に関する湖南省委の報告に対し、積極的な反応をみせなかったと言われる。[27]こうした中南局の方針のもとで、中南地域の社会主義教育運動には迅速な進展がみられなかった。

以上のように、社会主義教育運動は中央局ごとに異なる方針に基づいて開始されたが、総じて小規模な試行にとどまった。社会主義教育運動が十分に重視されていないことに不満を感じた毛沢東は、一九六三年五月に中央局の指導者を集めて「当面の農村活動のいくつかの問題についての中共中央の決定（草案）」（以下、前十条とする）を制定した。前十条が規定した社会主義教育運動の内容は、主に華北局が提供した河北省保定県および毛沢東が称賛した湖南省の実施成果に基づくものであった。そこで社会主義教育の内容は、階級闘争を強調し、大衆のイデオロギーを改造すること、そして貧農、下層中農の組織に頼って基層幹部の財務整理や幹部の汚職摘発のための四清運動を徹底することとされた。

しかし、前十条が正式に発表された後も、全国における社会主義教育運動の展開は中央局の方針によって制約され続けていた。例えば、前述した中南局の生産重視の方針は、前十条の公表によって変わることはなかった。中南局常務委員会議は中南各省における運動の過激化を防ぐために、一九六四年七月まで一年がかりの生産促進を目標とし、社会主義教育運動については、幹部の汚職や不正の摘発を中心に農村および都市部で小範囲にとどめて実験するよう決定した[28]。この決定をうけて、一九六三年から六四年の広東、広西、湖南の社会主義運動に関する報告では、「運動は生産促進を前提として行われる」ことが強調され続けた[29]。そして、河南省において、四清運動は腐敗の摘発のためではなく、農民の労働賃金の改善など農村部の行政を調整する形で行われた[30]。

（2）前十条の修正と中央局の対応

毛沢東の主導のもと前十条が発表されてから四ヵ月後の一九六三年九月、中央工作会議において、中央書記処書記であった彭真は、各地方で社会主義教育運動の執行状況が過激化したと報告した。この報告をうけて、彭真と鄧小平、農業領域の担当者であった譚震林は運動の過激化を防ぐため、前十条の修正に着手し[31]、一一月に「農村の社会主義教育運動についての若干の具体的政策に関する中共中央の規定（草案）」（以下、後十条とする）が作成された。その内容は前十条と同様に、階級闘争を綱領とする方針を肯定したものであったが、主に（一）生産と社会主義教育運動とを両立させる、（二）中央、地方の党、政府、軍隊から優秀な人材を選んで工作隊を組織し、農村での業務を補佐する、（三）大会を開いて公開闘争を行うことを禁止するなどの諸点において、前十条と大きく異なっていた。こうした点に鑑みるならば、後十条の主な目的は、社会主義教育運動における党の領導をさらに強調し、運動の展開が農業生産の妨げにならないようにすることにあったと言える。

このように、毛沢東以外の中央指導者は、大衆運動による階級闘争を過度に強調することによって生じ得る混乱を抑制するべく、後十条を制定した。かかる方針の変更があったにもかかわらず、華東局は農村部以外で継続的に階級闘争および政治思想の宣伝を進めた。華東局の主導のもとで、華東地域においては、イデオロギーの浄化や毛沢東思想の学習を宣伝するためのキャンペーンが次々と打ち出されていった。例えば、華東局は文芸分野が無産階級革命に貢献するべきだと主張し、一九六三年から華東地域の演劇改革の宣伝を始めた[32]。この演劇に対する宣伝は、他の地域においては文革前夜の一九六五年から六六年にかけて始まったが、華東局は、それより二年以上も先んじて始めたことになる。

また、華東局は一九六四年一月から、華東地域で発行されていた『解放日報』の一面で、解放軍に倣って毛沢東思想の実践を強調することを頻繁に宣伝した[33]。この華東局の宣伝は、全国発行の『人民日報』より二カ月も早かった[34]。このように、中央が階級闘争の激化を抑制しようと後十条を打ち出した後も、華東局は毛沢東の階級闘争の路線に追従し、新たなキャンペーンを始めたのであった。

以上で整理したように、経済調整政策によって経済の秩序が回復を迎える中で、再度の政治運動を行うことについては、中央指導部の間に意見の対立があった。毛沢東は階級闘争を中心に、貧農、下層中農の組織に頼って基層幹部の改造を目指していた。それに対して、他の中央指導者は運動の方法については党の領導を重視し、生産の妨げにならないように調整しようとした。このような意見の分岐により、中央の方針は短期間のうちに変更されたが、それに対して各中央局が決定した運動の展開に関する方針には局ごとに一貫した傾向がみられた。例えば、華東局は毛沢東の意見に従い、運動の初期から階級闘争および政治思想の宣伝を重視する方針を貫いた。それに対して、中南局は運動が正式に開始した後も生産を重視し、運動の過激化を防ごうとする姿勢を示していた。

（3）　劉少奇による「後十条修正案」と中央局の抵抗

一九六四年五月一五日から六月一七日にかけて、第三次五カ年計画案を審議するために中央工作会議が開催された。この工作会議において、毛沢東はアメリカとの戦争準備の必要性を強調し、穏健派官僚によって策定された経済調整の継続を柱とする第三次五カ年計画の草案を否定した。さらに、戦争準備のための三線建設の実施が決定された後、国計委は弱体化され、中央局が地域の政治、経済を全面的に領導する体制に移行した。

そこでは国の発展方針、軍事戦略の転換が求められただけではなかった。毛沢東は同会議で自ら主導した前十条が公表されてから半年も経たずに、後十条によって塗り替えられたことに対して、「なんとしてでも階級闘争に十分行き届いた注意を払わなければならない（中略）我が国のおよそ三分の一の権力は敵または敵の同調者の手に握られている（中略）現在は、この問題は未だ立派に解決されているわけではない」と運動の進展に不満を語った[35]。この毛沢東の批判に対して、劉少奇は一九六四年五月から運動を直接領導する四清、五反指揮部を成立させ[36]、改めて「後十条修正案」の策定に動き出した[37]。

一九六三年に制定された前十条、後十条が主張する運動方針は、基層幹部や農民を中心に、一つの村を範囲として限定的に幹部の汚職の摘発および財務整理を行うというものであった。それに対して、劉少奇は、彼の妻である王光美が河北省の桃園大隊で調査した結果に基づいて、新たな方針を打ち出した。王光美の調査によってまとめられた桃園経験は、農村の幹部はほとんど腐敗しているため、党の領導のもと「大規模殲滅戦」の方法により広く基層幹部を粛清しなければならないという内容であった[38]。また、劉少奇が考える運動のあり方は、党の高級幹部による工作組の領導のもとで、さらに広い範囲での幹部粛清を強調する方式であった。こうして毛沢東が考案した、大衆の力の代表である貧農、下層中農組織に頼る方針は放棄され、上層部の権力によって直接農村の組織整頓を執行する方針へと変わった。

以上のように、一九六四年五月から劉少奇の主導で社会主義教育運動は再び新たな方向へと変更された。劉少奇の方針は西北において大規模かつ迅速に展開されたが、その他の地域は劉少奇の方針に対して保守的な姿勢を示した。その状況を打開するために、劉少奇は一九六四年七月から華東、中南、西南を中心に視察を始めた。そこでは、江蘇省党委第一書記の江渭清が劉少奇と正面から衝突した。江渭清の回想によると、劉少奇の不満は主に（一）上層部の幹部による調査が不十分であり、県レベル以下の組織に対する状況把握が甘い、（二）ほとんどの基層幹部に問題がある、（三）社会主義運動は一年以上前に開始したにもかかわらず、農村でも都市部でも徹底的に展開されなかった、という三点であった。これに対し江渭清は、基層幹部の状況はそこまで悪くないとして劉少奇に反論した(39)。

劉少奇の提唱する方針を宣伝する記事が『華東通訊』に初めて掲載されたのが、江蘇省が劉少奇による直接の批判をうけた後の一九六四年八月一日であったことも、劉少奇の方針に対する華東局指導者の消極的姿勢を示していると考えられる(40)。前述したように、華東局は地域内部各省の宣伝や運動のあり方に関して、直接介入して主導する権力をもっていた。しかし、華東局は劉少奇の方針を華東地域で宣伝しなかったのみならず、江蘇省の劉少奇への抵抗を事前に抑制しなかった(41)。すなわち、華東局は毛沢東の意見に追従する一貫した姿勢をみせた一方で、劉少奇の意見に対しては、それをすぐさま忠実に執行したわけではなかったのである。

劉少奇の方針に抵抗の姿勢をみせたのは、華東局ばかりではなかった。劉少奇が各中央局に新たな方針への同意を求めたのとほぼ同時に、華北局の幹部は毛沢東との面会で後十条修正案に反対する立場を示した(42)。華北局第一書記の李雪峰は華北各省を率いて毛沢東に桃園経験の欠点について語った。彼らは主に殲滅戦、つまり大規模に基層幹部を攻撃する方針に反対する立場であった(43)。華北局の幹部は劉少奇が宣伝していた桃園経験の発祥地である河北省についても、「一つの県に集中して攻撃する方法は効率が悪く、河北省のみで一四一県があるから、その方法だと五年半をかけないといけない」と劉少奇の主張に反対する意見を述べた(44)。

以上の意見に対して、毛沢東は後十条修正案が決定される前に、華北局の担当者と南方視察中の劉少奇と議論するよう華北局の担当者を促した。また、この会見で毛沢東は再び社会主義教育運動について、（一）「四清」を徹底すること、（二）生産を促進すること、（三）貧農、下層中農を動員すること、（四）反革命分子を管理すること、（五）基層レベルの指導部を管理することなど、劉少奇が主張する運動のあり方と相反する主張を提示した(45)。他方、毛沢東は劉少奇の後十条修正案に賛成しなかったが、直接反対の態度を表明するよりも、華北局幹部を代理に立て、劉少奇と政策論争を展開しようとしていたと考えられる。

しかし、後に劉少奇は中南、西南の中央局指導部に直接説得に向かい、南方の支持を得てから北京に戻った[46]。さらに劉少奇は中央局第一書記会議で、華北局の反対意見を抑え、華北局と江蘇省を名指しして批判した[47]。

劉少奇の公開の批判をうけて、華北局の会議では今後の四清運動、都市部の五反運動について議論が行われたが、河北省と山西省は桃園経験に基づく運動の推進に対し抵抗の姿勢を見せ続けた[48]。しかし、そうした中で、華北局第一書記の李雪峰は、九月二二日に山西省太原で行われた地市委書記幹部会議に出席し、その場で山西省の緊急会議を主催した[49]。李雪峰は同会議で、山西省の指導部に対し、四万人の工作隊を八つの県に投入し、大規模な運動を展開するよう直接指示を出したのであった。さらに、李は、桃園経験に基づく四清運動を実施し、同時に幹部の右傾を是正する必要があるという内容の手紙を劉少奇に送った。その後、一〇月一七日に行われた山西省常務委員会において、山西省党委第一書記兼華北局書記の陶魯笳が桃園経験に反対した自らの言動について過ちを認めた[50]。

以上のように、李雪峰は、劉少奇の方針に反対する側から、華北地域の各省の反対意見を抑える側へと立場を変えた。しかし、李は実際には華北各省が運動の執行に対し消極的であることを許容したと思われる。一九六四年秋から行われた山西省の第二期四清運動の執行結果によれば、実際に政治、経済に問題があるとして摘発された幹部は全体の一〇%に過ぎなかった[51]。総じて、華北局は中央の方針を徹底させるよりも、華北局の既定方針を堅持し華北各省の政策意向に従う姿勢をみせた。

本節では、経済調整政策が続く中で、再度の政治運動の展開をめぐる中央、中央局、省の間の関係について、動態的な視点から分析を試みた。社会主義教育運動の展開をめぐり、中央の方針は、中央指導者の間の意見対立ゆえに、短期間に数回にわたって変更された。それに対して、各中央局は地域の状況に応じて、それぞれ異なる対応をとった。

例えば華北局と中南局は、表向きには中央の政策に従う姿勢を示しながらも、地方の意見や秩序維持に配慮する姿勢を貫いた。他方、華東局は毛沢東の意見に追従し、運動の初期から階級闘争および政治思想の宣伝を重視する方針を貫き、劉少奇の方針には必ずしも服従しなかった。

このように、中央の方針が変化する中で、各中央局が中央、地方党委員会とは異なる独自の政策選好を有していた。また、中央の方針を執行するにあたり、中央局は管轄範囲内の各省を抑制する権限を有していたが、無条件に地方を抑制することはなく、中央局の既定方針を優先する傾向をもっていたと言える。

3　社会主義教育運動の激化と中央局の行動——西北局と西南局を事例に

前節では、社会主義教育運動の方針をめぐって、中央指導部内に意見対立が生ずる中、各中央局が中央とも、地方党委員会とも異なる独自の政策選好を有していたことを明らかにした。続いて本節では、前節とは対照的な西北局と西南局の事例を取り上げる。この二つの中央局は劉少奇の方針に追従し、地域内部の党組織に対し、上層部に至るまで大規模な粛清を行った。これらの事例から、中央局と中央、省との関係を考察してみたい。

(1)　西北局の事例

劉少奇の方針に対して、最も積極的な姿勢を示したのは西北局である。実際に、社会主義教育運動とは別に、西北局はすでに西北地域における幹部粛清を数回主導してきた。表3に示したように、一九六二年に経済調整政策の方針が固まってから全国的に一時政治運動が沈静化していたにもかかわらず、西北地域では新疆ウイグル自治区を除いて省レベルの政治粛清事件が絶えなかった。そうした西北地域の不穏な政治状況は、一九六二年八月の第八期一〇中全

表3　西北地域で起きた省級指導者の政治粛清事件

省・自治区	1962年以後省級指導者の粛清	西北反党集団事件との関連
陝西	1962年10月～12月 趙伯平（省党委書記・省長）、張策（省党委書記・西安市党市委）	あり
甘粛	1962年10月～12月 張仲良（第一書記）、王秉祥（省党委書記）、何承華（省党委書記）、霍維徳（省党委書記）	あり
寧夏	1962年12月 羅成徳（省党委常務委員）	あり
青海	1963年1月 薛克明（省長）	あり
新疆	なし	なし

（出所）中共中央組織部他編『中共組織史資料　第5巻　過渡時期和社会主義建設時期（1949.9-1966.5）』に掲載された各省の資料に基づいて筆者作成。

会で起きた「劉志丹事件」と、西北局幹部による積極的な摘発の結果であった。

一九五九年の廬山会議で大躍進運動を批判して失脚した彭徳懐は、第八期一〇中全会をきっかけに案件の再審理を要請した。この行動は毛沢東の逆鱗に触れ、毛は彭徳懐の名誉回復を断り、再び彭に対する批判を行った。その状況において、西北根拠地の革命史を描いた小説『劉志丹』が摘発された。この小説が高崗を宣伝している疑いがあるとして中央に報告したのは、雲南省党委第一書記の閻紅彦であった(52)。すでに断罪されていた高崗を宣伝する小説の出現と彭徳懐の再審理を求める言動は、党の決定を覆そうとする集団的な行動として一括りに捉えられた。その結果、建国前に西北で革命活動を行っていた国務院副総理の習仲勲までをも巻き込んだ「西北反党集団」の摘発に発展した。

西北反党集団の調査において重要な役割を果たしたのは、西北局第一書記の劉瀾濤をはじめとする西北局の幹部らであった。国務院副総理の習仲勲は、反党集団の一員として、一九六六年六月まで西北局が主導する調査を受け続けていた。さらに、その主導のもとで、習仲勲と関連する西北反党集団の粛清が西北各省において大規模に発展した(53)。

表4　1964年10月に結成された長安県四清運動工作団の構成

中央直属機構および北京大学生	西北局	陝西省級機構	県級幹部	西安市級機構	西安市大学生	農村積極分子	文芸単位	合計
1003人	352人	2061人	8518人	1062人	804人	1968人	529人	16297人

（出所）　長安県地方志編纂委員会編『長安県志』陝西人民教育出版社、1999年、593頁。

一九六四年五月より、西北局は劉少奇の新たな方針に応じるために、地方における運動の展開に直接介入し始めた。劉瀾濤は中央工作会議で西北局の方針について報告を行った。そこで劉瀾濤は、工作団による基層組織での奪権が四清運動の核心であるとし、改革すべき県以上の党組織はおよそ五〇％あると示した(54)。当時中央弁公室主任を務めていた楊尚昆の回想によれば、各中央局の中でも、西北局が示した方針は最も急進的であった(55)。

一九六四年六月から、劉少奇は各地で党の高級幹部に対し、農村に現地調査（中国語：蹲点）に行くよう繰り返し要求した。劉少奇は「強力な工作隊で殲滅戦を行うのに加え、省、地、県の書記は全員農村に行かなければならない。調査について聞きに行くのではなく、四清運動に最初から最後まで参加することを通じ経験を得るべきだ」と主張した(56)。西北局は劉少奇の講話後の六月に、西北局幹部を中心に工作隊を組織して運動を直接指揮させ、工作隊から現地の状況を聴取するため、頻繁に西北局会議を開いた(57)。

西北局で社会主義教育運動を直接領導する際に、モデルとして選ばれたのは、陝西省長安県であった(58)。長安県の社会主義教育運動は、すでに陝西省党委員会の領導のもとで一九六三年一一月から六四年の春にかけて行われていた。しかし、西北局は「長安県委は王莽公社幹部の反社会主義行動をかばっている疑いがある」として、過去半年間、陝西省党委員会の領導で行われた運動の結果を批判した(59)。

西北局は長安県の社会主義教育運動を直接領導するために、西北局幹部を中心とする長安県四清運動工作団（表4）を結成し、西北局農村工作部長李登瀛が工作団団長を務めた。表4に示したように、中央直属幹部、西北局、省級幹部などを含め、一万六千人ほどの工作隊が人口四〇万の長安県に派遣された。その際、楊尚昆と中央弁公庁三〇人も長安県の人民公社において匿名で実験的に調査を行っていた。楊尚昆などの中央高級幹部は、運動の領導というよりは西北局に意見を提供する立場であった[60]。

長安県の社会主義教育運動において、西北局は劉少奇が宣言した内容よりさらに厳しい粛清の基準を設けた。西北局の長安県四清運動工作団が長安県で調査を行った結果は、「長安県の三分の二の領導権が我々にない」、「民主革命、土地改革、反革命鎮圧が徹底されてこなかった」として、大規模な幹部の粛清を決定するものであった。一九六四年だけで長安県で五八〇人の党員が除籍され、汚職などの問題で摘発された幹部は幹部全体の五〇%に達した。生産大隊党支部書記は七六・二%が免職となった。さらに、同年一二月にかけて、西北局が西北各省党委に、党政幹部に紛れた「地、富、反、壊（地主、富農、反革命分子、悪質分子）」を摘発するよう指示したため、陝西省は省級各部、委、庁、局、地委、県委、県政府の幹部の六〇%を問題視するに至った[61]。

以上の事例より、西北局が一九六〇年代にかけて地域内部の党組織の粛清に重要な役割を果たしたことが明らかとなった。西北局は、社会主義運動の激化に対しても、劉少奇の提起した粛清の方針に追従しただけではなく、その方針を拡大解釈した。一九六〇年代にかけて、西北局の統治方針は、省を抑圧し、中央の方針を忠実に実施するというものであった。その背景には、西北局が西北地域の複雑な歴史の経緯を踏まえて、慎重な姿勢をとらなければならなかったという事情があっただろう。また、西北局第一書記の劉瀾濤が西北地域外部から任用されたことも、地方の意見に左右されない西北局の姿勢を導く一因となったと思われる。

（2） 西南局と貴州省の事例

一九六四年に、社会主義教育運動が過激化したのは西北局だけではなかった。西南局が主導した社会主義教育運動も、貴州省の指導部まで闘争に巻き込まれるという事態に発展した。西南局の方針は、西北局のように中央指導部に積極的に追従した側面もあれば、西南地域内部の政治闘争の結果に由来する側面もあった。

一九六〇年に西南局が再建されて以来、貴州省には以下の二つの問題を抱えていた。第一に、一九五九年に摘発された南下幹部反党集団の問題である。貴州省第一書記の周林は貴州省出身であったが、一九四九年の建国まで華東地域で活動していた。建国後、中央は東北、華北、西北、華東から幹部を選んで、新しく解放された南方各省に派遣した。中国の党史研究家高華によれば、周林は南下幹部の一員として貴州省委書記兼省長に任命されたが、彼は南下幹部より貴州省出身の幹部を好む傾向があったと言われる(62)。一九五九年に周林は反右傾闘争を利用して、常頌、夏徳義、李庭桂ら南下幹部を中心とする指導者を「反党集団」として攻撃した(63)。

また、大躍進運動で深刻な飢饉に陥った貴州省の指導部は、農業の増産のために個別経営の規模を拡大しようとした。当時、周林は西南局第一書記の李井泉に、貴州省で一五％―二〇％程度の自留地（農民個人が経営する土地）を認めることに対し同意を求めたが、反対された(64)。それにもかかわらず、貴州省は実際には生産を回復させるために非常手段を使った。当時の貴州省幹部によれば、貴州省では一九六一年以降、農業生産を回復させるために、農村の四〇％で生産責任制を実施し、自留地の存在を認める一連の改革を行った(65)。

一九六四年六月、社会主義教育運動が新たな段階に入った際、西南局は、貴州省貴陽市委書記伍嘉謨の不正行為に関する告発をうけ、貴陽市の粛清に直接介入した。さらに、八月に劉少奇が西南局第一書記の李井泉、第二書記の李大章と面会してから、西南局の主導する工作団の批判対象は貴陽市から貴州省に拡大した。周林の回想によると、西南局常務委員は急遽貴州省の批判大会を開いて、貴陽市委の問題について上層組織こそ不正の根源であり、上層組織が土地改革、反革命鎮圧を徹底しなかった点に問題があると総括し、貴州省の責任を追及した(66)。西南局の判断に基づいて工作団が貴州省に入ってから二カ月後、貴州省第一書記、第二書記は李大章、銭瑛に取って代わり、貴州省の指導部ほぼ全員が失脚するという事態に発展した。

しかし、西南局がこうした大規模な政治粛清を行ったことについて、劉少奇以外の指導者は事前の報告をうけなかった。[67]周林本人によれば、一九六四年八月に貴州省に工作団を派遣する直前に、李井泉と李大章は意図的に周林抜きで、当時昆明にいた劉少奇と密会した。この事件を主導したもう一人の人物、西南局第二書記の李大章も建国前に劉少奇の秘書、北方局宣伝局長を務めていた。こうした白区幹部としての経歴は、西北で急進的な政治粛清を行った劉瀾濤と共通している。

西南局が一九六四年に貴州省に対する全面的な粛清を行ったのは、西南局が成立して以来の周林の方針に対する不満が積み重なった結果であった。さらに決定的なのは、そこに劉少奇の同意があったと推測されることである。この点からみれば、西南局内部の権力闘争は中央指導部のそれぞれの陣営とも関わりをもっていたと思われる。

(3) 二十三条の提起と中央局の対応

前述のように、毛沢東は運動の状況、とりわけ運動の重点が幹部の整頓や財務整理に置かれ、大衆の参加がなおざりにされる状況に不満を抱いていた。毛沢東は、一九六四年一二月の中央工作座談会で「四不清幹部の中には、汚職で四〇—五〇元とりこんだり、百元ぐらいとりこんだりした者が多数いるだろう。(中略) それは明確に指摘できることではあるが、それでも彼らには仕事をさせたほうがいい」と述べ、劉少奇の方針による基層幹部への攻撃が行き過ぎであると批判した。[68]そして、一九六五年一月、毛沢東は運動が工作隊の領導のもとで展開され、大衆運動が起きていないことに対し、再度「大衆に頼らねばならず、工作隊に頼ってはならないのである。工作隊は状況がわからないか、知識がないかであり、なかには役人風をふかして、運動を邪魔するものもいるのである」と批判的な見解を述べた。[69]

毛沢東の不満をうけて、一九六五年一月、前後十条、後十条修正案が破棄され、毛沢東を中心とした人々の手によって「農村の社会主義運動の中で当面提起されている若干の問題」、いわゆる二十三条が作成された[70]。二十三条においては、社会主義教育運動の本質が社会主義と資本主義の矛盾にあると規定され、「資本主義の道を歩む党内の実権派を一掃する」ことが運動の基本的目標とされた。それと同時に、運動のあり方について「貧農、下層中農が本当に立ち上がっているか否か」を最も重視すべきである旨が記載された[71]。このように、毛沢東はそれまでの方針を否定し、再び二十三条を通じて自らの主導権を取り戻した。

しかし、二十三条の発表によって運動のあり方が再び修正されたものの、劉少奇の方針に追従して実施されていた従来の運動の結果が覆されることはなかった。

まず貴州省の場合、周林は西南局への不服の意を書簡として書き記し、西南局を飛び越して直接党中央に申し立てを行った。その書簡を受け取った鄧小平はすぐさま中央に転送したが、一九六四年一二月の中央工作会議の期間に毛沢東、周恩来は西南局の貴州省に対する過激な批判に激怒したという[72]。鄧小平が、劉少奇の威信を損なう恐れがあったにもかかわらず、中央に書簡を転送したのは、一九五〇年代の貴州省における土地改革、反革命鎮圧運動の不徹底に対する批判が、間接的に当時西南局第一書記を務めていた鄧小平に対する攻撃とみなされたためであろう。

しかし、中央指導部は最終的に周林の貴州省党委第一書記としての職務を回復せず、西南局の貴州省に対する批判も覆さなかった。その理由について、周林本人は西南局が毛沢東に事実を隠蔽したからであると証言した[73]。しかし、中央指導部として、たとえ貴州省の一部の幹部を犠牲にしても、西南局の威信を維持することを優先させたと解釈する方が実態に近いのではなかろうか。

また、西北局の場合も、運動の収束段階に至るまで、従来の運動方針が覆されることはなかった。陝西省党委第一書記の張徳生が死去したため、胡耀邦が北京から陝西省に赴任した。前述したように、西北局は一九六四年から陝西省で重点的に幹部の粛清を行っていた。しかし胡耀邦は、運動中に攻撃された幹部を釈放し、基層幹部に対し寛容な態度を示した。それに対して、西北局は胡耀邦の言論は劉少奇を攻撃するものであるとして、胡耀邦に罪を被せた(74)。西北局の判断に不服を感じた胡耀邦は、当時西安にいた中央弁公庁主任の楊尚昆に、直接中央に事態を報告したいと申し出た。しかし楊尚昆はそれを阻止し、胡耀邦に西北から離れるよう建言した(75)。このような中央の胡耀邦への対応は、貴州省の周林の事例と類似している。当時はすでに二十三条が発表されていたため、胡耀邦はその方針に基づいて幹部を釈放しても非がなかった。それにもかかわらず、中央が西北局が下した決定に基本的に反対せず、西北局を尊重する態度を示したのは、西北局指導部の威信を保つためであったと考えられる。

以上のように、劉少奇の方針に追従し、地域内部で大規模な政治粛清を行った西北局と西南局の事例は、従来の研究が指摘してきたように、地方に対する統制の強化を象徴する事例であるが、その主導権を握っていたのは必ずしも中央ではなく、それぞれの地域の事情に基づいて行動する中央局の動きによる部分が大きかった。例えば、西北局と比較すれば、西南局の政治粛清は劉少奇の方針への追従という側面のみならず、地域内部の権力闘争という側面をも有していた。中央は中央局の決定に必ずしも常に賛成したわけではなかったが、中央局の威信を維持することを最優先し、その方針を尊重する姿勢を示したのであった。

おわりに

一九六〇年代の前半にかけての中国共産党内部では、統治のあり方をめぐって異なる意見が生じ、そうした意見の相違がしばしば政策決定の過程を通して露呈していた。本章は、このような状況において再建された中央局の役割に着目し、党組織の整頓や、社会主義教育運動の展開が、政策の力点をめぐる中央指導者間、中央—地方間のいかなる対立と協力のダイナミクスの中で展開されたのかを検討した。以下では、各節の内容を踏まえ、中央局を取り巻く政治力学を分析し、中央局の存在が中央―地方関係においてどのような意義をもったのかを総括したい。

中央局は、しばしば大躍進運動の収束段階において、中央集権的秩序形成の手段として再建されたと解されるが、その実態は、より複雑であった。地方に対し中央の影響力を強化しようとする劉少奇らの指導者と、地方の裁量を重視し各地の実情に即した統治方法を維持しようとする指導者との間で政治的角逐が展開される中、中央局の行動は、いわば中央、地方の両面性を併せ持つものとなった。中央局は制度上は中央出先機関であり、華北局と西北局の第一書記や一部の地方幹部には、劉少奇の介入によって劉の腹心が配置されたが、総じてみれば、中央局の構成メンバーのほとんどが、地方の事情に精通した各省の第一書記で占められていた。

このような状況は、社会主義教育運動の展開過程における各中央局の対応の不一致にも反映された。党中央の政策が、前十条、後十条、修正後十条、二十三条と大きく揺れ動く中、各中央局の対応には違いが生じた。それは大まかにみて、（一）大衆運動の力に頼る毛沢東に追随する立場、（二）経済活動の安定を重視し、幹部の汚職の摘発を制限しようとする立場、（三）上からの領導によって基層幹部を徹底的に粛清しようとする劉少奇に追随する立場に区分される。

そして本章の分析によれば、中央局の対応の違いは、大きく二つの変数によって規定されていた。第一に、中央指導者との関係である。この変数は、特に一九六四年以降毛沢東と劉少奇の方針上の違いが顕在化する中で、中央局の政策選択を規定した。例えば、華東局第一書記の柯慶施は、大躍進運動以来、毛沢東の方針に忠実に従い、華東地域で率先して様々な政治キャンペーンを実施した。これに対し、西北局は、第一書記の劉瀾濤や、西北各省の幹部に任命された劉少奇の元部下の存在により、劉少奇による上からの徹底的な幹部粛清を積極的に実施し、さらにその規模を拡大させるという行動様式を示した。

第二に、所轄地域内部の政治運営である。華北局、中南局の事例からみれば、中央局の指導者は中央の方針が変化を繰り返したにもかかわらず、独自の統治方針を貫いた。また、中央指導者への追従を優先させた西北局、華東局と比べ、華北局、中南局と傘下の各省の間には、比較的平等な権力関係がみられた。このことから、両局は、中央の方針をうけて無条件に地方を抑圧したのではなく、地方の事情に配慮しながら統治を行ったと考えられる。

ここで留意すべきは、実際には、以上に述べた二つの要因が、複合的に中央局の政策判断に影響を及ぼしたということである。例えば、西北局による運動激化をもたらしたのは、劉少奇に追従していた劉瀾濤の立場であったが、同時に、一九六二年以降、すでに西北局の主導のもとで政治的粛清が絶えず行われてきた経緯にも由来していた。また、さらに遡るならば、中華人民共和国成立前後の西北地域に関わる多くの政治家の失脚とも関連があったと推測される。

以上、本章の考察を通じて、党中央の権力闘争と管轄地域の状況との間に、時にジレンマを抱えながら、独自の方針のもとで社会主義教育運動を展開した中央局の行動原理を明らかにした。中央がこのように中央局の独自性を尊重し、その権威を重視したのは、この時期と重なる中央局を中心とした戦争準備体制への転換とも関連すると思われる。その問題について、次章で詳細に考察していく。

註

（1）中央局の役割に断片的に言及する党組織史資料や各地の地方志などは枚挙に遑がない。近一〇年間で、最も全面的に一九六〇年から六一年にかけての中央局に関する一次資料をまとめたものとして、劉彦文「荒政中的政治生態——以西蘭会議前後的甘粛応急救災為中心（一九六〇・一〇—一九六一・三）」『中央研究院近代史研究所集刊』第九〇期、二〇一五年、九五—一四一頁。劉の論文は甘粛省檔案館に所蔵される西北局の指示や会議資料を大量に引用している。他には、西南局と貴州省の関係をめぐって、David S. G. Goodman, *Centre and Province in the People's Republic of China: Sichuan and Guizhou, 1955–1965*, New York: Cambridge University Press, 1986. が代表的である。

（2）李栄珍「具有重要歴史意義的西北局蘭州会議」『発展』二〇一三年第一期、六〇頁、汪鋒伝編輯委員会編『汪鋒伝』北京：中共党史出版社、二〇一一年、四三四頁。

（3）劉彦文「荒政中的政治生態——以西蘭会議前後的甘粛応急救災為中心（一九六〇・一〇—一九六一・三）」一〇四頁。

（4）中共中央文献研究室編『毛沢東年譜（一九四九—一九七六）』第四巻、北京：中央文献出版社、二〇一三年、四九四—五〇一頁、楊尚昆『楊尚昆日記』下冊、北京：中央文献出版社、二〇〇一年、八六頁、八九頁によると劉瀾濤は一九六〇年の一〇月、一一月、一二月は北京で中央局会議に参加した他、中央弁公庁と頻繁に話し合っていた。

（5）劉彦文「荒政中的政治生態——以西蘭会議前後的甘粛応急救災為中心（一九六〇・一〇—一九六一・三）」一一四頁。

（6）汪鋒伝編輯委員会『汪鋒伝』四四一頁。

（7）中共中央組織部他編『中共組織史資料　第五巻　過渡時期和社会主義建設時期（一九四九・九—一九六六・五）』北京：中共党史出版社、二〇〇〇年、八一一—八一二頁。

（8）同上、五四五頁。

（9）賈艶敏・許涛「大躍進時期河南大飢荒的暴露過程」『江蘇大学学報（社会科学版）』二〇一二年第三期、六五—六六頁。

（10）呉国光「地方主義の発展と政治統制、制度退行」天児慧編『現代中国の構造変動　四　政治——中央と地方の構図』東京大学出版会、二〇〇〇年、四九頁。

（11）楊奎松『中華人民共和国建国史研究　一』江西人民出版社、二〇〇九年、三八〇頁。

(12) 張素華『変局』北京：中国青年出版社、二〇〇六年、二七〇―二七一頁。
(13) 例えば、張素華「六〇年代的社会主義教育運動」『当代中国史研究』二〇〇一年第一期、五七―六九頁、高華「在貴州四清運動的背後」『二十一世紀双月刊』二〇〇六年二月号、七五―八九頁などを参照。
(14) 中共中央組織部他編『中国共産党組織史資料　第九巻　文献選編（下）（一九四九・一〇―一九六六・五）』北京：中共党史出版社、二〇〇〇年、九八六頁。
(15) 一九四九年に中共中央紀律検察委員会が成立し、その職務内容は「各部門、各級党組織における党規約に違反した党の幹部、党員の摘発や処分」とされた。一九五五年に中共中央は紀律検察委員会を監察委員会に変更すると定めた。監察委員会に変更された後、委員会が党規約の違反のみならず、国家法律の違反を含めた摘発や処分を行う権限が一層拡大された。一九七七年に「紀律検査委員会」という名称で再び復活し、後に中国共産党第一二回党大会で修正された党章では、紀律検査委員会は同級党委員会と上級紀律検査委員会の二重領導をうけなければならないと明記されている。
(16) 張素華「六〇年代的社会主義教育運動」五八頁。
(17) 同上、五九頁。
(18) 中共中央文献研究室編『毛沢東年譜（一九四九―一九七六）』第五巻、北京：中央文献出版社、二〇一三年、一三八―一三九頁。
(19)「中共中央転発華北局関於華北区農村建立貧下中農組織的情況匯報」（一九六三年四月九日）中共中央文献研究室編『建国以来重要文献選編』第一六冊、北京：中央文献出版社、一九九七年、二六三―二六六頁。
(20) 中共中央華北局弁公庁編『華北建設』第一五期、第一六期、一九六二―一九六三年（中文出版物服務中心編『中共重要歴史文献資料匯編』第二一輯第四〇種、洛杉磯（ロサンゼルス）：中文出版物服務中心、二〇一六年）。
(21) 四清運動は本来、社会主義教育運動の一環であったが、一九六三年以降、しばしば四清運動という名称で一九六〇年代の社会主義教育運動全体を指すこともある。
(22) 宋任窮『宋任窮回憶録』北京：解放軍出版社、二〇〇七年、三九一頁。
(23) 江渭清『七十年征程――江渭清回憶録』江蘇人民出版社、一九九六年、四七一―四七二頁。
(24)『解放日報』（上海市）一九六三年二月二日、東京大学東洋史学研究室所蔵、DM: 31: 43（マイクロフィルム資料）。

(25)『解放日報』(上海市)一九六三年二月一六日、東京大学東洋史学研究室所蔵、DM: 31: 43(マイクロフィルム資料)。

(26)戴安林「湖南四清運動評述」『党史研究与教学』二〇〇四年第三期、五二—五四頁。

(27)鄭笑楓・舒玲『陶鋳伝』北京:中国青年出版社、二〇〇八年、二九一—二九二頁。

(28)中共中央広西壮族自治区委員会「関於促進農村幹部、社員的革命化組織農業生産高潮的指示」(一九六三年三月二一日)史博主編『中国共産党在広西檔案選編』内部出版、一九八八年、四五七—四七一頁。

(29)Ezra F. Vogel, *Canton under Communism: Program and Politics in a Provincial Capital, 1949–68*, Cambridge: Harvard University Press, 1969, p. 315.

(30)Richard Baum, *Prelude to Revolution: Mao, the Party, and the Peasant Question*, New York: Columbia University Press, 1975, p. 35.

(31)国分良成「社会主義教育運動とそれをめぐる党内論争——文化大革命前史・一九六二〜六五」『アジア研究』第二七巻第三号、一九八〇年、五四頁。

(32)この時期に、華東局第一書記の柯慶施は「大写一三年」、つまり「封建時期の才子佳人の話をやめて建国一三年以後の演劇を作るべきだ」という主張を提起した。この主張は中央宣伝部や、北京にいた文芸界の要人と激しく対立したが、一九六五年に入ってから毛沢東、周恩来らの支持を得て全国的に普及するようになった。詳しい経緯は、鄭重『張春橋——一九四九及其後』香港:中文大学出版社、二〇一七年、一二三—一三〇頁。

(33)例えば、柯慶施「華東局工業工作会議的総結」(一九六四年一月二六日)中共中央華東局華東通訊編輯室『華東通訊』一九六四年第三期(中文出版物服務中心編『中共重要歴史文献資料匯編』第二一輯第六種、洛杉磯(ロサンゼルス):中文出版物服務中心、二〇〇三年、一—一〇頁)。

(34)『人民日報』では、解放軍、毛沢東の著作を学習する宣伝は一九六四年二月一日の一面に掲載された。西北局の機関誌『西北建設』は筆者未見であるが、紅衛兵の出版物に、『西北建設』では解放軍に学ぶキャンペーンの宣伝がさらに遅れた一九六四年五月から始まったとして西北局を批判する一文がある。青海八・一八革命造反派翻印『資料選編(打倒劉瀾濤専輯)』出版社不明、一九六七年九月二五日(中文出版物服務中心編『中共重要歴史文献資料匯編』第一六輯第五八〇分冊、中共中央西北局問題之三、洛杉磯（ロサンゼルス）：中文出版物服務中心、二〇一六年、二八頁参照）。このことは、筆者の観点とも一致している。
(35) 毛沢東「四人の副総理の総合報告の際の発言」（一九六四年五月）東京大学近代中国史研究会訳『毛沢東思想万歳』下巻、三一書房、一九七五年、一三四—一三五頁。
(36) 五反運動は主に都市部で行われ、一九五〇年代にも展開された。広い意味では社会主義教育運動の一種であり、公務員の汚職、浪費、官僚主義、資本家の贈収賄、脱税、国家財産の横領、材料と手間の詐称、国家の経済情報の窃取に反対してそれらを摘発する運動を指している。
(37) 「中共中央関於印発社会主義教育運動中一些具体政策規定的修正草案的通知」（一九六四年九月一八日）中共中央文献研究室編『建国以来重要文献選編』第一九冊、北京：中央文献出版社、一九九八年、二二五—二六五頁。
(38) 桃園経験は河北省のある農村で実行されたものである。後十条の修正のために、一九六四年の前半から河北省で次々と実験的なモデルが行われた。最も有名なのは、桃園経験と天津小站奪権の二つのモデルであった。
(39) 江渭清『七十年征程——江渭清回憶録』四八四頁。
(40) 中共中央華東局華東通訊編輯室『華東通訊』一九六四年第一一期（中文出版物服務中心編『中共重要歴史文献資料匯編』第二一輯第六種、一—一七頁）。
(41) 江渭清の回想によれば、華東局の幹部は事前に電話で、劉少奇が視察中に華東の他の省の社会主義教育運動の進展を批判していたことを彼に知らせたが、劉少奇の方針に服従するよう指示していなかった。
(42) 中共中央文献研究室編『毛沢東年譜（一九四九—一九七六）』第五巻、三九二—三九三頁。
(43) 陶魯笳『一個省委書記回憶毛主席』山西人民出版社、一九九三年、二一一—二一二頁。
(44) 薄一波『若干重大決策与事件的回顧』下巻、北京：中共中央党校出版社、一九九三年、一一二〇頁。
(45) 中共中央文献研究室編『毛沢東年譜（一九四九—一九七六）』第五巻、三九三頁。
(46) 陶鋳の妻である曾志によれば、劉少奇は陶鋳に対し王光美の桃園経験を宣伝する会の開催を説得するよう頼んだとされる。曾志『一個革命的倖存者——曾志回憶実録』広東人民出版社、一九九九年、四三一—四三二頁を参照。
(47) 中共中央文献研究室編『劉少奇年譜（一八九八—一九六九）』下巻、北京：中央文献出版社、一九九六年、二八〇二頁によれば、

劉少奇は視察を終え北京に帰った八月末から九月にかけて中央局第一書記会議を招集した。その後、江への批判文書が作成された。「中央関於認真討論劉少奇同志答江渭清同志的一封信的指示」（一九六四年一〇月二〇日）中国人民解放軍国防大学党史党建政工教研室編『中共党史教学参考資料』第二四冊、北京：中国人民解放軍国防大学内部出版、一九八六年、五〇四―五〇七頁。

(48) 孟永華「山西省四清運動述評」『党史研究与教学』二〇〇七年第四期、五五頁。

(49) 「中共中央批転李雪峰同志給劉少奇同志的信」（一九六四年一〇月一二日）中国人民解放軍国防大学党史党建政工教研室編『中共党史教学参考資料』第二四冊、五〇一―五〇三頁。

(50) 孟永華「山西省四清運動述評」五三頁。

(51) 同上、五四頁。他に山西省の個別の県の事例研究でも、山西省における運動の展開は比較的穏健であったという指摘がある。例えば、張愛明「山西省離石県四清運動述評論」『山西農業大学学報』第一四巻第三期、二〇一五年、二九〇―二九五、三二三―三二四頁。

(52) 習仲勲伝編写会『習仲勲伝』下巻、北京：中央文献出版社、二〇一三年、二八一頁によると、当時雲南省党委第一書記の閻紅彦は劉志丹を称賛する小説の出版に反対しており、そのことが習仲勲の摘発につながったと言われる。閻紅彦が小説の出版に反対したことの背景には、一九三〇、四〇年代の西北地域において起こった革命運動の政治グループの対立があった。この詳細な考察については、石川禎浩「小説『劉志丹』事件の歴史的背景」同編『中国社会主義文化の研究――京都大学人文科学研究所附属現代中国研究センター研究報告』京都大学人文科学研究所附属現代中国研究センター、二〇一〇年、一五三―二一四頁を参照。

(53) 習仲勲伝編写会『習仲勲伝』下巻、二八七頁。また、西北局の主導的な役割については紅衛兵の出版物にも記載されている。例えば、上海工人革命総司令部教工室連絡站『打倒反革命修正主義分子劉瀾濤』出版社不明、一九六七年六月（中文出版物服務中心編『中共重要歴史文献資料匯編』第一六輯第五七九分冊、中共中央西北局問題之二、洛杉磯（ロサンゼルス）：中文出版物服務中心、二〇一六年、一六頁）。

(54) 楊尚昆『楊尚昆日記』下冊、四六七―四六八頁。

(55) 同上、四六三―四六八頁。

(56) 中共中央文献研究室編『劉少奇伝』下巻、北京：中央文献出版社、一九九八年、九五六頁。

(57) 西北局の会議記録を直接に確認することはできないが、楊尚昆の回想によれば、彼は一九六四年一〇月二四日から翌年五月にかけて長安県で現地調査をしていた間に、一二月五日、一月四日、二月一四日、三月五日、四月六日に西北局会議に参加したとされる。議題には、四清運動の状況報告から各省の生産状況までが含まれていた。
(58) 『陝西省志』、『長安県志』、『宝鶏県志』などの地方志は西北局の四清運動における領導的役割を述べている。
(59) 西安市地方志編纂委員会『西安市志』第五巻（政治軍事）、西安出版社、二〇〇〇年、三三二頁、長安県地方志編纂委員会編『長安県志』北京：人民教育出版社、一九九九年、五九二頁。
(60) 楊尚昆『楊尚昆日記』下冊、四〇七、四〇九、四一九頁。
(61) 長安県地方志編纂委員会編『長安県志』五九三頁。
(62) 高華「在貴州四清運動的背後」七六頁。
(63) 中共中央組織部他編『中共組織史資料　第五巻　過渡時期和社会主義建設時期（一九四九・九―一九六六・五）』七〇七―七〇八頁。
(64) 朱厚澤「対貴州四清運動的一次談話」『貴陽文史』二〇〇八年第三期、七六頁。
(65) 胡一民「親歴一九六四年轟動全国的貴州大四清運動」『史林』二〇一四年（増刊）、三六頁。
(66) 周林「貴州四清運動的幾個問題」『貴陽文史』二〇〇五年第一期、二二頁。
(67) 同上、二三頁。
(68) 毛沢東「中央工作座談会紀要」（一九六四年一二月二〇日）東京大学近代中国史研究会訳『毛沢東思想万歳』下巻、二五〇頁。
(69) 毛沢東「四清運動についての講話」（一九六五年一月三日）東京大学近代中国史研究会訳『毛沢東思想万歳』下巻、二九〇頁。
(70) 一九六六年中国共産党第八期中央委員会第一一回全体会議のコミュニケに「この文書は毛沢東同志みずから指導して作成したものである」と明記されている。「中国共産党第八届中央委員会第十一次全体会議講話」『中国総覧』一九七一年版、六二五頁。
(71) 二十三条の訳文は、中国研究所編『中国のプロレタリア文化大革命の本質理解に不可欠な社会主義教育運動重要資料集』中国研究所、一九六七年、六七―七〇頁。
(72) 周林「貴州四清運動的幾個問題」二三頁。

(73) 同上、二三頁。
(74) 白磊「一九六五年胡耀邦陝西検討始末」『炎黄春秋』二〇一六年第六期、四二頁。白によれば、西北局第一書記の劉瀾濤は胡耀邦への批判を拡大させることに主導的な役割を果たしたが、最初に胡耀邦への批判を始めたのは「西北局の候補書記」であったとされる。
(75) 楊尚昆『楊尚昆日記』下冊、五五〇―五五六頁。

第五章　中央局体制の再強化から消滅へ

——戦争準備計画を中心に

はじめに

前章までで検討してきたように、経済管理の面では、中央指導部が中央局を通して分権化、集権化の政策変更による統治システムへの影響を調整し、異なる立場の政治アクターの意見を吸収していた。また、党組織管理の面では、各中央局は地域内部を統合する領導力を発揮して、中央の方針に対しても独自の統治方針を打ち出していた。総じて、一九六〇年代前半にかけて、中央局は経済面で地方活性化を促進すると同時に、地方の統合に対しても重要な役割を果たしていたのである。

一九六四年に入り、中国は経済発展と軍事戦略の双方で転換点を迎えた。本章では、三線建設を含めた戦争準備計画の形成と拡大を背景として、中央局の再強化がなされた要因とその影響を中心に検討を行う。当時は経済発展の明確な方針が示され、また軍事戦略上においても転換期を迎えるにあたり、各種の制度変更が行われた。本章では、こうした状況において中央指導部が再び中央局の制度強化を選択するに至った政策意図を考察する。その上で、これまでの統治方針との一貫性を再確認しながら、中央局の新たな側面をも明らかにするものである。

具体的な議論に入る前に、中央局の再強化と一九六四年の三線建設をめぐる政治動向に関する先行研究を整理し、その問題点を指摘しておきたい。まず簡単に三線建設の内容を説明しておこう。一九六〇年代の中国は、アメリカとの関係が悪化しただけでなく、ソ連との関係にも亀裂が生じていた。その中で、ソ連、アメリカとの間に起こり得る大規模戦争に備えるために、内陸部で大規模な工業建設が実施された。これは一般に三線建設と呼ばれている。さらに細分化すれば、内陸部の西北、西南地域で行われた大規模なプロジェクトの内容は大三線建設と呼ばれ、それに対して中国全域で行われた、各中央局が管轄する範囲内や各省内における後方基地の建設は小三線建設として知られている。(1)

三線建設をめぐる政治動向に関する先行研究では、主に一九六四年五月頃、毛沢東が国計委の既定方針を覆して三線建設を推進したことが注目されてきた。これは具体的には以下の二つの観点に分けられるだろう。一つ目は、毛沢東の戦略思考や、当時の中国を取り巻く国際情勢を分析し、毛沢東が差し迫る戦争の脅威を本当に意識していたかどうかに焦点を合わせた研究である。(2)もう一つは、国計委の改組をめぐって、第三次五カ年計画期においても経済調整政策の実施を支持する官僚がいたことについて、毛沢東が戦争準備の名目を利用し彼らを排除した政治事件に注目した研究である。

後者に関しては、その過程において毛沢東一人の意志が官僚政治を大きく動かしたことが取り上げられてきた。(3)そこから国分良成は、毛沢東はすでにこの時から「実権派」である劉少奇や鄧小平に不満があり、自らに忠誠心を表し続けてきた解放軍に傾倒していき、さらには三線建設をきっかけに政治体制を軍事化させようとしていたと指摘した。(4)このように、これまでの研究は毛沢東個人の役割や、その意図の真偽性に着目する傾向にあったが、その原因の一つとして、三線建設の提起が毛沢東の独断で行われたと考えられてきたことが挙げられる。すなわち、戦争が実際に起きていないにもかかわらず、国の総力を挙げて大規模な戦争準備計画を行うという政策決定の合理性や、経済的な費用対効果への考慮が欠けていたとされる(5)。また、この政策の実施にともない国計委が改組されたことで、毛沢東は大躍進運動の失敗以来その手から離れていた経済分野の主導権を取り戻したことも注目されてきた。以上の状況から、三線建設のような非合理的な政策転換を行ったのは、毛沢東個人の政治的意図を反映するものであったと考えられてきたのである。

こうした研究動向に対して、筆者が指摘しておきたい問題点は、これまでは三線建設が第三次五ヵ年計画に組み込まれた過程に注目がなされてこなかった点である。すなわち、先行研究では三線建設に対する検討が、ほぼ構想が提起された時点に限定されて論じられる傾向にあった。また、三線建設と軍の勢力拡大との関連性について、毛沢東は戦争準備を行ったとはいうものの、政治体制そのものを軍事化させたというわけではない。その代わりに行われた制度変更は、中央局の強化であった。ところが、中央指導部が当時なぜ中央局体制を強化したか、この制度の変化がもたらした影響がどのようなものであったのかについては不明のままである。本章でもみていくように、実際に中央局は三線建設の政策を執行し、それを大規模な戦争準備計画に発展させるのにあたって不可欠な役割を果たした。ゆえに中央局体制の強化という要因の説明を抜きにして、毛沢東の意図と三線建設の全体像の解明はあり得ない。

以上の問題意識に基づき、本章では、三線建設の構想と中央局体制の再強化との関係性を検討し、中央局が戦争準備の展開および第三次五ヵ年計画の形成に対してどのような役割を果たしたかを検討する。その上で、文革初期における中央局の消滅が意味することについても考察を試みる。

本章の行論は、以下の通りである。まず第一節では、三線建設の開始と中央局の再強化の関連性を中心に考察する。続いて、第二節では、中央局体制の再強化という制度変更が行われた後、具体的に中央局はどのように機能したか、そして中央局が主導する小三線建設や第三次五ヵ年計画の地方計画はどのようなものになったのかを明らかにする。最後に、第三節では、文革初期に中央局が次々と活動停止になった経緯を整理し、そのことが中央地方関係に与えた意義を考えていく。

1　三線建設の決定と中央局の再強化

一九六四年九月に、国計委の計画制度改革案が発表された。そこで経済調整期を支えてきた中央統制型の経済管理体制が大幅に変更され、経済活動を統括する多くの権限が中央局に委譲された。この制度の変更と直接関連したのは、有事の際に国の後方支援にあたる西北、西南地域において、大規模な工業建設を実施すること、すなわち三線建設の政策決定であった。しかし、なぜ戦争準備の展開のために、中央局の再強化が必要であったのか。これまでの研究はこの両者の関連性に対して十分に注意を払ってこなかった。

以下では、三線建設の政策決定と関わる第三次五ヵ年計画の議論の内容と軍事戦略の転換という二つの要因が、どのように中央指導部の意思決定に影響を与え、さらには中央局体制を再強化する決定につながったのかを検討する。

（1）第三次五カ年計画の策定をめぐる議論

第三次五ヵ年計画が始められたのは一九六六年であったが、その草案の作成開始は一九六三年に遡る。具体的に草案の作成を担当していたのは、李富春、李先念、譚震林、薄一波、陳伯達、鄧子恢、程子華、薛暮橋の八人によって構成される八人計画領導小組であった(6)。一九六三年二月、同小組は第三次五ヵ年計画の土台となる「長期計画の作成に関する要点」をまとめた。そこではまず、今後二〇年間の目標が、基本的に農業、工業、国防、科学技術の近代化を目指し、全国的に統一した自己完結的な近代国民経済システムを構築することであるとされた。その上で、第三次五ヵ年計画は国民の生活水準の向上を重視し、国民の生活の問題解決を優先すべきであることが示された(7)。すなわち、第三次五ヵ年計画の策定の要点は、中央の指導のもとで全国範囲の経済体系の完成を最優先すべきことにあり、また経済発展の重点は農業、軽工業において穏健な成長方針をとることに置かれた。つまり、第三次五ヵ年計画の中核は、経済調整政策の延長線上にあったと言える。

第三次五ヵ年計画の策定と並行して、同年八月、中国の工業発展に関する綱領的な文書を作成するために、鄧小平、周恩来、彭真、李富春、李先念、陳伯達および各中央局書記が参加する工業発展起草委員会が発足した。この委員会の目的は、第三次五ヵ年計画に向けた工業発展の課題について広範な調査活動と議論を行うことにあった(8)。そこで、陳伯達は二三年かけて米国とソ連に追いつくという長期目標を提起し、国防と関連する新技術や電子工業を発展させる必要性を唱えた。

それに対し鄧小平と周恩来は、一九七〇年前後に全国規模の工業体系を構築することを目標としながらも、農業、軽工業、重工業という経済建設の優先順にすべきであり、トラスト(9)の企業管理方式や財政、国家計画を無条件に中央に集中させる方針を提案した(10)。鄧小平と周恩来の提案には、前述した長期計画の要点が反映されている。この論争の結果、「工業発展問題について」と題された綱領的な文書で鄧小平、周恩来の提案が採用され、陳伯達の提案はほぼ受け入れられなかった。

しかし、同年九月に行われた中央工作会議の議論を経て、「工業発展問題について」を党中央の決議として公表することは見送られ、地方幹部の意見を聞きながら継続審議することになった(11)。この点からすれば、当文書の内容に対しては陳伯達と周恩来、鄧小平らの間だけではなく、同会議に参加した中央局第一書記からも異議があったと考えられる。中央局からの異議に関しては、第三章でも論じたように、一九六三年以降の経済状況の回復をうけて、一部の中央局が工業発展の加速と中央統制型の経済管理体制の改善を求めていたことと関連していたと推測される。

このように意見の対立はあったものの、一九六四年四月、国計委は前述した「長期計画の作成に関する要点」に基づいて第三次五カ年計画の構想を次のように作成した。第一に、農業とそれをサポートする工業を発展させ、国民の生活を充足させること。第二に、国防建設を適度に強化すること。第三に、農業、国防工業の需要に合わせ、重工業を強化すること。このように、最初の第三次五カ年計画案は、農業生産の安定化を基本としつつ、穏健な経済発展を目指すものであった。この案によれば、農業投資は全体の二〇％を占め、第一次五カ年計画期の七・一％と第二次五カ年計画期の一一・三％をはるかに上回ることとなった。(12)

一九六四年五月一五日から六月一七日にかけて、第三次五カ年計画案を審議するために中央工作会議が開催された。これに先立つ四月二五日、人民解放軍総参謀部の作戦部が、敵の攻撃を未然に防ぐために工業や人口を沿海部に集中させることを避け、さらには国防工業の立ち上げを促す報告書を毛沢東に提出した。(13)こうした総参謀部の意見をうけて、毛沢東は五月一〇日と一一日に、第三次五カ年計画案の鉄鋼生産を一六〇〇万トンと設定することについて、何のために鉄鋼を作るのかという疑問を投げかけた。さらには大躍進運動後に中止された攀枝花製鉄所と酒泉製鉄所の建設を再開すべきとし、有事の際の不安を払拭すべく、攀枝花と酒泉を中心として西北、西南における後方建設を提案した。(14)また毛沢東は、「国民経済には、農業と国防という二つの拳と重工業という一つの腰が必要だ。（中略）重工業を大いに推進すべきであり、他のものは過度に力を入れる必要はなく、適度にやればいい」と述べた。(15)つまり、毛は本来の計画を覆し、後方基地の建設を含めた国防、重工業の発展を重視する方針を打ち出した。

毛沢東の突如の提案に対して、劉少奇、鄧小平、周恩来、李富春らは、政治局常務委員、各中央局書記が出席した会議で、三線建設を第三次五カ年計画の一環とすることを検討した。劉少奇らは引き続き農業の優先を強調し、(17)攀枝花や酒泉といった三線建設に関する事業は一部を選び、漸次進めるべきだと提案した。(16)鄧小平は、「食、衣、用」の方針と「二つの拳、一つの腰」という基礎産業論を調和させ、第三次五カ年計画案を調整すべきだとした。(18)つまりこの段階で実務を担当した指導者たちは、原案の方針を変更せずに、毛沢東が提案した三線建設を最小限に取り入れる

図1　各政治アクターの相関図（1964年）

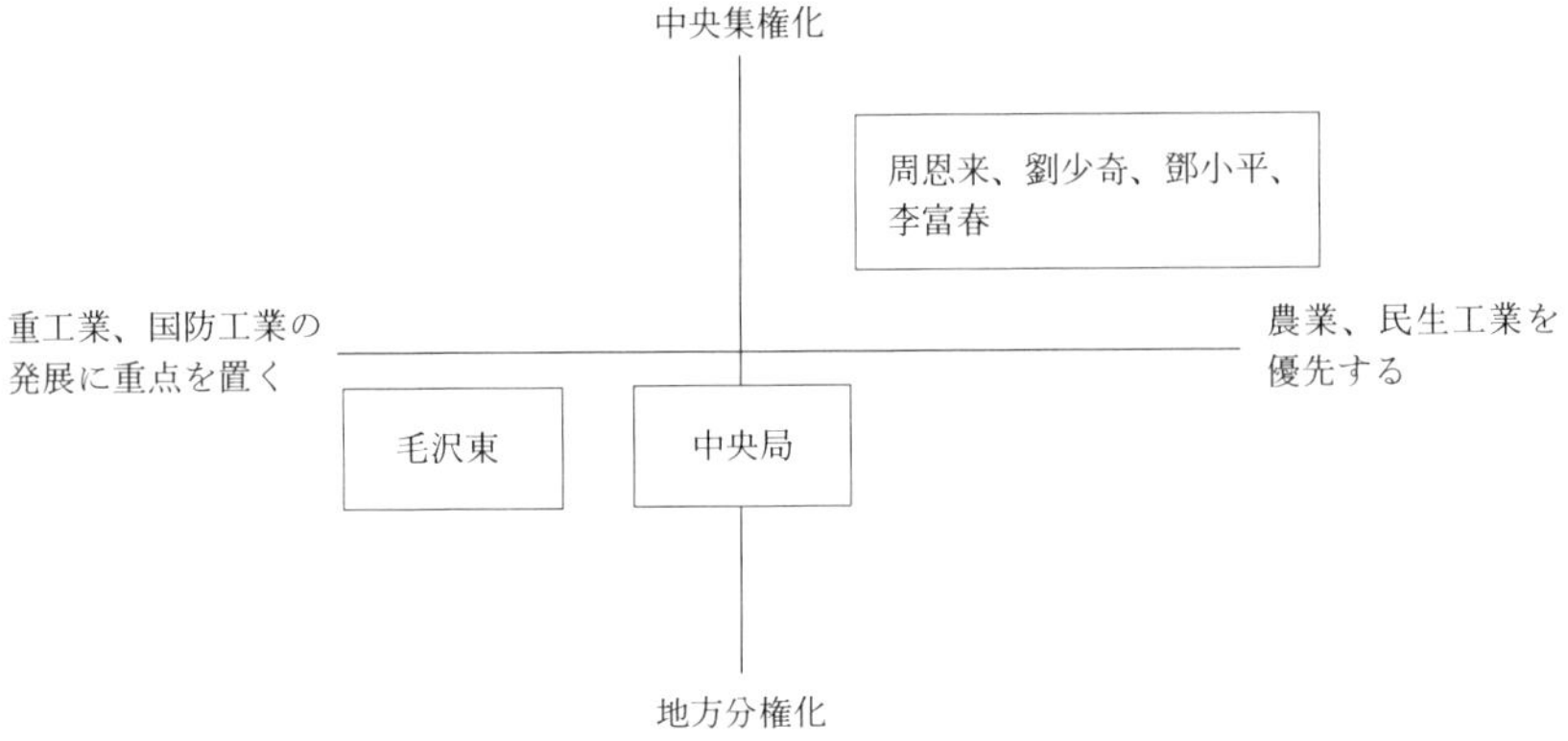

（出所）　筆者作成。

形で、第三次五ヵ年計画を見直すことを考えたのである。

　これに対し、毛沢東は三線建設の全面展開を支持しない中央指導部の態度に不満を示しつつ、経済活動の中核である国計委に対する批判も始めた。その批判の内容は計画策定の方法から、ソ連より学んだ教条主義、計画の手続きの繁雑さ、権限の過度な集中によって引き起こされる地方と企業に対する制限の多さなど、多岐にわたった[19]。しかし、こうした毛沢東の不満があったにもかかわらず、他の中央指導者の牽制によって、六月から七月にかけて三線建設は遅々として進まなかった。

　ここで、第三次五ヵ年計画をめぐる各政治アクターの政策志向を図1で整理してみたい。中央指導部の議論の焦点は横軸で示したように、農業、民生工業を中心とする穏健な計画か、それとも重工業、国防工業に重点を置く発展計画かという二つの意見に大別される。劉少奇らを代表とする中央指導者は「農、軽、重」の発展順序で「食、衣、用」を主な内容とする発展方針に賛成した。それに対し、毛沢東は後方基地の建設をはじめ、国防工業と重工業に重点を置くべきであると主張した。

　また、縦軸は経済管理方式に関する主張を示している。ここで一つ注目すべきことは、第二章で検討した第二次五ヵ年計画策定時の議論とは異なり、第三次五ヵ年計画の策定過程では経済管理方式が主要な議論の焦点にならなかった点である。また、かねてより地方分権化の推進に意欲を示してきた毛沢東は、国計委の業務方式に不満を示していたものの、大躍進運動期のような急進的な地方分権化についても言及しなかった。

なお、中央局は政策志向を明示しなかったが、前述した第三次五ヵ年計画の方針に関連する「工業発展問題について」の策定過程において、周恩来や鄧小平がまとめた文書に対して異議を示したと思われる。第三章でも考察したように、一九六三年以降、地方における経済発展の加速化を要請する中央局もあったが、各中央局に共通する不満は、中央統制型の経済管理制度の問題に集中していた[20]。このように中央局は過度な中央集権化に対しては不満を抱いていたが、それと同時に地域を統括し管理する立場でもあったため、急進的な地方分権化を求めていたわけではなかったとも考えられる。

(2) 戦略転換と後方基地計画

以上のように、毛沢東以外の中央指導者は、三線建設の構想を本来の第三次五ヵ年計画の草案の範囲に限定させようとしていた。それに対して、毛沢東はさらなる軍事戦略の見直しに動き出した。以下では、彼が主張した戦略転換の内容から、その構想の全容を窺いたい。

一九六〇年代に入り中ソ対立が顕在化していく中、毛沢東には敵国を想定して国防戦略を立て直す必要があったと考えられる。一九六四年六月一六日、毛沢東は劉少奇、周恩来、鄧小平ら、さらには各中央局の主要メンバーと臨時会議を行った[21]。この日は元々議事の予定がなかったが、毛沢東はこの会議の講話で重大な戦略転換を提案した。

ここでその内容をみる前に、一九六〇年代に入ってからの軍事戦略の議論を振り返っておこう。一九六〇年一月から二月にかけて開かれた中央軍事委員会拡大会議において、その前年に国防部長に就任した林彪は「北頂南放」の作戦方針を打ち出した。ここでいう北部は鴨緑江、象山港の沿海部から長江までの範囲のことである。「北頂」というのは、そこには重要な政治経済の中枢があるため、必ず防衛しなければならなかったことを指している。それに対して、南からの敵は海上から来襲する可能性が高いため、敵が後退できないように内陸部に誘い込む。すなわち「放」の戦術である。この方針は、アメリカからの侵攻を想定したものであるが、その方向は東南沿海部に限らないとされた。また、そこでは南から敵を誘い込む際に西北からソ連の援助を得られるという見通しを前提としていた。[22]

毛沢東は六月一六日の会議でこうした北頂南放の方針を覆し、敵は東西南北のいずれからも来る可能性があると主張した。つまり、全方位に対する「放」の方針をとり、敵を誘い込むべきだと主張したのである。さらに毛沢東は、敵襲の方向は予測不可能であるため、地方が戦闘に加わる可能性を考慮した上で、中央局の領導のもと地方指導者が軍隊に関与し、軍事工業の計画を整備しなければならないと強調した。[23]以上のように、毛沢東が提案した戦略転換は、ソ連との同盟関係に依存せず独自に対米作戦を遂行するよう求めたものであり、さらには全国を戦争に巻き込む「人民戦争」が展開される可能性があったことを示唆するものであった。つまり、毛沢東の全体の構想には、内陸部の三線建設だけではなく、敵を誘導するために全国範囲の後方建設を展開させる狙いが含まれていたと考えられる。

では、こうした毛沢東の戦略転換は、前述した三線建設のきっかけになったとされる総参謀部からの報告とも関係していたのだろうか。ここで留意すべきは、解放軍は一九六四年になり初めて敵の襲来や後方建設の構想を提起したわけではなかったことである。つまり一九六四年の報告も完全に新奇な構想であったわけではなく、一九六〇年以来の後方建設の計画の延長線上に作成されたものであったと考えられる。しかも、それまでに後方建設の方針や議論がすでに固まっており、一定の成果を得ていたことは、毛沢東の知るところであったはずである。[24]そのため毛は三線建設の構想を提起した際に、旧来の後方建設の方針や内容についても意識していたと考えられる。そこで、以下では後方建設の計画内容を概観する。

一九六〇年一月から二月に開かれた中央軍事委員会拡大会議において、林彪は国防戦略に言及した。具体的に林は、国防工業の発展を促し、また核兵器による急襲に備えるために、全国範囲の戦略や戦役基地を作らなければならないと強調した。しかし、現実的に大躍進運動によって経済危機に直面していた中央は、この講話の通りに積極的に大規模な戦争準備に着手できたわけではなかった。その代わりに、中央および中央軍事委員会は戦争に対応する国防建設の重要性を強調しつつ、独立した経済体系の建設がその前提となるという意見をまとめた[25]。これをうけて、解放軍は自前の資源を動員して後方基地の建設に着手し始めた[26]。

一九六二年の二月から五月にかけて、広州と北京で全軍編制装備会議が開かれた。その会議は、台湾にいた蔣介石との開戦可能性の高まりという背景をうけて開催されたものであり、実戦に向けて既存の部隊編成や装備の配備を議論することを目的とした。その会議において、後方基地の建設方針がさらに具体的なものとなった。劉伯承の指示によれば、一九六二年に決定された後方基地建設の範囲と内容は、以下の三点にまとめられる。第一に、中央は中央局が管轄する東北、華北、西北、華東、中南、西南の六つの範囲に戦略区を置き、戦争が発生した際に独立した経済工業体系として機能させる。第二に、後方の鉄道建設を進め、西部やチベットにおいても鉄道網を建設する。第三に、敵は戦争の初期において後方を攻撃する可能性があるため、洞窟を掘ることで基地を偽装、隠蔽しなければならない[27]。以上の方針は、戦略区を設置し、六つの中央局の管轄範囲に自己完結的な経済工業単位を設けることで、戦争勃発時にも平時から臨戦体制に迅速に転換可能とすることを目標としたものであった。

以上の後方基地の建設方針を進めるにあたり、中央局は最も重要な位置づけを占めた。各中央局の管轄範囲に基づいて戦略区が想定されたことについて、その理由を直接説明する資料や証言は見当たらない。ただしその内容に言及した講話や、前章までに検証してきた事柄に鑑みるならば、以下の二つの理由があったと考えられる。第一に、全国を六大戦略区に分けるという考えは国共内戦期に確立したものであったと言われる[28]。そのため、その範囲を支配した経験がある中央局体制を再活用することは、自然の流れであったと思われる。

第二に、六大地域によって代表される戦略区は、実際の交戦が想定される「戦区」とはまた異なる概念であったと思われる。過去の戦争における中央局の役割からすれば、戦略区の主な機能は、広域の地理範囲内において資源の確保や流通網の整備を行い、戦区の作戦を支援することであったと推測される。また、一九六〇年代までに、各中央局の管轄範囲内の行政管理体制はすでに整えられ、経済連携の経験も積み重ねられてきた。そのため、広域の作戦を支えるために中央局の範囲に沿って戦略区を設定することは合理的な選択であったと思われる。

以上のように、全国を六大地域に分けて後方基地を建設する方針が確定されたが、深刻な経済危機において、中央が提供できる物資や予算は限られていた。そのため、後方基地の建設は実際には解放軍と地方が独自の資源を利用して進められた[29]。その内容は、具体的に以下の三つにまとめられる。第一に、作戦と直接関連する軍需工場、倉庫、修理工場、病院、部隊の駐屯地の建設、軍用物資の準備[30]。第二に、中央局の管轄範囲を中心とした省の民兵の招集、防空施設の築造など独自の戦争準備計画の策定[31]。第三に、中央局による、後方基地の計画における交通網建設の継続、推進。

このうち第三の内容については、例えば一九五八年、西昌鉄鋼基地の建設と共に西南協作区の主導によって川黔鉄道、黔滇鉄道、そして成昆鉄道の建設が開始された。それらの鉄道幹線建設の本来の目的は、四川、貴州、雲南三省にある天然資源を流通させ、西南地域を開発し、西南協作区をさらに活性化させることにあったが、すべて経済調整政策によって中止された[32]。その後、西南局が西南基地建設と国防建設を理由に、何度も川黔鉄道と黔滇鉄道の建設計画の再開を提案したが、一九六四年まで国計委に却下され続けた[33]。

こうして、各中央局の管轄範囲を中心にインフラ施設の建設および戦時物資の整備が着々と進められていった。しかし、後方基地を支える六大地域の自己完結的な経済工業体系の建設という戦争準備計画の核心については、経済調整政策期に行われた中央統制との衝突がみられた。また、財政の危機的状況をうけて各支出が削減されたことで、十分な資源を得ることができず、戦争準備計画は全面的に展開されなかった。

（3）中央局体制の再強化へ

毛沢東の掲げた戦略転換に対して、他の中央指導者は基本的に同意を示したが(34)、そうした戦争準備の規模や内容については、計画の構想の承認時点ではまだ明らかではなかった。ところが、トンキン湾事件によって事態は急転した。一九六四年八月、北ベトナムのトンキン湾で北ベトナム軍の哨戒艇がアメリカ海軍の駆逐艦に二発の魚雷を発射した。この事件によって、中央指導部の戦争に対する危機感が急速に高まり、毛沢東が提案した西北、西南の三線建設が全面的に展開されるようになった。

経済発展方針の全面転換や毛沢東の批判をうけて、一九六四年九月以降、国計委は計画制度改革案を提示した。その主な内容は以下の四点である(35)。

第一に、国計委の権限は方針の策定に限定し、実際の計画策定の実権は国計委から中央局、省に委譲する。

第二に、中央局計画委員会が地域経済を全面的かつ統一的に指揮する。中央が経済調整期に回収した農業、林業、水利、交通、商業、教育、衛生、文化、体育、科学、銀行、都市建設など非工業部門の大型プロジェクト投資に関する権限を、一九六四年の段階で再び中央局と省に委譲する(36)。

第三に、中央による物資、財務の統一管理を緩和する。

第四に、計画策定の手順を簡素化し、繁雑な手続きや報告、会議を廃止する。

国計委はこれ以前に総合均衡の原則に基づいて、地方の計画指標を統一的に管理していた。しかしこの改革により、国計委の権限は大枠の方針決定に限定されるようになり、また計画策定の実権は国計委から中央局に委譲された。そして、経済調整期に確立した物資、財務の統一管理も緩和されたため、中央局は計画の策定から資源の運用を含めて大きな権限を手に入れることとなった。こうして、国計委による統一的な管理から中央局を頂点とする地域経済体系へと権限の移行が正式に行われた。中央局は経済、政治の両面で管轄地域を統合する頂点に立ったのである。

以下、本節の検討内容を整理した上で、三線建設の決定と中央局体制の再強化との関連性について判明したことを述べておく。

第一に、毛沢東が重視した全国範囲における戦争準備計画の推進のためには、中央局の存在が不可欠であり、実際に、それまでも中央局は後方建設の主導的な役割を果たしてきた。第二に、毛沢東と各中央局は、同様に中央統制派の策定による経済発展方針や、国計委を中核とする中央統制に不満を有していた。こうした点からみて、経済政策に関しても毛沢東と中央局の政策上の立場は近かったと考えられる。その結果、中央各部委と地方党委員会の権限を変更せずに、国計委の権限を中央局に委譲するという緩やかな中央統制的な経済管理体制への改革が行われた。このように、戦争準備の推進と、経済管理体制における中央集権と地方分権の要求の折衷といういずれの必要性から言っても、中央局体制の強化は不可欠な措置であったと考えられる。

2　三線建設の展開における中央局の役割

本節では、中央局体制の再強化という制度変更が行われた後、具体的に中央局はどのように機能したのか、さらには中央局が主導する小三線建設や第三次五カ年計画の地方計画はどのようなものであったのかについて検討する。

（1）　三線建設の管理体制と中央局

一九六四年八月に起きたトンキン湾事件をきっかけに、国の第三線[37]とされた西北および西南地域における三線建設の展開が加速した。中央局の強化という制度変更がなされたことで、三線建設の現地における管理体制はそれまでの中央統制ではなく、中央局の領導のもとで条条と塊塊を統合する形になっていた。

西南地域を例にとると、工事を統一的に領導する機構は三線建設委員会であった。西南三線建設委員会は西南局第一書記李井泉を筆頭に、中央各部委（=条条）および地域内の各省（=塊塊）の工事関連部署の担当者によって構成された。また建設委員会のもとに、各建設現場の指揮部が設けられ、指揮部にも中央各部委と地方党員会の出先機関が置かれた。ただし、指揮部は地方党委員会の領導をうけ、中央各部委が業務指導を行う形をとった。そこで中央各部委の代表は、現地の要求に応じて必要な物資や資金を提供した。そして指揮部の管理のもとで、条条と塊塊の出先機関が三線建設の現場で行われる工事のデザイン、沿海地域から移転した企業の受け入れ、工事の進行、物資の注文、検査などの任務を分担して行っていた[38]。このように、三線建設の建設体制は中央局の領導を頂点として、中央各部委と各省を一つの部署に統合し、条条と塊塊の分断を打破する経済管理方式を採用するものであった。

また、物資管理については次のような変化があった。一九六四年までは、中央統制の強化によって国計委が領導する物資管理局が指定の物資を統一管理していた。しかし、中央局の新たな管理体制が打ち立てられたことで、三線建設の物資分配の形式も中央による統一分配から中央局の自主的な計画に基づく方式に変わった。例えば、西南局所轄の四川、貴州、雲南三省はそれぞれの管轄範囲を超え、プロジェクト現場の近くにあった成都、重慶、渡口、自貢に物資局を設立し、三省の物資を自由に流通させていた。つまり、従来の産業別による垂直的な物資分配体制から、各中央局が管轄する地域範囲内の需要と供給を中心とする物資分配体制に転換がなされたのである。さらに、三線建設の中枢である西南地域のみならず、湖南、江蘇、広西省など一三の省にも、行政上の管轄範囲を超え、地方の物資の必要に対して迅速な対応を可能とする新たな物資分配体制が導入された[39]。

このように、従来の中央統制に基づく経済管理が修正されたことで、中央局の管轄範囲内の条条と塊塊は、中央局の統一的な領導をうける統合された体制になった。これは、将来起こり得る作戦を支援するために、各中央局の管轄範囲を中心とする自己完結的な経済体系を運営しなければならないという構想とも一致していた。

(2) 小三線建設をめぐる対立

第一節で論じたように、一九六四年六月、毛沢東は戦略方針の転換に基づいて、中央局および省レベルの地方党委員会の軍事への関与や、各地方における軍事工業の必要性を提起した。この計画も中央局の領導のもとで進められた。同年一〇月一八日、広東省党委員会は中共中央および中南局に、「広東省の国防工業と三線における戦争準備活動に関する指示を求める報告」を提出した[40]。この報告の主要な目的は、省が戦争に備えるための後方基地を作ることにあった。またその主な内容は、地方の軍事工業、およびこれと関連する電力工業と通信工業の建設計画であった。毛沢東はこの報告をうけて、「各省は自らの三線の問題を考えて中央に建設計画を提出してほしい。中央はこのための建設費を二、三年間に全国で一五億元ほど支払い、建設を完了させよう」と指示した[41]。

こうして、西北、西南地域の後方建設である三線建設が大三線と呼ばれ、さらには全国的に展開された後方建設である小三線の建設も始められた。この両者は建設の内容が異なるのみならず、投入された資源の量にも大きな違いがあった。同じ時期に西北、西南地域に投入される予定の建設費が一四四億元という巨額であったのに対し、中央が小三線建設に振り分けた資源は僅少であった。

国務院は一九六四年一〇月二九日とその翌年二月に中央局書記と各省の第一書記を招集し、東北局、華北局、華東局、中南局が提出した要求に基づいて小三線の初歩的な素案と予算を決めた[42]。その主な内容は、第一に軍事工業と関連する小型工場を立ち上げること、第二に後方基地に通じる道路を整備すること、第三に戦略物資の倉庫を建設すること、そして第四に後方基地において自給可能な農業を発展させることという、四点を含むものであった。

以上のように想定された小三線の内容は、前述した一九六二年以来の後方基地の建設計画をほぼ踏襲した上で、そこに新たな内容を加えたものであった(43)。そして、中央局の管轄地域内の戦争準備と関連する項目、例えば防空施設、道路の整備などの予算も各中央局によって統一的に計画されていた(44)。こうして、戦争準備を全国的に拡大させるために、中央局の存在はますます重要になっていた。

他方、一九六五年に入ると、アメリカの大統領選挙で一時的に沈静化していたベトナムの情勢が、ジョンソン大統領の再選後に再び緊張感を高めた。一九六五年三月一日、アメリカ政府は南ベトナムに地上部隊を派遣することを発表し、北ベトナムに対して大規模な空中爆撃も開始した。このようなベトナム情勢に迫られ、二月七日に提出された小三線計画案は、三月八日に中共中央によって承認された。その上で、周恩来は三月一三日に各中央局の計画委員会、経済委員会の担当者を招集し、以下の内容を伝えた。第一に、一線、二線地域の鉄鋼を増産させ、それを西北、西南に運んで大三線建設で不足する資材に充てる。第二に、各省により積極的に小三線建設（特に軍事工業のプロジェクト）を実行させるために、第三次五カ年計画における小三線建設の予算確保を承諾する。第三に、農業生産に悪影響を及ぼす過度な工業生産に反対する(45)。

しかし、小三線建設の本格的な開始にともない、地方では戦争準備を口実に、軍事工業とは直接関係のない建設計画を追加する動きが急速に進んだ。実際に、小三線建設に使われた予算には中央の財政支出以外に、地方独自の財源の一つである予算外資金があった(46)。表1に示したように、経済調整期において、予算外資金の基本建設への支出は厳格に制限されていたため、その金額は大躍進運動期と比べて大幅に減少した。

それに対して、地方が使用した予算外資金の基本建設への支出総額は、一九六三年の八・九億元から一九六五年の

表1　全国予算外資金の基本建設への支出

年	全国合計（億元）	中央部門（億元）	地方（省・市）（億元）	割合（%）	
				中央	地方
1958	32.29	7.60	24.69	23.5	76.5
1959	49.89	8.28	41.61	16.6	83.4
1960	57.79	10.98	46.81	19.0	81.0
1961	19.81	4.37	15.44	22.1	77.9
1962	12.24	5.89	6.35	48.1	51.9
1963	15.08	6.19	8.89	41.0	59.0
1964	18.96	8.81	10.15	46.5	53.5
1965	19.45	6.82	12.63	35.1	64.9
1966	21.45	5.90	15.55	27.5	72.5

（出所）　1965年までの統計は中国社会科学院・中央檔案館編『1958-1965　中華人民共和国経済檔案資料選編』固定資産投資与建築業巻、北京：中国財政経済出版社、2011年、163頁に依拠し、1966年のみは、『基本建設財務撥款統計資料』（中文出版物服務中心編『中共重要歴史文献資料匯編』第30輯第49分冊、洛杉磯（ロサンゼルス）：中文出版物服務中心、初版1967年、30、34-35頁）。

一二・六億元に上昇した[47]。しかし、地方の支出が増えても、実際に小三線の軍事項目に投入されたのは予算外資金の九％に過ぎず、三八％は農業機械化や軽工業に投資された[48]。農業や軽工業以外に、地方は鉄鋼業、道路整備など地方の長期的な発展につながる投資項目にも資源を投じた。

以上のように、小三線建設には本来軍事工業、およびこれと関連する電力工業と通信工業、交通、農業など多くの内容が含まれていたが、中央が小三線建設に振り分ける資源は極めて少なかった。そこで地方の協力を得て小三線建設を進めるために、中央が地方の予算外資金の使用を容認したものと推測される。しかしその結果、中央が小三線建設の軍事工業を優先させるよう要求したのに対して、地方は自ら集めた財源を地方の発展に使うという傾向を示した。

鄧小平はこの状況に気づき、一九六五年三月二〇日、地方で小三線建設のための余分な工業投資が増加することでインフレを招き得る可能性について、中央書記処で報告を行った[49]。さらに、一九六五年から六六年にかけて、当時の中央指導部は計画で決めた投資内容を地方がみだりに変更し、小三線建設とは関係のない建設プロジェクトに資金を流用することをったた。

禁止しようとした[50]。このように、中央は小三線建設を軍事工業に限定しようとしたが、その結果ははかばかしくなかった。

(3) 第三次五カ年計画と地方工業の発展構想

以上のような中央、地方の利害の不一致に対して、各中央局は第三次五ヵ年計画の策定過程において、地方における戦争準備と地方の発展との間の調整に動き出した。

一九六四年五月以降、急速な政策方針の転換が進められていった中で、小三線建設が全国範囲に拡大し、第三次五ヵ年計画の策定が続いていた。さらに一九六五年に入ってから、毛沢東は意中の幹部を選んで計画参謀部を成立させ、実質的に国計委の機能を代替させた。この計画参謀部は小計委とも呼ばれる。そこで、小計委の責任者として抜擢されたのは、大慶石油開発に成功した余秋里であった。注目すべきことは、大慶石油の開発モデルと、戦争準備に必要とされた自己完結的な経済工業体系の間に共通した、「自力更生」の理念である。そのことは、戦争準備に対する備えという経済方針の転換にあたって余秋里が経済指導者に任命された主な理由であったと考えられる。

余秋里は三線建設の任務を第三次五ヵ年計画に組み入れ、その策定を続けた。それと同時に、中央局の経済権限の強化という新たな制度において、各中央局の第三次五ヵ年計画に対する意見も重要であった。しかし、国計委が決定した草案と各中央局が想定した経済発展の優先順位は、必ずしも一致していたわけではなかった。

西北、西南地域の三線建設が実際に第三次五ヵ年計画の中核となった状況で、国計委は、国防建設を中心とする戦争準備に投資し、特に西北、西南の大三線地域をいち早く一定の規模まで引き上げることを第三次五ヵ年計画の主要目標にした。一方で、前述したように、中央は地方が小三線建設を口実に工業建設の規模を急速に拡大させることを懸念し、三線建設の予算を維持させつつ他の予算を圧縮しようとした。その結果、六月の時点において一〇八〇億元の予算案が八五〇億元に抑えられた。また、そのうちの三六〇億元、およそ四〇%の予算は西北、西南区の大三線建設に振り分けられることになった。

こうして、戦争準備を主軸とする第三次五ヵ年計画期において、地方は地方建設のための資金を最小限しか得られなかった[51]。これに対して、中央局は地方における小三線建設の遂行を確保しながらも、地方が積極的に戦争準備計画に加担する意欲を保たせ続けなければならなかった。そのため、同年一〇月に行われた中央局第一書記らも参加した会議では、小型の鉄鋼工場の建設が提起された[52]。実際に、そうした小型の建設プロジェクトは前述した計画改革により、中央の予算がなくても、地方で独自に集めた財源を積極的に活用し得る範囲であるため、中央にとっても受け入れやすい提案であった。また、この提案は、戦争準備のための小三線建設にとってのみならず、地方の発展にとっても有益な方針であった。

その結果、中央局の提案は第三次五ヵ年計画の予算獲得にはつながらなかったが、後ほどの中央工作会議で地方の「五小工業」（農業、化学肥料、小型発電、セメント、鉄鋼工場）の育成問題として提起された[53]。また、地方の第三次五ヵ年計画の目標において、自己完結的な工業体系を形成するための農業や小型工業の発展は、小三線建設と同じく重要項目として位置づけられるようになった[54]。この方針の確立は、中央と中央局の間で、地方の工業部門への過度の投資を農業に分散させる一方で、各中央局は小三線建設に対して協力するという妥協が図られたことを意味する。このように、中央局は中央の要請に応じながらも、地方の利益を国家計画に反映させる役割を果たしたと言える。

以上、本節では中央局が三線建設の遂行、さらには全国的な戦争準備の展開において担った役割を明らかにした。三線建設に関する現地の経済管理体制の事例からすれば、中央局は、自らの主導する地域内の党委員会の指揮系統（=塊塊）と中央各部委の指揮系統（=条条）を統合させる管理方式に移行していたことが分かる。こうした管理方式は、地域内部の物資流通や経済提携を中心的に行うものであり、六大地域を中心とする自己完結的な工業体系の構想とも関連性があった。また、小三線建設の優先すべき項目をめぐって中央、地方が対立している中で、中央局は第三次五ヵ年計画の策定においても地方の活性化を保ち、中央の業務を補助する役割を果たしたことが分かる。

3　文化大革命とその後の中央局

文革より以前は、前述したように、中央局を頂点とする地方の統治体制が整えられていた。だが、文革初期において、地方の党機構は次々と崩壊していった。その過程において中央局も消滅していくことになるが、中央局を中心とする後方建設、小三線建設の計画構想は残されることになった。

本節では、まず、各中央局が文革期において次々と崩壊していった原因を中央における政局の変化、中央局の構成の側面から検討する。続いて、文革初期における各大区の変化や、中央局の管轄地域に対する経済管理体制が軍事管理に移行していった過程を考察する。

（1）文革の開始と中央局の停止

文革の混乱において党、政府機構は機能不全に陥り、中央から地方に至るまで重要幹部が打倒された。ここでは、中央局の崩壊に関する重要な事実を抽出し、強化されたばかりの中央局がなぜいとも簡単に崩壊していったのかについて、中央地方関係の視点から説明したい。

文革が正式に発動された一九六六年五月以降[55]、党中央は各地の造反活動に対する党の領導を確保するために、工作組を派遣するなど穏健な方針を決めた。また、各中央局は文革の真の意図を把握できていなかったため、党中央と同じ方針をとり、各地域における造反派の活動を鎮圧しながら文芸部門の高級幹部をはじめ、一部の党政幹部の粛清を行った[56]。

各中央局が限定的な範囲で文革を進めたのに対して、華北局は地方党委員会の指導部の粛清を大規模に行った。一九六六年五月二一日から七月二〇日まで開かれた華北局会議で、内モンゴル、天津、河北、山西のそれぞれの党委員会の重要幹部が名指しで批判された[57]。華北局が文革初期から地方党委員会の指導部を攻撃した原因としては、様々な推測があるが、毛沢東を含めた多くの指導者もそこに関わっていたと言われる[58]。こうしてみると、華北局第一書記の李雪峰や書記の解学恭が文革初期の動乱を生き抜き、一九七一年まで失脚せずにいられたのは、文革の初期から他の中央局と異なる方針をとり、早い段階から大規模の地方党委員会の粛清を行ったことと関連すると思われる。

全国各地の混乱が続く中、毛沢東は一九六六年七月に北京に戻り、劉少奇や鄧小平による工作組派遣が「革命を鎮圧する」ものであったとして、工作組を全面的に撤回するように命じた。そうした対立の中、一九六六年八月に中国共産党第八期中央委員会第一一回全体会議（以下、第八期一一中全会とする）が開かれた。そこで西北局や華東局は、文革中に党の領導を堅持すべきであると強調した。それに対して毛沢東は、劉瀾濤、宋任窮、李井泉、魏文伯[59]などの会議に参加していた中央局の代表に向かって、「あなたたちの問題ははっきりしている。（自分の指示に従わず――筆者注）工作組を撤廃しない。そして革命的な学生組織や文化革命委員会を成立させない（中略）これは反マルクス主義の行為だ」と述べ[60]、華北局と中南局以外の中央局の方針を批判した。毛沢東が中南局に対する批判を行わなかったのは、すでに中央書記処常務書記兼任中央宣伝部部長に昇進していた、元中南局第一書記陶鋳への配慮があったからだと思われる。

こうした状況において、第八期一一中全会が開かれ、党内の序列の変更や人事異動が行われた。その異動は、後の中央局の存続とも大きな関連性を有したと考えられる。表2は各中央局の活動停止時期やその前後の状況をまとめたものである。中南局第一書記であった陶鋳は一九六五年一月時点で中央に異動していたが、政治局常務委員に昇格し、劉少奇を抜いて毛沢東、林彪、周恩来の次席まで地位を上昇させた。その他、華北局第一書記の李雪峰、東北局第一書記の宋任窮も中央政治局候補委員に昇格した。それに対して、毛沢東が信頼を寄せていた李井泉は政治局委員の座を保持したが、この人事再編において昇格することはなかった[61]。同じく昇格できなかったのは劉少奇との関係が近く、社会主義教育運動においても劉少奇の方針を忠実に執行した西北局第一書記の劉瀾濤であった。

また、表2から看取されるのは、第八期一一中全会で昇格した中央局指導幹部は、文革初期に中央局の運営を確保し得たことである。それに対して、西北局の劉瀾濤や西南局の李井泉は紅衛兵に糾弾されて失脚するに至ったが、党中央も彼らを保護することはなかった[62]。彼らの失脚によって中央局の活動も実質的に中止せざるを得なかった。

もう一つ中央局の存続に関わることとして、中央局と地方党委員会との関連性が挙げられる。第一章で考察したように、一九六〇年代の中央局指導部は、地方に長期的に定着していた幹部が多くを占めていた。その中でも、北方三区の東北、華北、西北と比べると、南方三区の華東、中南、西南の中央局幹部は、建国以来同じ地域に定着していた傾向がある。南方三区では、中央局第一書記を含めて、重要なポストがほとんど当地域内の党委員会指導者によって担われた。さらに、第三章で指摘したように、中央局の業務機構については、一九六〇年代の経済危機によって簡素化が行われたため、省の党委員会の業務機構がその職務を兼務することも多かった。以上のように、中央局の人事が地方指導者によって担われていたことや業務機構の一体化が起きたことで、中央局と地方党委員会の関係は密接不可分なものとなった。その結果として省の党委員会の混乱を招き、中央局が止むを得ず活動を停止することになったのである。

それに対して、東北局と華北局の活動停止は、地方党委員会からの影響をそこまでうけなかった。その原因として考えられるのは、この両局が幹部構成や業務機構の運営の面で、地方党委員会と比較的距離を置いていたためである。また、文革初期において地方党委員会の批判にも参加し、中央局機関を地方党委員会から極力引き離そうと努力して

表2　中央局の活動停止時期と前後の状況

	停止時期	停止の事情	機構停止前の指導部の状況	第一書記失脚の原因
東北局	1967年8月	1967年8月に中央が電話を通じて東北局に東北各省に対する領導を停止し、東北局の機構整頓や自己批判に集中するよう指示	宋任窮　中央委員→中央書記処候補書記に昇格	協力した造反派組織の失敗と共に失脚
華北局	1966年12月[63]	活動停止	李雪峰 中央書記処書記→文革初期に中央政治局候補委員に昇格	1971年に陳伯達反党集団の一員として糾弾され、投獄
西北局	1966年10月	止むを得ず活動停止	劉瀾濤　中央書記処候補書記	1966年9月に劉少奇が指導した北方局の幹部を中心とする「六十一人叛徒事件」[64]によって失脚
華東局	1966年冬	止むを得ず活動停止	第一書記の不在[65]	
中南局	1966年冬	止むを得ず活動停止	陶鋳　中央書記処常務書記→文革初期に政治局常務委員に昇格 王任重　中南局第二書記→中南局第一書記、中央宣伝部部長	陶鋳　1967年1月4日に江青によって公開批判され、職務解除 王任重　1967年に失脚
西南局	1966年11月	止むを得ず活動停止	李井泉　中央政治局委員	1966年11月以降紅衛兵により拉致

（出所）　中共中央組織部他編『中国共産党組織史資料　第6巻 「文化大革命」時期（1966.5-1976.10）』北京：中共党史出版社、2000年に基づき筆者作成。

いた中央局もあった。例えば、華北局第一書記の李雪峰は造反派の糾弾に対して、「華北各省の党委員会の問題は華北局とは無関係だ」、「私は中央機関の幹部として話し合いにきた」と主張した[66]。そして、中央局の中で最も活動停止が遅かった東北局は、東北三省の党委員会が次々と打倒された後も東北局文革弁公室を成立させ、各省の造反派と協力関係を築き上げていた[67]。

（2）文革期における戦争準備の継続

一九六七年一月から、造反派による権力奪取の政治運動が上海市をはじめとして全国的に拡大していった。運動が続く中で、政府、党、軍機関の機能が次々と停止し、三線建設の現場にも混乱がもたらされた。この状況を解決するために、同年三月一九日、中央軍事委員会が「左派支援、農業支援、工業支援、軍事管制、軍事訓練に関する決定」、いわゆる「三支両軍」の方針を発表した。(68) この方針により、地方および中央各部に軍事管制が導入されたことで混乱は収束したが、解放軍による政治、経済運営への関与も次第に強まっていった。

一九六八年九月までに各地の新たな権力中枢として、解放軍の代表を筆頭とする革命委員会が相次いで設立された。(69) こうした措置を通じて地方の秩序回復が目指されたが、中央局に相当する革命委員会は設立されなかった。断片的な資料によれば、一部の中央局では失脚を逃れた元幹部が造反派組織と協力して中央局と類似する機関を成立させたが、結局いずれも党中央の承認を得られなかったとされる。(70)

旧中央局の管轄範囲に革命委員会が設立されなかったのは、二つの理由が考えられる。第一に、中央局は複数の省を領導し、非常に広範な権力の行使を可能にした機構である。建国初期においても広域の軍事管制機構はしばらく存在していたが、その当時は党の軍に対する領導が確保されていた。ところが文革の混乱によって党の領導を確保し得ないという状況下で、解放軍に権力を与えるのは党中央への脅威になりかねないと判断されたのであろう。第二に、中央局は本来的に党の機構であり、中央を代表して党務と行政的な仕事を統括した。そのため、党政機構が共に麻痺し、軍事管制が敷かれた状況において中央局を設立する必要はそもそもなかったと思われる。

こうして、軍事管制によって国内の秩序が回復する中で、一九六八年から三線建設を含めた経済活動も徐々に再開されていった。その際に、かつて中央局の管轄範囲にあった小三線建設も再開されたが、それを主導する中央局はすでに機能できなくなっていた。そこで中央局の代わりに、同地域の経済建設を領導する三線建設領導小組が各地に設立された。ただし軍事管制の状況において、実際に三線建設領導小組を主宰したのは一三の大軍区であった。表3は

表3　旧中央局の管轄地域の移管状況

	三線建設領導小組の主要担当	三線建設領導小組に参加
東北局	—	—
華北局	—	—
西北局	蘭州軍区	新疆軍区
華東局	南京軍区	福州軍区、済南軍区
中南局	広州軍区	武漢軍区
西南局	成都軍区	昆明軍区、西蔵軍区

（出所）「国家計委、国務院国防工弁関於小三線地方軍工建設幾個問題的請示報告」（1968年6月20日）陳夕編『中国共産党与三線建設』北京：中共党史出版社、2014年、240頁。東北局と華北局については具体的な記載を欠く。

大軍区を主体とする三線建設の管理体制を示したものである。例えば、旧中央局の管轄範囲に複数の大軍区がある場合、一つの大軍区が管理の主体となり、他の大軍区は領導小組に参加するという管理体制がとられた。また、この領導小組の業務機構には、元々の中央局軍工局、国防工業弁公室が含まれた。一九六九年三月に中ソの部隊が衝突する珍宝島事件が起こると、戦争の危機感の高まりをうけて、三線建設を含めた戦争準備が大々的に再開された。

以上本節では、文革初期における中央局の動向を概観する中で、その消滅は、文革初期における中央局指導者の中央政界での活動、および中央局と地方党委員会の関係の親疎という二つの側面と関連していることを明らかにした。特に、文革前夜の制度変更をうけて中央局と地方の関係がさらに緊密なものとなり、中央局を中心とする地方制度が整備されたことにより、かえって文革初期における中央局の消滅が加速したものと思われる。文革の中盤に入り、秩序が回復され、各地の革命委員会が成立したにもかかわらず、中央局が再建されることはなかった。その代わりに、旧中央局の管轄地域における三線建設は、各大軍区に移管されることになったのである。

おわりに

一九六四年に三線建設が開始されたことで、中国の経済発展の方針と軍事戦略は大きな転換点を迎えた。本章ではそうした転換点において、これまでの統治方針との一貫性を再確認しながら、中央指導部が中央局体制を再強化した政策意図を考察し、戦争支援に際しての中央局の新たな側面をも明らかにした。その上で、前章までの議論に基づきつつ、文革期において中央局が消滅した理由も検討した。以下、本章の考察から判明した点を改めて整理しておこう。

まず本章で提起したのは、三線建設の開始と中央局体制の再強化という一見無関係にみえる二つの事象の間には、どのような関連性があったのかという問題であった。この問いに答えるために、第一節では、三線建設の政策決定と深く関わるものとして、軍事戦略と経済という二つの側面から検討した。

本章の検討結果によれば、三線建設は一九六四年から突如始まったのではなく、一九六〇年代以降行われてきた戦争準備の一環として理解すべきである。一九六二年には、中央局の管轄範囲に基づき、全国を六つの戦略区に分けるという方針が確立されており、三線建設が提起される前から、中央局の主導のもとで後方基地の建設計画が進められてきた。そのため、毛沢東にとって、すでに進展していた後方建設を活用し全国の戦争準備を展開させるために、中央局体制は不可欠なものとして意識されることになったのである。

また、軍事戦略の転換に加えて、毛沢東と中央局は共に中央統制派が策定した経済発展の方針や、国計委を中核とする中央統制に不満を感じており、その点において両者の政策的な立場は近かった。その結果、中央各部委と地方党委員会の権限は変更されず、国計委の権限を中央局に委譲するという形式をとることで、中央統制的な経済管理体制の緩やかな改革がなされた。

以上の制度改革をうけて、全国の後方建設計画、すなわち小三線建設も中央局の領導のもとで計画的に進められた。小三線建設の優先項目をめぐり中央と地方が対立する中で、中央局は一方で中央の要請に応じながらも、他方で地方の利益を国家計画に反映させた。こうしてみれば、第三次五ヵ年計画の策定においても、中央局が地方の活性化に努めつつ、中央の業務を補助する役割を果たしていたことが分かる。また第一、二節で重点的に論じたように、三線建設の開始によって政治体制の重心は軍ではなく中央局体制に移り、中央局は戦争準備計画の展開においても不可欠な役割を果たしていたのである。以上のように、中央局は文革前夜まで地方の経済と政治を領導する役割を担ったが、それはかえって文革期における中央局の消滅を加速させる要因ともなった。

本章の検討を通じて、三線建設の開始をめぐり行われた、毛沢東による独断的な権力の行使、軍の権限拡大、戦争目的と実施結果のずれなどの諸問題に対して、中央局の視点から新たな説明を提供することができたと考える。六つの戦略区を念頭に置いた一九六〇年代の戦争準備計画の考察を通じて、中央局を中心とする地方政治制度は、前章まで検討を行ってきた経済、政治統制などの行政上の必要性に加えて、国家戦略とも高度な連動性をもつことが明らかにされた。

中央局は文革の開始と共に消滅したが、その管轄範囲における三線建設は文革期において大軍区に移管され、六大地域を想定した後方基地や、小三線建設の構想は存在し続けることになった。そこで次章では、一九七〇年代以降における六大地域を中心とした戦争準備体制の構築、およびその変容についてより詳細に検討していく。

註

（1）一九六三年六月、中国共産党は「国際共産主義運動の総路線についての提案」を発表して、ソ連共産党の修正主義路線に対する全面的かつ体系的な批判を提起し、それに続いて九篇のテーマ別の論文を次々に発表し、そこでより詳細な批判を展開した。一九六四年一〇月にフルシチョフが失脚したが、一一月には周恩来を団長とする大型代表団をモスクワに送り、ブレジネフらソ連指導部と会談を行った。しかしソ連との関係改善はなされず、それ以後対立は激化していった。

（2）例えば、朱建栄『毛沢東のベトナム戦争——中国外交の大転換と文化大革命の起源』東京大学出版会、二〇〇一年、李向前「一九六四——中国政治経済変動的起因」『二十一世紀双月刊』二〇〇〇年六月号、四七—五六頁などを参照。

（3）例えば、国分良成『現代中国の政治と官僚制』慶應義塾大学出版会、二〇〇四年、一一七—一四三頁、小林卓「三線建設決定過程における『調整派』の抵抗と後退」『史叢』第七八号、二〇〇八年、一三六—一五三頁などがある。

（4）国分良成『現代中国の政治と官僚制』一三二頁。

（5）経済学の視点から三線建設の非合理性を指摘した研究として以下のものがある。丸川知雄「中国の三線建設（Ⅰ）」『アジア経済』第三四巻第二号、一九九三年、六一—八〇頁、丸川知雄「中国の三線建設（Ⅱ）」『アジア経済』第三四巻第三号、一九九三年、七六—八八頁、Barry Naughton, "The Third Front: Defense Industrialization in the Chinese Interior," *The China Quarterly*, Vol. 115, 1988, pp. 351-368.

（6）薄一波『若干重大決策与事件的回顧』下巻、北京：中共中央党校出版社、一九九三年、一一九三—一一九四頁。

（7）郭徳宏・王海光・韓綱編『中華人民共和国専題史稿（一九五六—一九六六）』四川人民出版社、二〇〇四年、六三六頁。

（8）馬泉山『新中国工業経済史（一九六六—一九七八）』北京：経済管理出版社、一九九八年、三三頁。

（9）トラストは劉少奇の主導で一九六三年の末から始まった政策である。その設立の基本原則は産業別であり、同一産品を生産する工場や協業関係がある企業は同じトラストに組み入れられた。その目的は中央統制の強化と企業における党による行政代行を是正することにあった。詳細については本書第三章第三節を参照。

（10）当代中国的計画工作弁公室編『中華人民共和国国民経済和社会発展計画大事輯要　一九四九—一九八五』北京：紅旗出版社、一九八七年、二〇六頁。

（11）中共中央文献研究室編『毛沢東年譜（一九四九—一九七六）』第五巻、北京：中央文献出版社、二〇一三年、二六五頁。

（12）郭徳宏・王海光・韓綱編『中華人民共和国専題史稿（一九五六—一九六六）』六三七頁。

（13）この報告書については本節の第二項で詳述する。

（14）「毛沢東在国家計委領導小組匯報第三個五年計画設想時的插話（節録）」（一九六四年五月一〇日、一一日）『党的文献』一九九六年第三期、一〇—一一頁。

(15) 同上、一一頁。

(16) 中共中央文献研究室編『劉少奇年譜(一八九八—一九六九)』下巻、北京:中央文献出版社、一九九六年、五九二頁、郭徳宏・王海光・韓鋼編『中華人民共和国専題史稿(一九五六—一九六六)』六四四頁。

(17) 中国語の「食、衣、用」は、国民の衣食住および日用品を指す。

(18) 中共中央文献研究室編『鄧小平年譜(一九〇四—一九七四)』下巻、北京:中央文献出版社、二〇〇九年、一八一三—一八一四頁。

(19) 薄一波『若干重大決策与事件的回顧』下巻、一一九九頁。

(20) 「《全国計画会議簡報》関於計画工作的幾個問題」(一九六三年一〇月八日) 中国社会科学院・中央檔案館編『一九五八—一九六五 中華人民共和国経済檔案資料選編』綜合巻、北京:中国財政経済出版社、二〇一一年、五七七—五七九頁。

(21) 中共中央文献研究室編『毛沢東年譜(一九四九—一九七六)』第五巻、三六三頁。

(22) 朱建栄『毛沢東のベトナム戦争——中国外交の大転換と文化大革命の起源』七八—七九頁。

(23) この日の毛沢東の発言にはいくつかのバージョンがあるが、ここでは主に以下の三つの文献の内容を参照した。(一)「在中央政治局常委和各中央局第一書記会議上的講話」(一九六四年六月一六日) 中共中央文献研究室・中国人民解放軍軍事科学院編『建国以来毛沢東軍事文稿』下巻、北京:軍事科学出版社・中央文献出版社、二〇一〇年、二二九—二三〇頁、(二) 中共中央文献研究室編『毛沢東年譜(一九四九—一九七六)』第五巻、三六三頁、(三) 朱建栄『毛沢東のベトナム戦争——中国外交の大転換と文化大革命の起源』七八—七九頁。(一) と (二) の差異は、「北頂南放」の戦略修正に言及があるかどうかという点である。二〇一〇年に出版された軍事文稿には、地方軍事化の話に触れながら、「北頂南放は必ずしも必要ではない」との記述がある。二〇一三年出版の毛沢東年譜は、その日の講話を地方の軍事化と後継者問題のみにまとめている。その二者に対して、(三) の朱建栄がまとめた講話の内容は、北京の党関係研究者や軍研究者の記録に基づいて修正を行ったものである。公式の文献集との違いとして、(三) では具体的な敵を誘い込む「人民戦争」のことに触れ、さらにはアメリカ帝国主義だけではなく、「これからの戦争に、ソ連修正主義はもはや当てにならない」とソ連のことにも言及がなされる。

(24) 同様の見解は、山口信治『毛沢東の強国化戦略 一九四九—一九七六』慶應義塾大学出版会、二〇二一年、三一八頁にもみられる。

(25) 管見の限り、これに関する林彪の講話の全文は見当たらないが、邱会作『邱会作回憶録』上冊、香港：新世紀出版社、二〇一一年、二五一―二五四頁に当時の講話の要約の記録がある。なお、劉昀・楊貴華「従突然襲撃到三線建設」『軍事歴史』二〇一五年第二期、五四―五八頁にはこの林彪の講話がまとめられており、その内容を踏まえた上で後に中共中央、中央軍事委員会の名義で「中共中央関於正確処理経済建設与国防建設若干問題」という文書が下達されたとされる。

(26) 邱会作『邱会作回憶録』上冊、二七五―二七七頁。

(27) 劉伯承「関於後方基地建設問題的指示」（一九六二年五月一五日）軍事科学院劉伯承軍事文選編輯組『劉伯承軍事文選』第三巻、北京：軍事科学出版社、二〇一二年、五〇九―五一一頁。

(28) 劉伯承「有関戦備問題的指示」（一九六五年四月二六日）軍事科学院劉伯承軍事文選編輯組『劉伯承軍事文選』第三巻、五八八頁。

(29) 邱会作『邱会作回憶録』上冊、二八二―二八三頁。

(30) 当代中国叢書編集部編『当代中国軍隊的後勤工作』北京：中国社会科学出版社、一九九〇年、五六―五七頁。

(31) 中共中央文献研究室編『毛沢東年譜（一九四九―一九七六）』第五巻、一〇八頁脚注（2）。

(32) 「鉄道部党委対加快東北森林鉄路、川黔、黔滇、青蔵鉄路修建進度的建議」（一九六三年九月五日）中国社会科学院・中央檔案館編『一九五八―一九六五　中華人民共和国経済檔案資料選編』交通通訊巻、北京：中国財政経済出版社、二〇一一年、三三八―三三九頁。

(33) 「中共中央西南局関於加速修建川黔、黔滇鉄路向中央的請示」（一九六四年二月一〇日）中国社会科学院・中央檔案館編『一九五八―一九六五　中華人民共和国経済檔案資料選編』交通通訊巻、三四〇―三四三頁。

(34) M. Taylor Fravel, *Active Defense: China's Military Strategy since 1949*, Princeton and Oxford: Princeton University Press, 2019, pp. 113-114. 本書によれば、毛沢東が主張した軍事戦略転換は正式に党中央に承認されたとされる。

(35) 「李富春的匯報提要（節録）」（一九六四年一〇月一四日）「国家計委伝達李富春同志在中央局書記座談会上的講話和討論機構等有関問題」（一九六四年一二月二七日）中国社会科学院・中央檔案館編『一九五八―一九六五　中華人民共和国経済檔案資料選編』

綜合巻、五七〇―五七四頁。
(36) 四川省地方志編纂委員会編『四川省志・綜合管理志』四川人民出版社、二〇〇〇年、二四頁。
(37) 三線建設の地域概念は最初から規定されていたわけではなく、立地調査が進む中で段階的に形成されていった。基本的に一九六〇年代においては東北部、沿海部から成る第一線、内陸部の西北、西南各省を中心とする第三線、そしてその間にある第二線に分かれていた。
(38) 陳東林『三線建設――備戦時期的西部開発』北京：中共中央党校出版社、二〇〇三年、一四〇―一四一頁。
(39) 当代中国叢書編集部編『当代中国物資流通』北京：当代中国出版社、一九九三年、二一一―二一二頁。
(40) 毛沢東「毛沢東対広東省委関於国防工業和三線備戦工作報告的批語」(一九六四年一〇月二二日) 中共中央文献研究室編『建国以来毛沢東文稿』第一一冊、北京：中央文献出版社、一九九六年、一九六―一九七頁。
(41) 同上、一九六頁。
(42) 「関於一二両線各省市区建設自己後方和備戦工作的報告」(一九六四年一〇月二九日)『党的文献』一九九五年第三期、三五―三六頁。
(43) 「羅瑞卿向中央提出的関於一二線省市後方建設的報告」(一九六五年二月七日) 陳夕編『中国共産党与三線建設』北京：中共党史出版社、二〇一四年、一四二―一四三頁。
(44) 陝西省地方志編纂委員会編『陝西省・計画志』陝西人民出版社、一九九〇年、二〇四頁。
(45) 周恩来「向中央書記処匯報提綱」(一九六五年三月一二日)『党的文献』一九九五年第三期、三七―三九頁、中共中央文献研究室編『周恩来年譜(一九四九―一九七六)』中巻、北京：中央文献出版社、一九九七年、七一六―七一七頁。
(46) 予算外資金について、一九八九年の『中国統計年鑑』によると、国家予算に組み入れられず、国家が規定した範囲内で、各地方、部門、企業、事業、行政単位がそれぞれ自主的に徴収し使用する資金であった。
(47) 中国社会科学院・中央檔案館編『一九五八―一九六五 中華人民共和国経済檔案選編』固定資産投資与建築業巻、北京：中国財政経済出版社、二〇一一年、一六三頁。
(48) 谷牧「関於地方自籌資金搞基本建設的状況報告」(一九六五年一一月一一日) 中国社会科学院・中央檔案館編『一九五八―一九

六五　中華人民共和国経済檔案選編』固定資産投資与建築業巻、北京：中国財政経済出版社、二〇一一年、一八三—一八四頁。

(49) 中共中央文献研究室編『周恩来年譜（一九四九—一九七六）』中巻、七一九頁。

(50)「国家計委、国務院国防工弁関於小三線地方軍工建設幾個問題的請示報告」（一九六八年六月二〇日）陳夕編『中国共産党与三線建設』二三四—二三五頁。この一九六八年の報告では、文革の前まで、劉少奇らの指導者が資金の流用を禁止するなどの制限をしたことで、小三線建設の進展を妨げたと批判した。この批判は、ある程度一九六四年から六六年の間の状況を反映したものであったと考えられる。

(51)「国家計委関於第三個計画安排情況的匯報提綱（草稿）」（一九六五年九月二日）中共中央文献研究室編『建国以来重要文献選編』第二〇冊、北京：中央文献出版社、一九九八年、三六三—三六六頁。

(52) 中共中央文献研究室編『毛沢東年譜』第五冊、五三四頁。

(53) 馬泉山『新中国工業経済史（一九六六—一九七八）』三一二頁。

(54) 楊漢卿・梁向陽「二〇世紀六七十年代広東的小三線建設」『紅広角』二〇一五年第七期、二三頁。

(55) 一九六六年五月一六日に党中央政治局拡大会議で「中国共産党中央委員会通知」（五一六通知とも呼ばれる）が通過した。その通知は文革の発端になった。

(56) 卜偉華『砸爛旧世界——文化大革命的動乱与浩劫（一九六六—一九六八）』香港：中文大学出版社、二〇〇八年、九七頁。

(57) 同上、一〇五頁。そこには天津市党委書記の胡昭衡、河北省党委第一書記の林鉄、山西省党委第一書記の衛恒などが含まれた。また、李雪峰自身は、当時華北局会議に二人の中央指導者が参加したと述べた。

(58) 啓之『内蒙文革実録——「民族分裂」与「挖粛」運動』香港：天行健出版社、二〇一〇年、一〇三—一一三頁。

(59) 華東局第一書記、上海市党委第一書記の柯慶施は大躍進運動以来、最も毛沢東の路線に追従していた地方指導者だったが、一九六五年四月に急死した。それ以降、華東局第一書記が正式に任命されることはなく、魏文伯は華東局書記、秘書長であった。

(60) 卜偉華『砸爛旧世界——文化大革命的動乱与浩劫（一九六六—一九六八）』一九〇頁。

(61) 李井泉が毛沢東の信頼を失った時期について、比較的信憑性のある仮説は高華「在貴州四清運動的背後」『二十一世紀双月刊』二〇〇六年二月号、八二頁で示されている。高華によれば、李井泉は一九六〇年代に入ってから劉少奇に追従するようになった。

特に社会主義教育運動の方針について、貴州省で大規模な粛清を行ったことや、貴州省党委員会を再編した際の後任の選択が毛沢東の不満を招いたと言われる。

(62) 「中共中央給西北局、東北局併吉林省委的両封電報」(一九六六年一一月)中国人民解放軍国防大学党史党建政工教研室編『中共党史教学参考資料』第二五冊、上冊、北京：中国人民解放軍国防大学内部出版、一九八六年、一六四頁。

(63) 文革の混乱期において、各中央局が活動を停止させた時期を確定させるのは困難である。ここで依拠した中国共産党中央組織部の編纂による『中国共産党組織史資料』も、必ずしも正確な情報を伝えているとは限らない。例えば、そこで華北局は一九六六年の冬に工作停止したと記載されているが、当時の紅衛兵が流通させた資料によれば、一九六七年五月まで北京で華北局会議が開かれていたとされる。

(64) 一九三五年に北方局が国民党によって潰滅させられ、多くの幹部が逮捕された。逮捕中の幹部は党中央の同意を経て反共声明を発表したため、薄一波、劉瀾濤、安子文などを含めて六一人が釈放された。しかし、文革初期に劉少奇がトップの座にいた北方局を打撃するために、この事件が再び提起され、「六十一人叛徒事件」と呼ばれた。文革の終了後、一九七八年一一月二〇日に党によって再審査が行われた結果、関係者は名誉回復された。

(65) 前述のように、華東局第一書記柯慶施が一九六五年四月に死去した後、中央による後任の華東局第一書記の正式な任命はなかった。なお、陳丕顕『陳丕顕回憶録——在一月風暴的中心』上海人民出版社、二〇〇五年、二九頁によれば、当時の上海市党委第一書記の陳丕顕は華東局の代表として華東局秘書長の魏文伯と共に北京で中央局書記会議に参加した。後に、華東地域の文革の展開にも関わった。

(66) 中共中央華北局機関革命造反派聯絡総站他『李雪峰是華北局頭号走資本主義道路的当権派』出版社不明、一九六七年(中文出版物服務中心編『中共重要歴史文献資料匯編』第一六輯第二八四分冊、洛杉磯(ロサンゼルス)：中文出版物服務中心、二〇〇三年、五頁)。

(67) 遼寧無産階級革命派連絡站『宋任窮反党反社会主義反毛沢東思想言行三百例』出版社不明、一九六七年(中文出版物服務中心編『中共重要歴史文献資料匯編』第一六輯第四六八分冊、洛杉磯(ロサンゼルス)：中文出版物服務中心、二〇〇八年、初版一九六七年、四三―四四頁)。

（68）「中央軍委関於集中力量執行支左、支農、管、軍訓任務的決定」（一九六七年三月一九日）中国人民解放軍国防大学党史党建政工教研室編『中共党史教学参考資料』第二五冊、三六一頁。

（69）革命委員会は文革期に設立された、旧来の党機構や行政機構に代わる新たな権力機構であった。

（70）例えば、中南局の元幹部と中南地域の造反系組織によって結成された「中南局直属機関革命幹部聯絡総部」の存在が紅衛兵資料に残されている。『戦中南』編集部「陶王趙地下黒司令部八大金剛」（一九六八年八月三日）『戦中南』広州（Association of Research Libraries and Center for Chinese Research Materials, 紅衛兵資料――*Red Guard Publications*, Washington, D.C.: Center for Chinese Research Materials, Association of Research Libraries, vol. 2, 1975.）。

第六章　改革開放への道

——秩序の再建と広域統治機構

はじめに

前章では、戦争準備体制の展開と中央局の関連性を明らかにした上で、文革の前期における中央局の崩壊過程について検討した。文革中には中央局が次々と活動停止になったにもかかわらず、六大地域を想定した後方基地および小三線建設は発展し続けた。本章では、文革の収束から改革開放への転換を背景として、六大地域の構想がどのように経済、政治体制、軍隊の整頓などの秩序の再建の中に位置づけられたのかを考察する。その上で、毛沢東から鄧小平への権力移行期において、いかなる要因が地方制度の選択に影響をもたらしたのかを分析する。本章の考察を通じて、毛沢東時代に長期的に重要な役割を担った中央局がなぜ復活できなかったのか、またそのことが改革開放以後の中央地方関係の構造上の変化にとってどのような意味をもっていたのかを明らかにする。

まず第一節では、文革が終結し、第五次五ヵ年計画（一九七六―一九八〇）において再び提起された六大地域の構想が、いかなる要因によって頓挫したのかを考察する。さらに第二節では、文革から改革開放にかけて、それまで六大地域に定着していた人事配置に関する変化を分析した上で、鄧小平が考案した地方党委員会の再建の実情を明らかにする。最後に、改革開放以降の時代において、広域統治機構の消失は中央地方関係に対してどのような変化をもたらしたのかを述べ、本書の主張と広域統治機構の意義を再確認する。

1　中央局再建の構想と頓挫にみる中央地方関係の転換点

本節では、まず文革の収束後、一九七五年に公表された第五次五カ年計画において、六大地域の構想が再び提起されるに至った政治的な背景を整理する。また、毛沢東の死後に起きた政治状況の変化の中で、いかなる要因が六大地域復活の構想を頓挫させたのかを詳考する。

（1）文革の収束期における六大地域の復活

一九六九年三月に中ソの部隊が衝突する珍宝島事件が起こった後、戦争の危機感がさらに高まり、毛沢東は早急に戦争準備を進める必要性を表明した。この状況をうけて、一九七〇年二月一五日から三月二一日にかけて開催された全国計画会議では、三線建設と戦争準備を中心とする第四次五カ年計画の議論が行われた。第三次五カ年計画の内容と比べて、一九七〇年度の三線建設の核心的な部分であった国防、軍事工業のみで、予算の一九七・九八億元、実に全体の基本建設予算の約三〇・六％を占めるという大規模なものとなった[1]。また、中央局が主導した第三次五カ年計画のような地方の農工業の発展を含めた広い意味での戦争準備とは異なり、一九七〇年の場合は軍の勢力拡大によって主に軍事工業プロジェクトを盛り込む内容となった[2]。

それと同時に、従来の六大地域から、大軍区を中心とした作戦体制および経済体系への移行も計画された。前述した全国計画会議において、戦争準備の一環として全国を東北、華北、西北、新疆、華東、山東、閩贛（福建省と江西省)、中原、華南、西南の一〇の経済協作区に分け、戦争を支援するための自己完結的な工業体系をそれぞれの協作区に建設すべきことが提起された(3)。特に注目すべきは、この経済協作区の範囲区分は過去の六大地域を放棄し、各大軍区の範囲を意識したものであったことである。この区分の変化は二つのことを示唆している。一つは、本来の六大地域の区分が国共内戦期からの戦略に基づいたものであったことである。そのため範囲区分の変化は、実際の作戦に関する考え方に変化があったことを推測させる。もう一つは、一九七〇年代には解放軍が地方政治と深く関わっていたため、こうした変更も各軍区を重視する当時の権力構造を反映していたと考えられることである。

ところが、一九七一年に入ってからの国内政治は新たな動向をみせた。一九七一年に米国のキッシンジャー大統領補佐官が秘密裏に訪中し、その翌年のニクソン大統領の訪中を発表したことによって中国を取り巻く国際情勢の緊張が緩和された。さらには同年九月に毛沢東暗殺計画を企てたと言われる林彪がモンゴルへの亡命中に死亡した、いわゆる林彪事件が起きた。こうした政治状況の変化を背景に、毛沢東は国内の実務を周恩来に任せ、前述した軍事工業の投資に偏っていた第四次五ヵ年計画の修正に着手した。

周恩来の主導のもとでは、三線建設の調整や国家計画の管理強化、経済管理部門における軍の権限の縮小などの方針を通じて、軍事中心の経済発展方針の是正が行われようとした(4)。それと同時に、文革中に停滞していた経済発展を加速させるために、一九七三年に四三億ドル規模の化学繊維、化学肥料のプラント輸入を定めた、いわゆる四三方案が国務院によって決定された。さらにこのプラント輸入計画は、西側先進国と地方の要望に応じる形で、化成肥料、発電所、石油化学など様々な生産プラントに拡大をみせた(5)。このように、一九八〇年代の発展の主軸である現代化と外資の導入は、一九七〇年代から始動していた。

しかし、経済分野における軍事偏重は修正されたとはいえ、そのことは戦争準備計画の放棄を意味したわけではなかった。一九七三年五月の中央工作会議で、周恩来は経済計画について、三線建設の偏重を改めて沿海部にも投資すべきことや、農業、軽工業を発展させるべきことを強調した。また周は地方の役割について、地方分権化を継続的に拡大する上で、各地域が経済協作区を建設し、独自の作戦を遂行できるように自己完結的な工業体系を構築すべき方針を示した。(6)

以上の修正内容は、文革の直前に中央、地方の間で合意された戦争準備と地域の長期的な経済発展を両立させる計画と重なる部分が多い。それにともない、一九六〇年代に構想された国家発展の長期目標、いわゆる工業、農業、国防、科学技術の「四つの現代化」も一九七五年一月の全国人民代表大会で復活した。(7)

もう一つの重要な変化は、一九七〇年に成立した一〇の経済協作区が、再び文革前の中央局を中心とする六大地域(東北、華北、西北、華東、中南、西南)に戻ったことである。前述の修正内容を踏まえれば、六大地域の復活には以下の三つの理由があったと考えられる。第一に、当然ながら如上の経済計画の執行にとって必要不可欠であったためである。周恩来が一九七〇年代に主張した経済発展と戦争準備の両立という方針は、基本的に一九六〇年代の枠組みを踏襲したものであった。そのため、かつて戦争準備体制と地方発展の中核をなした六大地域の再建は不可欠であった。

第二に、軍区の範囲に沿って設定された一〇の経済協作区を六つに戻すことで、解放軍の経済分野に対する影響力を弱めるためである。つまり、解放軍が自らの勢力範囲において広域的な経済協作区を構築することを未然に防ごうとした意図があったと考えられる。他の措置としては、一九七二年から七五年にかけて、中央の経済部門のポストの中で解放軍の占める割合を五七%から二八%に減少させる人事の調整も行われた。(8)

第三に、大規模な分権化を折衷的に調整する政治的な思惑によるものである。一九七〇年以降は毛沢東の意向をうけて、中央直属企業の管理権限、財政権などを含めた大規模な地方分権化が行われた。(9)それに対して、周恩来は一気に大規模な地方分権化を推し進めることに対して懸念を示したが、当時はほとんど実務に関わることができなかった。

ところが周恩来の権限が復活すると、一九七二年から統一的な計画の重要性が再び強調された[10]。このことからすれば、周恩来は文革前の六大地域の協力体系を活用することで、地方分権化に対して歯止めをかけようとしていたと考えられる。つまり、周は地方分権化に反対していなかったものの、経済協作区によって各省の経済活動を制限する方針であった。こうした一九七〇年代の広域統治機構の運用は、本書が明らかにしてきたような、広域統治機構が果たした集権化と分権化の間の折衷的な政治状況の維持機能とも一致している。

一九七五年、毛沢東は病が重篤になった周恩来に代えて、鄧小平に国内の経済、政治、軍事の整頓を担当させた。そうした状況において、同年秋、国計委は第五次五カ年計画と第六次五カ年計画（一九八一―一九八五）を合わせた「一九七六年―一九八五年国民経済発展の一〇カ年発展規画要綱」の草案（以下、規画要綱とする）を制定した。規画要綱では、国民経済の向上、三線建設の充実と強化、六大地域を中心とする自己完結的な工業および戦争準備体制の構築、農工業の協調発展の実現という目標が掲げられた[11]。さらに、地方の経済発展については、六大地域の自給自足について、第六次五カ年計画までに地域内部で必要な農産品、鉄鋼、燃料、軽工業産品、基層兵隊の武器などを自力で生産するという目標が定められた。

このように規画要綱で六大地域の役割が中心的に取り上げられたことで、六大経済協作区の活動は一九七五年にすぐさま始動した。また国計委が経済管理体制について「体制問題に関する報告（草稿）」を作成し、経済協作区の組織と機能に関する概要が定められた[12]。経済協作区の制度設計は、これまでの広域統治機構を意識したものであったが、相違する点もいくつかある。

まず、組織の位置づけ上、経済協作区は国務院の出先機構であるが、その権力中枢は党の「領導小組」であるとされた。領導小組は一九五〇年代以降に誕生した議事協調機構であるが、党中央や国家、国務院、地方などの様々なレベルで設置されている。領導小組は重要な目標に応じて設立される傾向があり、その運営に関して実質的なルールが存在しないと言われる。中央局と比べれば、領導小組の目的は具体的な事務処理にあったのではなく、指導者たちの間の議事協調として用いられることが多かったと考えられる。

領導小組の人員は地域内部の省の指導者から選ばれたが、その傘下の事務機構は国計委の業務指導をうけることも定められた。こうして、経済協作区は地方指導者を主体に運営されながらも、国計委の影響力を確保するかつての広域統治機構のような制度設計がなされた。ただし、経済協作区と対応するより強力な広域の党や政府機構の再建については言及がなされなかった。その原因の一つは、各地の軍部の影響力が依然として強かったことにあったと推測できる。つまり、経済協作区と対応する広域の党機構を再建することは、軍部に対してさらに広い範囲の管轄権限を与えることとなる。そのことは中央にとって脅威になり得るため、六大地域の経済協作区が復活されても、より強大な権限をもつ党や政府機構の再建はできなかったのである。

経済協作区会議は一九七五年五月に行われ、各区の意見を集約した次年度の経済計画、規画要綱の詳細を作成することが予定されていた。[13] 以上からすれば、一九七五年の経済協作区の会議資料は残されていないものの、六大経済協作区は実際に一九七五年の段階ですでに活動を開始していたと思われる。

（2）政治の変動——華国鋒の失脚と経済調整

一九七六年、毛沢東が死去し、さらに江青ら四人組が逮捕されたことで、一〇年にわたり続いた文革は正式に終了した。その後、毛沢東路線の忠実な後継者として華国鋒が中国の最高指導者になったが、鄧小平らをはじめとする建国以前からの幹部と比べて彼の経験は浅かった。文革期において急速に地位を高めた華国鋒の権力を支えていたのは、毛沢東が華に宛てた「あなたがやれば、私は安心だ」という「遺言」だった。[14] 毛沢東の忠実な後継者であることを示すために、華国鋒は「すべての毛主席の決定は断固として守らねばならず、すべての毛主席の指示に忠実に従わなければならない」、いわゆる「二つのすべて」のスローガンを打ち出した。[15] そのスローガンを支持した政治局メンバーの汪東興、呉徳、紀登奎などは「すべて派」とも呼ばれる。

党内の権力基盤を欠いていた華国鋒は、毛沢東の権威に頼って自らの権力を確立しながら、停滞した経済を回復させなければならなかった。ところが、一九七七年の中国は、燃料、原材料の深刻な不足に陥っていた。この問題を解決し、すみやかに経済の損失を取り戻すために、国計委は前述した四三億ドルのプラント輸入計画に投資項目を追加し、六五億ドルの方案を提示した。華国鋒のみならず、当時の指導部は文革中に長く停滞した経済発展を取り戻すために焦慮していた。その中で、一九七七年に中央政界に復帰した鄧小平は政治局会議において、輸入計画を八〇億ドル規模に拡大することを許諾する意見を示し、その後も計画の拡大に積極的な姿勢をみせたと言われる。[16] 結局、新技術とプラントの輸入計画は次々と上方修正され、一九七八年七月に八〇〇億ドルの計画が浮上した。経済専門家の陳雲、李先念らはこれほど多額な外債を負担できるかについて疑問を示したが、計画の肥大化を止められなかった。[17]

外国からの資金と技術の導入と並行して、毛沢東時代の大衆動員、自力更生を重視する大慶、大寨の生産モデルのキャンペーンは継続していた。一九七六年から七七年にかけて「工業は大慶に学ぶ、農業は大寨に学ぶ」の全国会議が開かれた。その二つの会議において、第三次五ヵ年計画で抜擢された国計委主任の余秋里は、自力更生の方針を示しながら、一九七五年の規画要綱をほぼ踏襲する形で、六大地域を中心とした自己完結的な工業体系の構築について言及した。[18] さらに、一九七八年の計画でも同様に、六大地域それぞれが食糧、農業機械化、化学肥料などの自給自足を一九八五年までに達成する目標が掲げられた。つまり、この時期の経済方針は、基本的に一九七五年の長期的な経済発展と戦争準備を両立させる方針を踏襲したものであった。

一方で、一九七八年の外資、技術の導入規模は当初の想定をはるかに超えるものとなり、その実現の可能性が十分に検討されていなかった。その結果、すぐにインフレを含む財政破綻が判明した。さらに、華国鋒にとって経済政策の失敗よりも問題となったのは、毛沢東路線を堅持する「二つのすべて」の方針が党内外の不満を招いたことであった。こうした状況において、一一月の中央工作会議は本来一九七九年、一九八〇年度の経済計画や四つの現代化に関して議論する予定であったが、党内幹部の「二つのすべて」に対する不満が噴出した。こうした政治状況の中で、中国の公式の歴史書で改革開放の転換点と位置づけられる中国共産党第一一期中央委員会第三回全体会議（以下、第一一期三中全会とする）が、一九七八年一二月に開催された。その会議では、彭徳懐など一部の幹部の名誉回復、階級闘争の終結、「二つのすべて」の否定、地方の経済権限の拡大などが決定された。

ところが、この会議を経ても、改革開放の方針はすぐには確立しなかった(19)。肥大化した計画による財政赤字とインフレの問題を解決するために、一九七九年に陳雲の主導のもとで「調整、改革、整頓、向上」の八字方針による経済調整政策が実施された。それは、経済の均衡を取り戻し、現実に見合わない投資による財務困難を解決し、基本建設投資の多くのプロジェクトを大幅に削除するものであった。また、国計委主任の余秋里は国家エネルギー委員会の主任に異動した。この人事異動は、毛沢東時代の経済発展戦略からの転換を求める新たな政治動向を意味したと考えられる。

そこでもう一つ注目すべきことは、六大地域の構築に関連する記述が第一一期三中全会の決議でみえなくなり、一九七九年六月に公開された一九七九年国民経済計画草案でも消えたことである(20)。この年から六大地域の構築に言及されなくなったことについて、その理由を正面から説明した資料は見当たらないが、当時の経済政策の背景を踏まえるならば、以下のような理由が考えられる。

まず、六大地域が各自の経済体系を構築するという主張は、そのことが統一的な計画の重要性や中央による集中的な管理を軸とする調整政策の徹底化を妨げ得るという陳雲の意見をうけたものであったと思われる。特に、鄧小平は改革開放の初期において経済の専門家である陳雲の意見を極めて重視していたため、陳雲の意見を基本的に受け入れていたと言われる。[21] また、本書の第三章で検討したように、陳雲は一九六〇年代の経済調整期において、経済協作区の存在が統一的な計画指導に不利であることを主張し、当時の華東局幹部と衝突していた。そうした陳雲の経済協作区に対する考え方は一九八〇年代になっても変わらず、さらに重要な意見として受け入れられたと思われる。

以上のように、鄧小平への権力移行および経済調整政策の展開を背景に、六大地域の構築については言及されなくなったが、後述のように地域に基づく経済体系の構想が引き続き一九八〇年代にかけて存在していた。

（3） 戦争準備体制の解消と国内政治

六大地域の枠組みの消失は、以上で検討した経済政策の転換による結果だけではなく、六大地域によって支えられてきた戦争準備体制の解消を求める中央の方針とも関連していたと考えられる。

前述したように、一九七五年に鄧小平の整頓のもとで策定された第五次五カ年計画は、外国からの資金や技術の導入に頼ることで経済発展を加速させる方針と、戦争準備体制の構築を組み合わせたものであった。それに対して、一九七八年以降の鄧小平は半鎖国的な状態から脱却し、対外開放政策に大胆に踏み出したことで、経済発展の加速化を成し遂げたと評価されてきた。こうした変化からすれば、戦争準備体制の解消は毛沢東の革命外交路線から対外開放への方針の転換による必然的な結果と思われる。ただし、これまで検討してきたように、一九六〇年代以降に進められた戦争準備体制は地方政治とも深く関わっていた。そこで、続いては戦争準備体制の解消が国内の政治力学に対して及ぼし得る影響について、地方における軍事と経済活動の分離、および三線建設の終結という二つの側面から検討していく。

まず、地方における解放軍の経済活動は、一九六〇年代の戦争準備の展開によって著しく増加していた。本書の第五章で検討したように、大躍進運動後の経済危機への対処と戦争準備を並行して行うために、解放軍と各中央局が自らの資源を動員して、作戦のための食糧、軍需工場、倉庫、軍用物資の準備を進めていた。戦争の可能性がさらに高まった一九六五年に、戦争準備の必要に応じて、各軍区の資金、物資を運用する権限を拡大させるための「財務管理改革方案」が定められた(22)。

この改革案によって、軍隊の収支に対する統一的な管理が行われなくなり、軍隊が地方の工場や農場の運営を通して得た収入については、各部隊が自由に運用することができるようになった。また、その後の文革期における軍部統治は、農業、工業支援を通じた国民経済の安定化がその核心的な任務の一つとされたため、地方における解放軍の生産領域への介入が深まった。そうした背景をうけて、解放軍が自らの物資や資金を確保するために、地方で戦争準備に応じて設立された工場を強制的に管理するという状況もしばしば見受けられた(23)。

さらに、一九六九年に中ソ国境紛争が激化する中で、林彪の側近である呉法憲、李作鵬が主導的な役割を果たしていたと言われ、一九七〇年度に三線建設の予算は大中型基本建設項目の半分以上を占めた(24)。軍隊は政策決定を主導しただけでなく、建設現場でも多くの兵力が投入された。例えば、三線建設の主要プロジェクトである西南鉄道の建設任務を担っていた鉄道兵の人数は、一九六〇年代初期から末にかけて三倍に増加した(25)。また、一九六六年に戦争準備の建設プロジェクトを進めるために、解放軍が管轄する基本建設工程兵が創設され、三線建設だけでなく、各地の石油、煤炭開発、軍事工業などの建設プロジェクトに幅広く関わるようになった(26)。一九八一年までにその人数は四九・六万人に達した(27)。

一九七二年八月、中央は地方における解放軍の革命左派、農業、工業の支援、さらには軍事管制および軍事訓練の項目から成る、いわゆる三支両軍活動の終了の方針を示した「三支両軍の若干の問題に関する決定（草案）」を下達した(28)。「三支両軍」の終了をきっかけに、中央は軍隊の経済活動を減少させるよう呼びかけを行ったが、軍隊の経済活動の整頓は、一九七八年まで全国的にほぼ手付かずの状況であった(29)。以上からみれば、解放軍の経済分野における定着の一つの要因は、一九六〇年代から始まった戦争準備体制の持続にあったと考えられる。そのため、鄧小平は軍隊の整頓を徹底するためにも、解放軍の経済活動を活発にさせる戦争準備体制の解消に着手しなければならないと考えたのであろう。

第二に、戦争準備体制の解消にともなう三線建設の終了は、沿海地域の発展を求める方針転換につながったと考えられる。周恩来は一九七二年時点で沿海部への投資を増やし、全国の均衡的な発展を強調し、三線建設の一部の予算を沿海部に移転するよう指示した。[30] ところが、内陸部における重工業基地の構築を重視する考え方は、依然として戦争準備体制の継続と共に残されていた。例えば、葉剣英は一九七七年の講話で、米ソとの戦争の可能性を示しながら、内陸部の基地建設を構築する重要性を強調した。[31] このように、戦争準備の持続は三線建設の終結の阻害となり、全国の資源分配の方針に影響を与え続けたと思われる。

ここまで、一九七九年以降に戦争準備の重要性およびそれを支える六大地域への言及がなくなったことの二つの理由をみてきた。こうした戦争準備体制の解消にともない、鄧小平は軍隊財務の中央集権的な管理、あるいは軍隊の人員削減などの改革を行った。その一環として一九八六年までに、一九六〇年代の戦争準備計画のために生まれた基本建設工程兵は廃止された。さらに三線建設のプロジェクト削減などが一九八〇年代の前半にかけて本格的に行われるようになったことで、数十年の長きにわたる戦争準備計画は幕を閉じた。

以上の考察を通じて、本節で明らかにした内容をまとめるならば、次のようになる。

まず、一九七二年以降、文革直前に形成された戦争準備と地域の長期的な経済発展を両立させる計画の構想が再開された。そのことをうけて、文革前にその計画の中核であった六大地域に基づく自己完結的な工業体系の建設も再び取り上げられ、六大経済協作区が復活した。六大地域の再建には、それまでの広域統治機構の運用に共通する政治意図が込められていた。つまり、周恩来らの官僚は、一九七〇年代以降拡大し続けた地方分権化に反対はできなかったものの、六大地域の枠組みの活用を通じて、折衷的に地方分権化に歯止めをかけようとしていたと考えられる。ところが、毛沢東の死によって政治状況が一変し、以上の構想は一九七八年までしか維持できなくなった。その背景には経済政策上の変更だけではなく、戦争準備体制の解消にもあったことを検討した。また、戦争準備体制を支える六大地域の枠組みが解消されたのは、単に一九七〇年代末の対外開放政策の転換による付随的な結果ではなく、それを通じて国内政治の問題の解決を目論む鄧小平の意図を反映していたと思われる。

2　六大地域を中心とする人事配置の解体

前節では、六大地域を中心とする計画が一旦復活されたが、鄧小平への権力移行と共に国家発展戦略の全面的な転換を迎える中で、その計画が放棄された経緯と原因を考察した。続いて本節では、六大地域の運営を支えてきた人事配置の解体について分析する。これをきっかけに、一九八三年以降革命化、若年化、知識化、専門化の「四化」原則に基づく新しい幹部の選抜や、地方の党組織の刷新が進められた。本節の分析を通して、中央がどのように地方の党、行政機構の改革を進め、新たな中央地方関係を構築していったのかを明らかにする。

（1）地方党委員会の人事と組織の刷新——一九七五年—一九八三年

前述した三支両軍活動の終了にともない、改めて省級党委員会による党、政、軍への領導が強調された。また、地方の党委員会の人員構成の調整について、軍職をもつ幹部を減らし、一般行政業務の経験をもつ地方幹部を主要ポストに多く配置する方針が示された。こうして、一九七三年からは地方党組織の文民統制の再建のために、文革初期において打倒された一部の幹部が復帰した。特に、一九七四年から一九七五年の間に、鄧小平が主導した全面整頓政策

図1　中央局幹部の配置状況

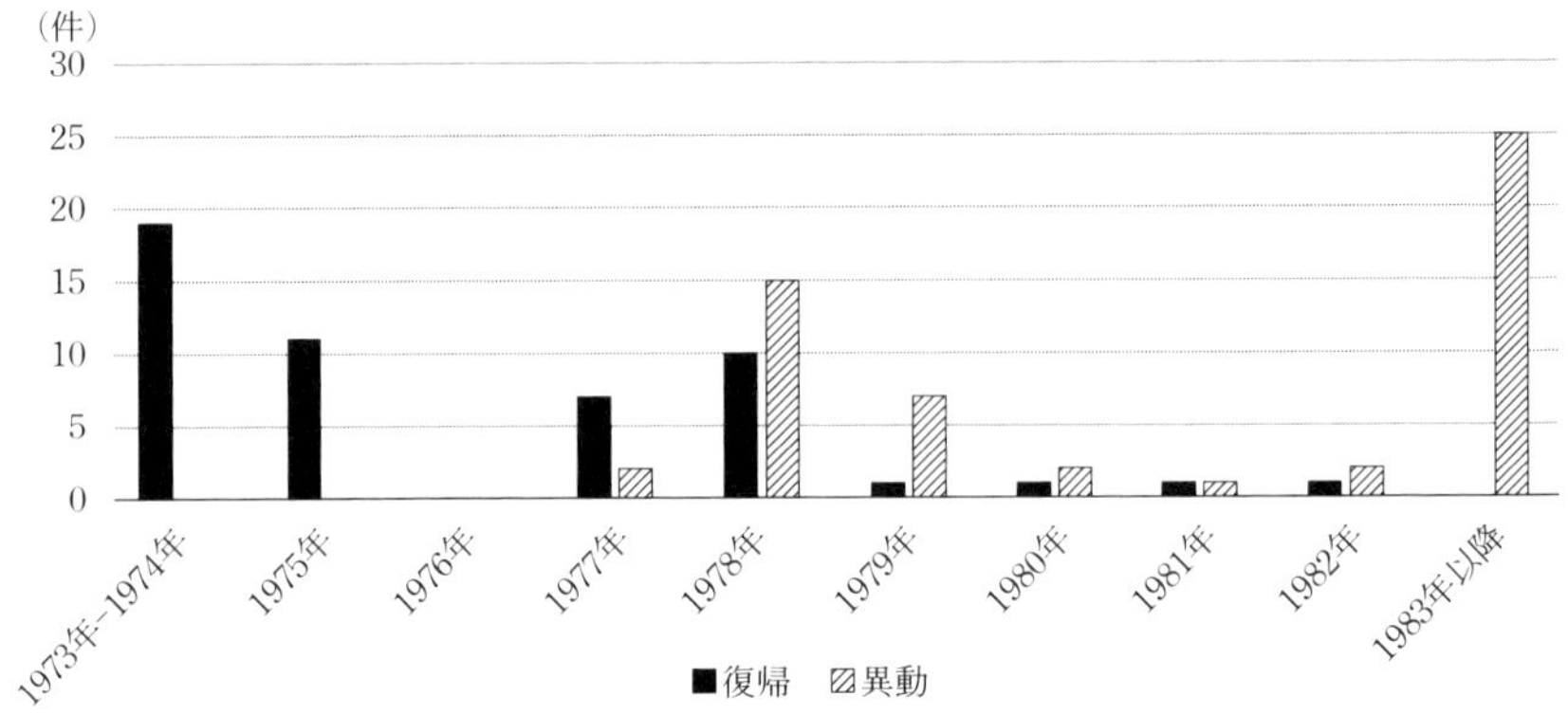

（出所）　中共中央組織部他編『中国共産党組織史資料　第6巻　「文化大革命時期」（1966.5-1976.10）』北京：中共党史出版社、2000年、『中国共産党組織史資料　第7巻　「社会主義発展新時期」（1976.10-1997.9）』北京：中共党史出版社、2000年、何虎生他編『中華人民共和国職官志』北京：中国社会出版社、1993年に基づいて筆者作成。

の展開にともない、さらに多くの古参幹部の復帰がなされた。

図1は一九七三年から八二年の間に、文革前の中央局幹部が同じ地域に復帰した状況を示したものである（棒グラフの左側の黒色の棒）。ここから分かるように、中央局幹部が同じ地域に復帰できた時間は、一九七三年―七五年に集中している。一方で、一九七八年については、復帰した人数が増加したのと同時に、転出者も大幅に増えている。つまり、毛沢東時代の末から改革開放の初期までに六大地域の人事配置は維持されていたが、一九七八年以降中央局幹部が六大地域から離れていった傾向がみられる。

一九七八年まで六大地域に基づく人事配置が維持された要因には以下の二つがある。

第一に、中央は古参幹部の復帰を通じて、文民による統治の回復や、文革期に激しく展開された地方の派閥闘争を解決しようとしたためである[32]。以上の目標を成し遂げるために、その地域の状況を熟知している幹部が必要であった。このことは、同一地域での長期間の工作経験を重視する毛沢東時代の幹部任用原則とも一致している[33]。

さらに、中央局幹部が同一地域に復帰したのは、解放軍幹部との関係も考慮されていたと思われる。この点について、本書の第一章で検討したように、各軍区の司令員と同じ野戦軍の経験をもち、共同作戦に従事してきた中央局幹部は、一九五四年以降各軍区の政治委員として就任する事例が多かった。こうした共同経験は地方における文民統制および協力関係の構築に役立つと思われた。つまり、一九七三年の時点において、中央には、文革中に地方での権力基盤を失った中央局幹部が解放軍を牽制しながらも、彼らの協力を得て地方における諸問題を解決しようとする政治的意図があったと考えられる。

例えば、文革前に長らく江蘇省第一書記、華東局書記として務めていた江渭清は、一九七四年に華東地域の江西省第一書記に復帰し、福州軍区の政治委員を兼任していた。当時の福州軍区司令員の皮定均は、国共内戦期において江渭清と共に華東野戦軍団の第六縦隊に所属しており、江渭清の部下であった(34)。また、江渭清と同じ時期に山東省第一書記として復帰した白如冰は、華東地域で長く務めたことがあり、さらには当時の済南軍区司令員の曾思玉と西北地域で共に戦った経験を有していた(35)。以上のように、中央局幹部が同一地域に復帰したのは、その地方における工作経験が考慮されただけではなく、解放軍幹部との関係もその要因の一つであった。

第二に、一九七三年以降の経済発展計画における六大地域の復活を支えるためである。第一節で述べたように、一九七五年の経済計画は六大地域の再建を中心に立てられたものである。その計画を執行するために、複数の省に跨る地域機構の運営を熟知している幹部が必要であったと考えられる。本書の第一章で考察したように、文革前の幹部の異動はほとんど同地域で行われたため、彼らは地域の統治をめぐる経験を共有し、制度のあり方についてコンセンサスを得ていた。その結果として、広域統治機構の運営に関しては明文化されていなかったものの、同一幹部の存在によってその持続を成し得たと考えられる。一九七〇年代の六大地域の再建においても、過去に六大地域の運営経験をもつ幹部の存在が必要とされた。

ところが、図1で示したように（棒グラフの右側の斜線の棒）、一九七八年を境に中央局幹部は建国以来務めていた地域から離れていった。これは、一九七八年以降の六大地域の構想の消失に応じた人事異動でもあったと考えられる。さらに、後述するように、一九八〇年以降の政治状況の変化をうけて、中央局幹部が六大地域を離れる状況が加速した。

(2) 地方党委員会の「四化」——制度化に向けて

鄧小平は、文革終了直後の段階において、古参幹部の復帰の必要性を認識していたものの、この時期の幹部の終身制や高齢化、組織における個人への権力集中、さらには新政策の担い手の不足などを問題視していた。[36]それを解決するために、鄧小平は幹部の「四化」、つまり革命化、若年化、知識化、専門化という新たな幹部の任用原則を示した。また、幹部の刷新と共に、各級党、政府機構の肥大化を批判し、機構の簡素化の必要性も挙げられた。[37]同じ時期に、陳雲や中央組織部部長の宋任窮は四化を実施するために、革命世代の幹部の退職の必要性や専門知識をもつ若い幹部を抜擢しなければならないとする意見を繰り返した。[38]

ところが、文革を経て長らく抑圧されてきた古参幹部は、そうした方針に必ずしも積極的に応じたわけではなかった。[39]それに対して不満を感じた鄧小平は、省級党委員会書記の全体会議において再び若い幹部の起用が共産党政権の存続に関わる重要な問題であるとし、古参幹部から率先してポストを若手に譲ることを要求した。[40]さらに、鄧小平は直接地方に赴き、経歴の長い幹部に人事、組織を刷新するよう説得した。[41]この一連の措置や鄧小平の要請に応じて、一九八三年から各級地方党委員会は古参幹部の退職にともない、年齢、学歴などの基準に基づいて機構の調整および人員の削減を行った。例えば、河北省党委員会の場合は、書記一〇名を五名に、常務委員二一名を一三名に調整し、五五歳以下の若年幹部はそのうちの二三%を占めた。また、大学やそれに相当する学歴をもつ幹部の比率も三八%にまで上がった。[42]

その中で、一九八三年以降の中央局幹部はほとんど中央に異動し、地方党委員会に留任したのはわずか数名であった。中央局幹部が地方から離れたのは、先に述べた幹部刷新の政策のためだけではなく、中央が地方における経済改革の行き詰まりを打開するための措置でもあった。一九六〇年代に起こった西北局の政治紛争が改革を妨げる要因になったことはその一例である。当時の陝西省委宣伝部長の林牧の回想によれば、西北局組織部部長の馬文瑞は一九七八年に陝西省第一書記として復帰したが、彼の影響で当時の陝西省党委員会は保守的であり、農家生産請負制の進展は遅かった。さらに、馬文瑞のもとで一九六〇年代に急進的な政治運動を主導した西北局幹部が重要な役職を担当し続けていたと言われる。この状況に応じて、一九八二年に中央組織部は馬文瑞に代えて、胡耀邦と近い関係をもつ趙守一を陝西省第一書記とする意向を伝えたが、馬文瑞は中央の要求に対して消極的であり、一九八四年まで在任し続けた[43]。その結果、中央の意中の人物であった趙守一は同書記に着任できなかった[44]。

以上の事例とは対照的に、中央から退職の要請がなく、地方党委員会に留任したのは、鄧小平や胡耀邦、趙紫陽との政策立場が比較的近い人物であったと思われる。これらの中央局幹部は、一九八〇年以降、中央の意向に従い、地方における改革開放政策の局面を打開し、地方党組織の再編に重要な役割を果たしていた。例えば、趙紫陽は四川省の第一書記を務めていた時期に、一九七五年に率先して四川省で農家生産請負制などを導入した。趙紫陽は中央に異動した後も、国共内戦期に胡耀邦と同時期に中国共産主義青年団に加入した譚啓龍に四川省第一書記を担当させた。この人事は、中央の四川省における改革政策を継続的に推進するためであったと考えられる[45]。後述するように、一九八〇年代の初期において、企業の自主経営権の拡大については、四川省や重慶市が重要な実験場として選ばれた。

ただ、ここで注目すべき点は、以上のように地方の重要幹部として留任した中央局幹部は、それまで長らく務めていた地域から離れたことである。例えば西北局の霍士廉は華北区の山西省、華東局の陳丕顕は中南区の湖北省、華東局の譚啓龍は西北区の青海省および西南区の四川省に異動した。このことは、毛沢東時代において地方幹部が同一地域の省の間で異動したという原則と大きく異なる。こうした人事異動の変化は、中央局幹部の地方行政の経験を引き続き発揮させると同時に、古参幹部が同一地域に長く定着することにより起こり得る地方党委員会の人事刷新の障害を避けようとしたためであったと考えられる。

本節では、六大地域の運営を支えてきた人事配置の解体を中心に、文革期から改革開放以降の地方幹部政策の変容を検討した。その内容をまとめると、中央局幹部は一九七二年以降文民統制の再建や六大地域の復活を支えるなどの理由で復帰できたが、一九七八年を境に建国以来務めていた地域から離れ始めた。それと同時に、改革開放以降の需要に合わせて地方における新たな人事が補完され、省の第一書記のほとんどが同地域で務めるという毛沢東時代以来の原則が打破された。その結果、異なる区域の省と省、そして中央と省の間の幹部の人的交流が頻繁に行われるようになった。

3　広域統治機構の終焉と中央地方関係

ここまで、六大地域を中心とする国家発展戦略の構想が改革開放の展開をうけて放棄されたこと、また六大地域の運営を支えてきた地方幹部もそれぞれの地域を離れたことを明らかにした。続いて本節では、改革開放の本格的な始動を背景に、広域統治機構がいかに変化したのかを考察する。その上で、広域統治機構が中央地方関係にいかなる意味をもっていたかを再確認する。

(1)　市場化と広域統治

第一節で考察したように、一九七八年に行われた党の第一一期三中全会以降、六大地域についての言及が消失したが、それは鄧小平への権力移行を背景として、一九七九年の経済調整政策の展開および戦争準備体制の解消の結果によるものであった。ところが、中国の経済改革の方法をめぐる論争が続いていた一九八〇年代において、六大地域の構想は完全に放棄されたわけではなく、経済協作区の形式を復活すべきとする意見が根強く存在していた(46)。

ここで改めて経済協作区の機能をレビューし、それと市場メカニズムとの矛盾点を簡単に検討してみたい。本書で考察してきたように、六大地域の重要な経済機能の一つとして、市場の不在を補い、地域内部の横のつながりを維持することがある。具体的に言えば、複数の省に跨る地域単位の経済計画を完成するために、各省は広域統治機構を通じて内部の物資、資金などを分配、流通させた。ところが、こうした枠組みは市場のメカニズムに頼ることなく、各地方政府の行政命令によって動かされていた。この枠組みの中で、地方党委員会によって管理された企業の自主性は低く、行政地域によってその活動が制限されていた。

それに対して、一九八〇年代の経済改革をめぐっては、第一次五カ年計画のような中央集権的な計画経済を行い、地方に権限を下放し、そして市場化を進め企業に権限を与えるべきとする三つの考え方が存在していた(47)。これらの考え方をもつ指導者たちは計画と市場、党の役割などをめぐって長らく論争を続けていたが、引き続き行政の手段を通じて地域単位の経済体系を構築するよう主張した意見はみられない。その中で、計画経済を擁護する陳雲は、計画と市場の関係を「鳥籠理論」で説明した。それは、鳥籠（一定の計画枠組み）がなければ、鳥（市場）はコントロールから離れてしまうという理論である。ただし陳雲は、計画という鳥籠を重視しなければならないが、その籠の範囲は必ずしも一つの省や地域を指しているわけではないと強調した(48)。つまり、陳雲はそれ以前のような行政区画に基づく経済体系の構築の必要性を否定した。

こうした背景において、一九八〇年六月から八月にかけての『人民日報』の社論では、地方間の協業関係は行政地域に縛られるべきではなく、地方、企業にさらなる自主性を与えるべきであり、さらには経済効率を最大化する原則に従うべきであるとする意見が明確に示された。[49] 以上のように、経済管理方式について、過去の行政地域の制限を打破し、市場メカニズムの調節を導入する方針が確立された。さらに、一九八二年に公表された第六次五ヵ年計画において、「計画経済を主とし、市場調節を補助とする」ことが基調とされた。その際にも、六大地域もしくは経済協作区の記述はなかった。

他方で、一九八〇年代前半にかけて経済調整政策を継続する緩やかな経済発展目標が設定されたが、地方における経済建設の熱気は抑えられなかった。沿海部では深圳、珠海、汕頭、厦門の四つの地区が経済特区として整備され、国内外の企業を誘致するために様々な優遇措置が打ち出された。また、地方や企業に多くの自主権を与える様々な改革も始められた。地方政府のインセンティブを高め、その活性化を維持するために、地方が一定の上納額を請負額とし、請負額を達成すれば余剰分の収入は各地方政府に留保される「財政請負制」が導入された。さらに、国営企業に関しても、一九八〇年以降企業の自主的経営権限が拡大され続けた。

ところが、地方や企業への権限委譲が拡大したことによって、各地で自らの財政収入を増やすために各地域間の自地域保護が行われ、当該地域内外の自由な流通等を妨げる状況が発生した。それに対して、国務院は一九八三年に重慶市を中心とし、複数の省に跨る西南経済協業体制を設立した。[50] 趙紫陽はこうした地域に跨る協業体制の目的は、条条、塊塊による分断を打破することにあると繰り返し強調していた。[51] つまり、中央が地域間の経済協業体制を設立したのは、それ以前のような地域ごとの自己完結的な工業体系を構築するためではなく、地域の封鎖を打破して経済効率を向上することをその目的としたのである。

このような経済協作区と類似する枠組みの設立は、最初は西南地域で限定的に行われたが、一九八六年以降全国に普及していった。当初それが限定的に設立された理由は、以下のように考えられる。まず、中央は廃止されて間もない六大地域の管理体制が復活するという印象を与えることを避けようとしたと考えられる。特に、前述したように一九八〇年代初期においては、毛沢東時代のような経済協作区を復活すべきとする意見が一部で根強く存在していた。加えて、過去の経済協作区を熟知している幹部がまだ一部で留任していたため、行政的な手段を通じて広範囲の資源や資金の封鎖が再び行われる可能性も考慮されたと思われる。

また、中央は企業による地域間の協業体制が地方政府の反発を招くことを懸念していた。毛沢東時代において、各地域は自己完結的な工業体系として組織化されたことを前提としており、地方政府の管轄による国営企業が地域を超えた活動を行うことは想定されていなかった。それに対して、改革開放初期において、企業の自主的な経営権が拡大しつつあったものの、地方政府の企業に対する影響力は依然として強かったため、企業の各地域に跨る活動は依然として干渉をうけていた。そうした状況を打破するためにも西南経済協業体制の試行が始まった。実際に、その一部である四川省では、一九七九年から企業の自主権を拡大する実験的な改革を実施し始めた[52]。中央はこの改革の経験に加え、西南経済協業体制を通じて省ごとに管理された企業の活動を拡大させようとした。ところが、西南の中心都市である重慶市において、地域協業体制の趣旨で新たに設立された企業の多くは行政部門の干渉をうけ、最初の段階で改革の実験は必ずしも順調ではなかった[53]。

一九八四年一〇月の中国共産党第一二期中央委員会第三回全体会議では「中共中央の経済体制改革に関する決定」が決議された。これにより中国経済の規定は、陳雲が主張した「計画経済を主とし、市場調節を補助とする」から「計画的な商品経済」へと切り替えられた。このことは、市場化へ向けた大きな変化であった。このことを背景として、国務院は一九八六年に経済協作区を含めた各地域、業種、部門に跨る経済協業方式を促進する方針を打ち出した。そこでは、前述した企業の各地域に跨る経営方式の促進が核心的な目標とされた[54]。それに応じて、各地域、業種の企業の経済協作区が成立し、その数は数百を上回ったと言われる[55]。こうして、経済協作区は市場経済をサポートし、地域間の障壁をなくした全国市場を実現するために再登場した。

（2）広域統治機構の再来と挫折

ところが、一九八九年の天安門事件によって、過度の市場化および政治改革に反対する政治勢力が再び台頭した。それに対して、鄧小平は一九九二年の南巡講話を通じて、改革開放の路線を堅持する立場を示し、同年一〇月の中国共産党第一四回党大会において「社会主義市場経済」路線が確立された。改革開放以降の中央にとっても、条条、塊塊をいかに整合するかという問題は、依然として重要な行政問題として存在し続けている。

そこで、中央は引き続き各地域に跨る協力体制の構築を行政、経済効率の向上に応用しようとした。前述した経済協作区は一九八六年に大いに宣伝され、第七次五カ年計画（一九八六―一九九〇）以降、再び五カ年計画や政府工作報告などの公文書で記述されるようになった。経済協作区および他の名称をもつ広域統治機構の目的は、条条、塊塊の制限や地域の境界線を打破し、物資、労働力、技術、資金をスムーズに流通させる協業体制の構築にあったとされてきた。例えば、西南六省区市七方経済協調会、黄河経済協作区、長江三角洲城市経済協調会などは二〇〇〇年代以降も活躍している。これらの経済協力を目的とする広域統治機構は、固定した領域やそれに対応する党や政府組織が存在していないため、地方の自発的なイニシアチブに頼り、強力な統制力をもたなかった。

他方、地方政府は改革開放を牽引する上で重要な役割を演じてきたが、過度の地方分権による中央の弱体化、経済の過熱や地方保護主義も問題視されていた。そのため、一九九四年の中国共産党第一四期中央委員会第三回全体会議で「中央の権威を維持する」という方針が明確に取り上げられた。その方針のもと江沢民政権では、経済、財政、政治などの面で様々な措置が打ち出され、地方に対する統制が強められようとした。中でも最も注目されるのは一九九四年の財政制度の変更である。中央は、一九九四年に「分税制」を導入し、その結果「財政請負制」が廃止された。この制度の導入によって、地方財政の自主性はある程度担保されたが、中央の財政能力およびマクロ・コントロールの能力が強化された。

さらに、前述した経済協力を目的とする広域統治機構に対して、当時の専門家はこうした機構は地方における経済封鎖を解決できず、実際にはより大きな「塊塊」を形成させたとして批判した(56)。こうした意見を踏まえ、中央は一九九三年から地方政府の行政干渉による不良債権の問題を解決するために、地方の金融管理に対して広域統治機構の導入を計画し始めたが、そこで考案されたのは前述した経済区とは異なる制度であった。一九九七年のアジア金融危機を機に、中央は計画経済期の行政区画に基づいて設置された人民銀行の省級分行（支店）を廃止し、複数の省に跨る大区分行を全国に九つ（天津、済南、南京、上海、武漢、広州、西安、成都、瀋陽）設立した。大区分行の運営は地方から独立し、人民銀行の本行（本店）の直接の指示をうけたとされる。この措置は、省級地方政権の影響力を排除し、人民銀行の独立性を高めることによって、地方金融機関の監督強化を成し遂げようとするものであった(57)。

ところが、大区分行は想定された制度効果を発揮できたわけではなかった。その原因の一つは、地方の協力の不足にあったと思われる。例えば、二〇〇三年に、ある大区行長は「過去、省レベルの分行があったときは、年越しの際に省長が行長をともなって北京に行き、資金集めに奔走していた。それは、地方政府が人民銀行を自らの一部門とみなしていたためであった。ところが、大区が設立されて以後は、このような状況が少なくなった。また、金融監督管理について、地方政府が積極的に協力しなくなり、金融監督管理を有効に行うことが難しくなった」と大区分行の運営の困難を述べた(58)。さらに、大区分行は方針の決定権を握っていたが、政策の執行は省およびそれ以下の行政レベルの支店に頼らなければならなかった。その結果、地方の協力なしでは大区分行が複数の省という広範囲の業務を管理することが困難であったとされる(59)。以上の状況は改善されず、一九九九年以降一部の金融管理権限が再び省に戻され(60)、二〇二三年三月に三一の省級支店が再建されて大区分行が正式に廃止された。

以上のように、本節では、改革開放の本格的な始動を背景に、広域統治機構がいかに変化したのかに着目した。その上で、改革開放以降の中央地方関係における広域統治機構の役割、およびその運用をめぐる中央の課題を考察した。

まず、各地域に跨る経済体系と市場化の関係について、一九八二年以降に確立した市場メカニズムの導入によって、企業の協業、物資、資金、技術の流通が行政地域によって制限される管理方式が否定された。ところが、地方間の封鎖を打開し、全国範囲の市場の形成を促進するために、一九八三年以降様々な形式の協作区が誕生し、一九八六年以降全国に普及していった。その活動の原則として行政地域を打破することが強調され、それに対応する党や政府組織は設立されなかった。こうした点は、かつての行政区画に基づき自己完結的な地域経済の構築を目的とし、かつそれに対応する党や政府組織をもった広域統治機構とは大きな違いがある。

それに対して、一九九〇年代に入ってから、中央は省級政府の影響力を弱めるために広域の人民銀行を導入し、その際に明確な管理範囲や機構を設置したが、大区分行は地方の協力を得られず、当初想定された効果を発揮できなかった。人民銀行の大区分行は表面的な制度においては中央局と類似しているが、その設立の趣旨からすれば、地方党委員会に頼って地域の運営を図ろうとした毛沢東時代の広域統治機構とは決定的な違いがあったと考えられる。

以上のように、改革開放以降の広域統治機構は過去のそれとは大きな違いをみせた。そうして中央は広域統治機構を通じて条条と塊塊を整合し、集権化と分権化の制度変動を調節する手法を運用できなくなったのである。

おわりに

本章では、毛沢東時代において、内政の運営と戦争準備体制の中核として機能してきた中央局はなぜ復活できなかったのか、さらには改革開放以降の中央地方関係において広域統治機構はどのように変容していったのかを考察した。その結果を、次の三つの段階に分けて再度説明しよう。

第一に、一九七二年以降、文革の直前に構想された戦争準備と地域の長期的な経済発展を両立させる長期発展計画が復活した。その中で、戦争を支えた六大地域に基づく自己完結的な工業体系の建設が目指され、六大経済協作区が再建された。この時期に文革以来混乱していた内政の見直しを主導した指導者たちは、六大地域を通じて地方への権限委譲を維持しながら、ある程度分権化に歯止めをかけようとしていたと考えられる。

以上の構想は毛沢東の死後もしばらく維持されたが、華国鋒が失脚して鄧小平への権力移行が起きると、内政および外交方針の転換が求められた。特に、鄧小平にとっては、六大地域の構築と密接に関わる戦争準備体制の解消が解決すべき課題であった。そこで本章では、軍隊と経済、三線建設による資源の内陸部への集中などの側面から戦争準備の持続がもたらした国内政治の問題に着目した。

本書で検討してきたように、毛沢東時代の広域統治機構は、折衷的な統治状況の維持や、一九六〇年代以降の戦争準備を支える自己完結的な工業体系の構築において、重要な役割を果たしてきた。そうした六大地域に対する考え方は、文革の大混乱を経ても変わらなかったが、本章で論じたように、鄧小平時代における内政および外交方針の転換に応じて解体されていった。

第二に、毛沢東時代から改革開放への転換において、六大地域に定着していた人事配置もまた解体した。文革中においても、地方における混乱を収拾し、六大地域の運営を継続させるために中央局幹部を本来の地域に復帰させる傾向があった。それに対して、鄧小平は新たな人材を増やし、さらには在任期間の長い幹部が改革開放を阻害するという状況を是正するために、一九八三年以降の幹部の「四化」の方針を導入し、地方の人事、機構の刷新を求めた。その中で、わずかに地方に留任した中央局幹部は鄧小平、胡耀邦らと近い政策立場や緊密な人間関係をもつ人物であった。しかし、地方の重要幹部として留任した中央局幹部でも、それまで長らく務めた地域からは切り離された。

こうして、六大地域に基づく人事配置が解体し、それ以降の中央は地方幹部の任地をより頻繁に異動させるようになった。この側面からすれば、改革開放以降は毛沢東時代と比べて人事権がより入念に操作されていたと考えられる。

こうした人事配置の原則の変化も、毛沢東時代から鄧小平以降の中央地方関係に根本的な転換が行われたことの表れであると考えられる。

第三に、改革開放以降の時代においても、複数の省に跨る広域統治機構が存在していたが、その存在の趣旨や構成は、過去の広域統治機構とは根本的な違いがあり、十分に機能できなかった。本章では改革開放以降に出現した広域統治機構の例を二つ取り上げた。

まずは、地方の封鎖を解除し、また地方政府の干渉をうけた企業の活動範囲を拡大させるために、一九八三年以降に誕生した各種の協作区がある。これらは一九五〇、七〇年代の経済協作区と同じ名称をもつが、その活動の原則として行政地域を打破することが強調され、それに対応する党や政府組織も設立されなかった。この点は、行政区画に基づく自己完結的な地域経済の構築を目的とし、かつそれに対応する党や政府組織を有したかつての広域統治機構とは根本的な違いをもつ。

一九九八年に設立された人民銀行の大区分行は、経済協作区とは異なる意図や制度設計をもつものであった。広域の大区分行は明確な管理範囲や管理機構を有し、省級政府の影響力を弱めるために設立された。しかし、地方の協力を得られず当初想定された効果を発揮できなかった。

最後に、以上の内容を整理して、組織の種類、地方との関係、人事、制度の目的などの面で新旧の広域統治機構の比較を試みたものが、表1である。ここからも明らかなように、改革開放以降の広域統治機構と比べて、毛沢東時代の中央局は制度的に大きな権限を与えられながら、その制度の運営は指導者たちの裁量に委ねられ、実際の状況に応じた柔軟性をもっていた。ところが、中央指導部はこうした特徴をもつ中央局の実際の制度効果を予測しにくい側面もあった。例えば、第三章で検討した経済調整期、第四章で検討した社会主義教育運動の事例において、中央局は中央の方針にそのまま従い執行したことはなかった。

表1　広域統治機構の比較

	毛沢東時代の広域統治機構	改革開放以降	
		各地域に跨る協業枠組み（経済協作区、協調会議など）	人民銀行大区分行
組織の種類	党組織	なし	政府組織
地方との関係	人事と組織の両面で地方と高度に重複しながら、自らの独自性をもち中央各部門と地方党委員会の業務を協調	地方主体の運営	省の影響力を弱め、地方を監督
人事の特徴	地方の指導者、党中央から直接に派遣された幹部（少数）	地方の指導者、企業主	国務院による人事任命
制度の目的	地域の党、政、軍隊を領導	行政区画の制限を打破し、経済協業を促進	人民銀行の金融管理を強化
機構の権限を規定する根拠	党規約、党の決議	強制力なしの会議決議	人民銀行法
運営の状況	幅広い権限を付与 運営方式は各地域によって異なり、各地の政治状況、指導者のコンセンサス、経験によって変動	固定的なルールがなく、地方や企業のイニシアチブによる主導	管理権限をもつが、地方の協力を得ずには効果の発揮が困難

（出所）筆者作成。

さらに重要な違いは、中央局は地方の政治勢力に頼りながら、その機構の「中央性」をある程度保っていたことにある。こうした制度上の両面性は、改革開放以降の広域統治機構にはみられなくなった。このことも、現在の中央が広域統治機構の機能を最大限発揮できなくなった大きな要因であると考えられる。

註

（1）劉国光・張卓元・董至凱『中国十個五年計画研究報告』北京：人民出版社、二〇〇六年、三一九頁。

（2）史雲・李丹慧『難以継続的「継続革命」――従批林到批鄧（一九七二―一九七六）』香港：中文大学出版社、二〇〇八年、二三七―二三九頁。

（3）呉暁林『毛沢東時代の工業化戦略――三線建設の政治経済学』御茶の水書房、二〇〇二年、一五二頁。

（4）馬泉山『新中国工業経済史（一九六六―一九七八）』北京：経済管理出版社、一九九八年、一〇七―一〇九頁。

(5) 同上、一一〇―一一一頁。

(6) 中共中央文献研究室編『周恩来年譜（一九四九―一九七六）』下巻、北京：中央文献出版社、一九九七年、五九七頁。

(7) 同上、六九一頁。また、文革が勃発する直前に、周恩来は一九六四年一二月の全国人民代表大会で第三次五ヵ年計画期から四つの現代化を実現することを述べた（中共中央文献研究室編『周恩来年譜（一九四九―一九七六）』中巻、北京：中央文献出版社、一九九七年、六九五―六九六頁）。

(8) 余汝信『風暴歴程――文革中的人民解放軍』下冊、香港：新世紀出版社、二〇二一年、一二六五―一二六八頁。

(9) 武力編『中華人民共和国経済史（一九四九―一九九九）』上冊、北京：中国経済出版社、一九九九年、六五一―六五五頁。

(10) 馬泉山『新中国工業経済史（一九六六―一九七八）』一一五頁。

(11) 程中原・夏杏珍『歴史転折的前奏：鄧小平在一九七五』北京：中国青年出版社、二〇〇三年、二五四頁。

(12) 同上、二三八頁。

(13) 馬泉山『新中国工業経済史（一九六六―一九七八）』一三四頁。

(14) 天児慧『中華人民共和国史（新版）』岩波書店、二〇一三年、初版一九九九年、一一五頁。

(15) このスローガンは一九七七年二月の『人民日報』、『紅旗』で掲載がなされた。

(16) Ezra F. Vogel, *Deng Xiaoping and the Transformation of China*, Cambridge, Massachusetts and London, England: The Belknap Press of Harvard University Press, 2011, pp. 226-227. ところが、韓鋼「関於華国鋒的若干史実（続）」『炎黄春秋』二〇一一年第三期、一二頁によれば、一部の資料では、鄧小平は八〇〇億ドルの主張をしたが、鄧の主張の背景と真意は不明であるという。

(17) Ezra F. Vogel, *Deng Xiaoping and the Transformation of China*, p. 427.

(18) 余秋里「全党、全国工人階級動員起来為普及大慶式企業而奮闘」（一九七七年五月四日）『紅旗』一九七七年年第六期、一七―三二頁。

(19) 中国の歴史書では、概して第一一期三中全会によって改革開放の路線が確立したという説明がなされる。それに対して、高原明生・前田宏子『開発主義の時代へ――一九七二―二〇一四　シリーズ中国近現代史⑤』岩波書店、二〇一四年によれば、それは後に形成されたストーリーであり、実際に「改革開放」という言葉が初めて現れたのは一九八四年五月のことであった。改革開放が『鄧小平文選』に登場するのは一九八六年三月の談話でのことで、一九八七年に人民日報での登場回数が一気に五〇一回に跳ね上がったという。

(20) 余秋里「関於一九七九年国民経済計画草案的報告」(一九七九年六月二一日)『人民日報』一九七九年六月二九日第一版。

(21) 趙紫陽『国家的囚徒——趙紫陽的秘密録音』台北：時報文化、二〇〇九年、一二九—一三〇頁。

(22) 総後勤部財務部・軍事経済学院編『中国人民解放軍財務簡史』北京：中国財政経済出版社、一九九一年、六〇四—六〇五頁。

(23) 陳東林『三線建設——備戦時期的西部開発』北京：中共中央党校出版社、二〇〇三年、二四五頁。

(24) 同上、二一二頁。

(25) 李可・郝生章『文化大革命中的人民解放軍』北京：中共党史資料出版社、一九八九年、三六二頁。

(26) 当代中国叢書編集部編『中国人民解放軍』下巻、北京：当代中国出版社、一九九四年、三三九—三四二頁。

(27) 同上、三四三頁。

(28) 「中共中央・中央軍委関於征詢対三支両軍問題的通知」(一九七二年八月二一日)宋永毅編『中国文化大革命文庫 Chinese Cultural Revolution』(第二版：CD-ROM)、香港中文大学中国研究服務中心、二〇〇六年。

(29) 林載桓『人民解放軍と中国政治——文化大革命から鄧小平へ』名古屋大学出版会、二〇一四年、一八九—一九一頁。

(30) 陳東林『三線建設——備戦時期的西部開発』二四〇頁。

(31) 葉剣英「中国共産党中央委員会副主席葉剣英在全国工業学大慶会議上的講話(摘要)」(一九七七年五月九日)『紅旗』一九七七年第六期、一五—一六頁。

(32) 江渭清『七十年征程——江渭清回憶録』江蘇人民出版社、一九九六年、五六六—五六八頁。

(33) 楊奎松『中華人民共和国建国史研究　一』江西人民出版社、二〇〇九年、三八〇頁。

(34) 江渭清『七十年征程——江渭清回憶録』二七五頁。

(35) 曾思玉『我的前一百年』下巻、大連出版社、二〇一三年、二〇一頁。

(36) 鄧小平「党和国家領導制度的改革」(一九八〇年八月一八日)鄧小平『鄧小平文選(第二版)』第二巻、北京：人民出版社、一九九四年、三二〇―三四三頁。
（37）鄧小平「精簡機構是一場革命」（一九八二年一月一三日）鄧小平『鄧小平文選（第二版）』第二巻、三九六―四〇一頁。
（38）陳雲「必須把老幹部離退休的工作辦好」（一九八〇年七月三〇日、八一年六月八日）『陳雲文集』第三巻、北京：中央文献出版社、二〇〇五年、四六八―四七〇頁。
（39）Ezra F. Vogel, *Deng Xiaoping and the Transformation of China*, pp. 555-556.
（40）鄧小平「老幹部第一位的任務是選抜中青年幹部」（一九八一年七月二日）鄧小平『鄧小平文選（第二版）』第二巻、三八四―三八八頁。
（41）黄金平・張励『鄧小平在上海』上海人民出版社、二〇一四年、一五三―一五五頁。
（42）中共中央組織部他編『中国共産党組織史資料　第七巻「社会主義発展新時期」（一九七六・一〇―一九九七・九）』北京：中共党史出版社、二〇〇〇年、四〇六頁。
（43）林牧『燭尽夢猶虚――胡耀邦助手林牧回憶録』香港：新世紀出版社、二〇〇八年、二四七―二五〇頁。また、その急進的な西北局幹部について、林牧はWと名前を伏せたが、本書の第四章の考察によればこの幹部は当時の西北局候補書記の王林と推測される。
（44）この時期の陝西省の政治状況は、一九六〇年代の西北局と胡耀邦の対立とも関係していたと推測される。本書の第四章で検討したように、一九六〇年代の社会主義教育運動の方針をめぐって胡耀邦と西北局幹部の間には激しい対立があった。当時は胡耀邦が新たに陝西省第一書記に着任したばかりであったが、西北局の意向に反して社会主義教育運動中に逮捕された幹部を解放しようとした。その際に、胡耀邦の方針を支持したのは陝西省第二書記の趙守一であった。その確執は一九八〇年代まで続き、そのため趙守一の人事任命が阻まれたと推測される。実際に、一九六〇年代に胡耀邦の助手を務めたことがある林牧は、一九八〇年代に陝西省で不遇が続いていたと自ら語っている。林牧『燭尽夢猶虚――胡耀邦助手林牧回憶録』参照。
（45）中共中央文献研究室編『鄧小平年譜（一九七五―一九九七）』上巻、北京：中央文献出版社、二〇〇四年、六五二頁。
（46）『人民日報』六月一〇日の社論において、経済専門家の薛暮橋は「横の協力体制をどのように促進するのかについて、計画会議の調査中、多くの同志は経済協作区の構想について言及した」と述べた。
（47）高原明生・前田宏子『開発主義の時代へ――一九七二―二〇一四　シリーズ中国近現代史⑤』四二頁。この三つのグループはさらに細分化することもできるが、その説明については、同書の七一―七三頁を参照。

(48) 中共中央文献研究室編『陳雲年譜（一九〇五―一九九五）』下巻、北京：中央文献出版社、二〇〇〇年、三一一―三一二頁。

(49)『人民日報』一九八〇年六月一〇日第五版、八月二六日第五版。

(50) 鄭有貴主編『中華人民共和国経済史（一九四九―二〇一九）第二版』北京：当代中国出版社、二〇一九年、一七一―一七二頁。

(51) 趙紫陽「研究新問題　把経済改革搞好」（一九八〇年三月一六日）趙紫陽文集編集組編『趙紫陽文集（一九八〇―一九八九）――第一巻（一九八〇―一九八二）』香港：中文大学出版社、二〇一六年、二二頁、同「政府工作報告」（一九八三年六月六日）『趙紫陽文集（一九八〇―一九八九）――第二巻（一九八三―一九八四）』香港：中文大学出版社、二〇一六年、八九頁、一〇〇頁。

(52) 趙紫陽『国家的囚徒――趙紫陽的秘密録音』二八頁。

(53) 伍再陽・陳思聡・涂政権「対重慶市聯営的調査与思考」『法学研究』一九八八年第三期、六七―七二頁。

(54) 国務院「関於進一歩推動横向経済連合若干問題的規定」（一九八六年三月二三日）『国務院政府公報』一九八六年第八号、二二一―二二七頁。

(55)『人民日報』一九八六年六月一〇日一版、七月二一日一版、劉世慶「中国改革開放三十年的区域政策転型与演進」『経済体制改革』二〇〇九年第四期、一二九―一三三頁。

(56) 沈立人・戴園晨「我国諸侯経済的形成及其弊端和根源」『経済研究』一九九〇年第三期、一二―一九頁。

(57) 高原明生「アジア金融危機の政治経済学」『アジア研究』第四五巻第二号、一九九九年、五三―八〇頁。

(58)『二一世紀経済報道』二〇〇三年一月二七日。

(59) 陳暁莉「中国央行分支機構改革的制度分析――兼与美聯儲比較」『東岳論叢』二〇〇五年第六期、七九―八二頁。

(60) 陳惟杉・柳鴻生「金融監管――拆還是合　金融監管体制改革両起両落的歴史回顧」『中国経済週刊』二〇一六年六月二七日。

終章　広域統治機構の研究の意義と展望

中華人民共和国では、党が国家を領導するという大前提のもとで、中央の方針を貫徹しながら地方を活性化させるためにいかなる取り組みがなされてきたのか。この問いに対する従来の中央地方関係の研究は、主に経済的な権限の帰属の変化、すなわち中央に集権するのか、あるいは地方に権限を分譲するのかという、「収」と「放」のサイクルから説明してきた。

以上の研究動向に対して、本書は広域統治機構としての性質を有すると同時に、党中央の出先機関でもあった中央局という制度に着目した。中央局は中央によって、異なる政治的文脈において繰り返し統治システムの中に組み込まれた。こうした現象は、既存の枠組みにおいては、単に集権化と分権化の付随的な結果として説明されてきた。それに対して本書は、中央局が統治システムに取り入れられていった過程や、その持続的運用の様子について、一貫した原因の分析を試みた。その際、議論の土台として、統治制度の選択と運用にあたって展開された中央、地方の政治力学や、中央が直面したジレンマの解決への戦略について考察を行った。

序章でも提起したように、本書の考察によって、中央が中央局を通して集権化と分権化を調和し、統治システムの効果的な運営の実現を目指していたという主張の正しさが確認された。それに加えて、本書は行政管理の事例のみならず、毛沢東時代におけるイデオロギーの統制や戦争準備、さらには地方との連携に関しても、中央局が中心的な役割を担っていたことを明らかにした。

本章では、これまでの分析結果を改めて整理した上で、本書の考察内容が現代中国の中央地方関係論に対して、どのような新たな示唆を与え得るかについて述べる。

1　中央局の形成、持続、消滅

中央局の運用には、中央がいかなる体制によって全国を統治するかについての方針が表れていた。本書ではその全体像を明らかにするために、中央局の形成、持続、消滅の過程を詳しく論じてきた。その分析の結果を整理すれば、以下のようになる。

第一に、中央局を中心とする統治構造が形成されたことの背景には、中央指導部が建国初期においてソ連式の経済制度を導入した一方で、中国に適した管理手段を模索していたという意図があった。第一章で検討したように、建国初期の中央指導者は、中国のような広大な国を管理するためには、中央集権的な管理体制では限界があることを認識していた。当時、第一次五カ年計画を実施するために、中央集権的な管理によって支えられたソ連式の計画経済体制が構築されていた。しかしそれと同時に、地方の活力を保ち、地方の協力を仰ぐための制度が考案された。第一章で明らかにしたように、一九五二年から五四年にかけて大行政区体制をめぐる一連の制度変更が行われたことで、計画策定に地方の意見を反映させ、中央各部委（=条条）と地方党委員会（=塊塊）の意見を統合することを可能とする大行政区体制の強化が継続された。つまり、中央指導部は早い段階から中央集権的な管理制度のみに頼るのではなく、地方の活力を発揮させながら、効果的な統治システムの運営を保つために大行政区体制の存続を構想していたのである。

第二に、中央局、経済協作区のような広域統治機構が集権化、分権化の制度変更があったにもかかわらず存続されてきたのは、中央が折衷的な政治状況を維持し、効果的な統治システムの運営を確保するためであった。さらに、一九六〇年代以降に六大中央局を中心とする戦争準備体制が構築され始めたことで、中央局は毛沢東時代の軍事、経済における発展構想の中心的な担い手となった。このことは、中央局の持続を強化する要因ともなった。

本書の第二章以降では、時間軸に沿って広域統治機構の設立状況を検討した。以下、各章の考察結果と関連づけながら、各政治状況における統治方針の運用の実態を説明する。

中央、地方の指導者は第一次五カ年計画以降も、国内を統治する上で最善の制度を模索し、様々な政策論争を続けていたが、その意見の主要な対立の図式は、次のようなものであった。すなわち、周恩来、陳雲のように全国範囲の状況を総合的に考え、均衡的な計画の実践を重視する立場（一九六〇年代の劉少奇、鄧小平もここに加えられる）と、毛沢東と一部の地方指導者のように、地方を活性化させ工業発展の加速化を強調する立場である。こうした意見の対立による制度変更に関して、従来の研究では集権と分権の循環という二項対立的な政策論争の結果として描かれてきた。それに対して、本書の考察を通して、当時の様々な意見の対立を折衷する中で、広域統治機構が表面上の集権化ないし分権化の制度変更を調和する役割を果たし、政治的な均衡を保つことに寄与していたことが明らかになった。

一九五四年に大行政区体制は一旦廃止されたため、第一次五カ年計画は本来の構想とは異なり、中央集権の側面を強調する体制を採用した。その結果、早くも一九五六年には中央統制の行き過ぎによって地方の能動性が大きく制限され、地方から強い反発をうけた。序章でも述べたように、中央指導部は管理制度改革の必要性を認識しており、特に統治システムにおける中央各部委、地方党委員会という二つの指揮体系をどのように調和させるべきかを模索していた。従来の説明によれば、中央集権的な管理制度の改革をめぐる意見対立の結果、一九五八年にすべての権限を塊に委譲するという急進的な地方分権が行われたとされる。すなわち、中央指導部は中央集権化の弊害を解決するために、徹底的に地方分権化を進めることを選んだとされるのである。

このような観点に対して、第二章では、この時期における大行政区体制と類似する経済協作区の設立と変容に着目した。そこでは毛沢東を含めた中央、地方の指導者が、かつての大行政区体制と類似し、かつ経済統括機能のみを備えた経済協作区の再建を制度改革の折衷案として受け入れた。そして中央は、大躍進運動の開始から収束の各段階に応じて、経済協作区の機能を調整することによって地方の能動性を増大させたり、地方をある程度牽制したりするという柔軟な対応をみせた。

こうした動きの中で再建されたのが、一九六〇年代の中央局であった。従来この再建は、大躍進運動の失敗に鑑みた中央集権策の一環として捉えられてきた。その通説に対して本書は、第二章、第三章で検討したように、中央が経済協作区を踏襲した上で中央局を再建したのは、大躍進運動の政策を支えてきた地方党委員会の影響力を温存するためであったことを解明した。すなわち、中央は迅速に大躍進後の秩序を回復させるために、中央集権策をとりながらも、中央局を通じて地方の協力を得ようとしていたのである。

このように、中央指導部は中央局と中央集権策の併用によって効果的な統治システムの運営を図っていた。第三章で指摘したように、中央は大躍進運動後に中央局の機能について、地方を統合し、さらには再建を果たせないでいた中央各部委の業務遂行を補助するものと規定していた。しかし、中央局は地域の利益を優先し、中央による経済の調整策に消極的に抵抗する行動をしばしばみせていた。そのため、一九六二年以降、全国において経済調整政策のさらなる徹底化を求めた中央統制派は、中央局の権限を弱めて中央集権化をさらに推し進める方針を打ち出した。注目すべきは、こうした方針の変更があったにもかかわらず、中央局を廃止すべきとする意見がなかったことである。つまり中央局の維持を前提とする考えが、当時の中央、地方指導部の間で共有されていたのである。

その原因は、中央局が一九六〇年代にかけて、地域の政治統合および戦争準備体制の構築に対して主要な役割を担っていたことにある。第四章で明らかにしたように、大躍進運動の収束段階において、中央局は中央に情報を提供し、地方党組織の人事異動に直接的に介入する権限をもっていた。また、第四章の社会主義教育運動の事例から明らかになったように、各中央局は中央の方針を忠実に執行したのではなく、地域の実情に応じた独自の統治方針をとっていたのである。これに対し、中央も地方における中央局の威信を維持することを重視し、中央局の裁量を基本的に尊重した。

さらに、第五章で検討したように、一九六〇年代以降の台湾海峡危機やベトナム戦争などの国際情勢の変化に応じて、中央局を頂点とする六大地域の戦争準備体制が構築されつつあった。一九六四年、中国の軍事戦略や経済発展の方針が転換点を迎えた際に、中央局の機能は大幅に強化され、管轄地域の政治、経済、軍事の頂点に位置づけられるようになった。中央局の強化は、対外的な危機とも大きく関連していたが、中央統制的な経済管理体制を緩やかに改革する中央指導者の意図によるものでもあった。

こうして中央局の存在は統治システムの運営の前提となり、強化されつつあったが、中央局の存立の基盤を崩したのは、他ならぬ文革の勃発であった。文革の継続によって党と政府の機構が麻痺し、中央局が存立する制度的な基礎が失われた。ところが、第六章で検討したように、文革の直前に構想された戦争準備と地域の経済発展を両立させる長期的な発展計画が復活し、六大地域に基づく自己完結的な工業体系の建設が再開された。そこで、六大地域を中心とする地域経済管理体制が再び復活し、一部の中央局幹部も本来務めていた地域に復帰した。つまり、文革の混乱を経た後においても、広域統治機構は引き続き毛沢東時代の地方統治の核心であるとみなされていたのである。

最後に、毛沢東時代のような広域統治機構の消滅について、本書は改革開放以降の戦争準備体制の解消、および市場化の導入による行政体系の変化から説明を行った。一九七八年までに中央局は復活されなかったものの、六大地域の工業体系構築および戦争準備の方針は依然として強調され続けた。ところが、地方における解放軍の経済活動や、それまで多額な投資を独占してきた内陸部の基地建設である三線建設は、戦争準備を強調する国の方針が変更されていなかった中で、完結されないままであった。これらのことは、特に改革開放の時代に求められた内政、外交の全面的な転換の阻害要因になったと思われる。従って、市場化の導入をうけて、かつてのように地域ごとの自己完結的な工業体系の構築や、広域統治機構を通じた地域の物資、資金、技術の流通という体制は必要とされなくなった。

一方で、改革開放以降の中国は急速な経済成長を遂げたが、中央は依然として広大な領域を統治するために、中央の権威と地方の活力をいかに両立させるかという課題に悩まされている。改革開放以降も複数の省に跨り、既存の行政地域を打破するための広域統治の枠組みが導入されたものの、その制度効果は十分に発揮できていないと言われる。このように、改革開放以降においては、広域統治機構を通じて柔軟に集権化と分権化を調節するという中央の統治手法が失われていった様子が窺われる。

2　中央局、中央地方関係と現代中国政治研究――本書の含意と展望

一九四九年の建国以後、文革まで繰り返し導入され続けた中央局について、独自の視点から分析した本書は、中央地方関係、さらにはより広く現代中国政治に対してどのようなインプリケーションをもち得るだろうか。本節ではこの点について述べることとしたい。

（1）毛沢東時代における中央地方関係の再考

本書は、中央局の活動という切り口を通じて、毛沢東時代の中央地方関係や党国体制といった伝統的なテーマの再考を試みた。そこから得られた本書のインプリケーションは以下の三点にまとめられる。

第一に、中央局を中心とする広域統治機構の実態の究明である。広域統治機構に関連する資料の公開は進んでおらず、また研究の進展も極めて乏しい分野である。特に、広域統治機構の権力中枢としての中央局は党中央の出先機関であるため、その活動と直接関連する資料の多くは、北京の中央檔案館に所蔵されており、現在も公開されていない。そこで、本書では、中央局をめぐる諸課題を解明するために、中国政府が出版した公開資料だけではなく、上海市檔案館、香港やオーストラリアに所蔵される海外流出資料などを利用した。

さらに、中国の内政、外交の問題がいかに連動していたのかについて、広域統治機構の視点から新たな検討を加えた。従来の研究で個別に論じられてきた外交戦略、経済発展計画、地方政治の問題は、中央局を中心とする広域統治機構の考察を通じて整合的に検討することができたと考える。そこから、中央指導部が外交戦略、内政問題を総合的に考え、有限の政策資源をいかに分配するかという課題について、その政策決定の過程の一端が明らかにされた。また、その過程において、戦争準備の方針は中央の独断で決定されたわけではなく、その執行を担っていた地方幹部の意見も政策作成に影響を与えていたことが明らかになった。以上のように、広域統治機構の究明によって、今後の毛沢東時代の政治史研究の刷新にもつながるだろう。

第二に、中央局の存在をめぐる課題を解明したことによって、毛沢東時代の中央地方関係を説明するのにしばしば用いられてきた、集権化、分権化という二項対立の構図に対し、新たな示唆をもたらした。先行研究では、暗黙の前提として中央の政策選好を再集権や厳格なマクロ管理とみる傾向が定着している。しかし、中央局という広大な領域に跨り、強大な権力を握った組織の存在を長く容認し続けたのは、当時の中央が中国のような広い国を統治するのにそれが必要かつ有効な手段だと考えていたからである。本書の検討によって明らかになったように、中央は中央局を容認しながらも、中央各部委による管理制度を構築し、その両者の効果を最大限発揮させようとしていた。

また、毛沢東時代の指導者は、単に表面上の制度変更だけによったのではなく、状況に合わせて政策や方針の修正を許容し、制度と政策を調整する柔軟性を示した。このような統治方式は、毛沢東時代が現在の中国の指導者に残した重要な政治遺産であったと考えられる。

第三に、中央局の考察を通じて、従来の研究の重要な焦点であった、毛沢東時代の地方の自律性に関する議論にも新たな視点を示せたと考える。

まず人事からすれば、序章でみたように、確かに中央局は党中央の出先機関であったが、その実態としては地方党委員会と人事、組織の両面で多くの重複がみられた。さらに、第一章で検討したように、中央局が管轄する範囲で務めた経験のある高級幹部は、ほとんど一九四九年から六六年まで異動することがなかった。仮に幹部の異動があっても、同じ中央局の管轄範囲内での異動が基本原則となっていた。中央局の管轄範囲に同じ幹部が居続けたことは、同地域の安定的な統治の基盤ともなり、中央もそのことを重視していた。

さらに第四章では、一九六〇年代の中央局による党組織管理や社会主義教育運動の事例の検討を通じて、実際には各中央局独自の統治方針が重視され、必ずしも中央の意向が忠実に執行されたわけではなかったことが明らかとなった。この発見は、毛沢東時代において中央がイデオロギーや人事権を通して厳格な政治統制を行ったという通説に対し、一石を投じるものであると考える。

また従来の通説によれば、毛沢東時代において、制度上では地方の自律性が保障されていなかったが、地方は非公式のルートを通じてその影響力を発揮できたとされてきた。例えば毛沢東との政治同盟の結成や、地方が中央の方針を執行する際に各地方の実情に照らして中央の方針を調整することができたといったようにである(1)。それに対して、本書の考察によって明らかになったように、中央集権化が行われた一九六〇年代においても、中央局を通して地方党委員会の意見や提案が中央の政策決定過程に反映されていた。そして、中央局の管轄範囲を中心とする工業体系が形成されたことで、従前の計画経済体制のもとで問題となっていた地方間の経済提携の不足が改善されることになった。

以上のように、現代中国の国家形成期において、中国は厳格な中央集権的な体制をとることはなく、広域統治機構の存在を通して、制度的に地方を統合しながらその活力を保つことができたのである。このことは、改革開放時代に地方党委員会が活躍する基礎ともなったと考えられる。

（2）比較の視点からみる中央局

続いて本項では、広域統治機構の中核である中央局を比較の文脈に位置づけ、その特徴や一般性について論じてみたい。

序章でも述べたように、ソ共は党中央の指導を強化するために、中央の遠隔地において党中央の出先機関を設立した。その影響をうけた中共は、同じ時期に地方党組織の整頓を目的とした党中央の出先機関を設け、後に中央局という名称で定着することになった。ところが、そうした地方における中央の分身である機構は、中国とソ連において異なる展開をみせた。本書で検討してきたように、中国の中央局は戦争と共に安定化し、毛沢東時代にかけて地方の党、政府、軍隊を整合する重要な役割を果たした。

それに対して、ソ連が辺境地域や加盟国に設置した地域局は、存続時間が短かっただけでなく、党中央に強く統制され、その指示を忠実に実行するものであった(2)。また、両者が普及した範囲からしても、中国の中央局が全国範囲に導入されたのに対し、ソ連の中心部は中央政府によって直接統治され、地域局が存在したのは辺境や遠隔地のみであった。さらに、日中戦争、国共内戦期において活躍した中央局と比べ、ソ連の地域局の地方軍隊に対する指揮関係は比較的弱かったという指摘がある(3)。以上を整理すれば、両者は同じく地方における党中央の出先機関であるが、その機構の強靱性や普及の程度、地方政府、軍隊との関係性において大きな違いがある。

こうした差異が生じた理由として、成立当初における強固な党中央の有無という背景があったと考えられる。ソ連の場合、地域局が設立された際にはすでに内戦が終了し、強力な指導部や組織をもつ党中央が存在していた。そのため、地域局の権力は党中央に由来し、その意思を忠実に実行する傾向があった。それと比べて、中国では中央局を中心とする統治手法が形成された際、強固な党中央は存在していなかった。特に、一九二〇、三〇年代の中共は党内の権力闘争や国民党の弾圧によってしばしば壊滅の危機に瀕していた。そうした背景において、各地の中央局は中央の意思を執行したというよりも、むしろその権限を直接代行し、その存在は党中央の権威に匹敵することもあった。つまり、中央局が地方を支配した権威は完全に党中央の権力に由来したのではなく、地方を実際に統治していた間に獲得されたものであったと言える。このことは、後に中央局が長く存続し続け、一定の独自性をもつ機構として発展できた一つの要因であったと考えられる。

さらに、少数民族地域における中央局の設置状況からは、中国とソ連の少数民族政策の違いの一端が窺われる。ソ連は一九二〇年代に遠隔地域や加盟国に地域局を設置していたが、その後は連邦制を導入し、現地民族のエリートも積極的に起用する傾向をみせた。それに対し、中国の少数民族政策は民族自決よりは統一戦線の理念に基づき、党指導部は漢族を中核に据えて、少数民族を配置し団結させる志向があった。五つの少数民族自治区の中の二つ、新疆ウイグル自治区、寧夏回族自治区を管轄した西北局は、中央局の中で最も中央の意思を忠実に反映し、地域内の各省に対しても抑圧的な方針を採り続けてきた。このような西北局の姿勢は、外来者による支配、または建国前後の政治事件という要因の他にも、本書で取り上げていない少数民族の管理問題と関わっていると考えられる。このように、中央局の運用戦略からは、共に広大な国土、多様な民族を包有する大国である中国、ソ連の制度的、理念的な相違が浮かび上がる。この点のさらなる検討に関しては、今後の課題としたい。

(3) 広域統治機構からみる統治構造の連続と断絶

本項では、清末から中華民国期のいくつかの広域統治機構を取り上げ、一九四九年前後の連続と断絶について分析してみたい。そのことは、本書で論じたように、中国が近代国家として変貌を遂げる過程において、広域統治機構が新たな展開をみせたことをより明瞭にするはずである。

広域統治機構は決して中共独自の発明ではなく、歴史的にみて一級行政区の範囲に跨る広域統治機構は多く存在し、その範囲の広さや権力の強さゆえに、常に中央にとって警戒の対象となっていた。実際に、広域統治機構の存在が王朝の転覆につながった事例は枚挙に遑がない。ところが、歴代の統治者には広大な領土を統治するために、しばしば広域統治機構を運用しなければならないというジレンマがあった。

中国最後の王朝である清朝においても、中央、省の間に介在する総督、巡撫が設けられ、広域の行政、軍事、司法を統括する行政体制が採用された。督撫制度に関連する先行文献はすでに多くあり、ここでは詳細な考察を行わないが、その制度の特徴は以下の三つに整理できる。まず、制度と軍事作戦との関連性。清代総督、巡撫の総数は基本的に六から一五の間に維持されていたが、特に清朝の成立当初に作戦の必要に応じて頻繁に総数や管理の範囲が変動していた。第二に、中央は総督、巡撫の任期、出身地などを厳密に操作していた。そこには本籍地を含む地域を支配する官庁への奉職を禁じる、つまり本籍回避の原則があった。また、総督、巡撫は地方官であるが、その任期は短期間で不安定であった。中央には人事権や不安定な任期を通じて、総督、巡撫が地方で自らの権力基盤を構築することを防ごうとしたという狙いがあった。第三に、総督、巡撫の両者の権限には多くの重複があり、それぞれの権限が明確に規定されていなかった。そうした曖昧な制度設計は、総督、巡撫に相互に監視、牽制をさせる狙いがあったが、政治状況の変化によって中央、地方の相互の権力関係が流動化する可能性を有していたと思われる[4]。

ところが、清中葉の白蓮教徒や太平天国の乱以後、中央の勢力が弱まり、社会の秩序を維持できなくなり、督撫制度の運用に大きな変化が生じた。社会の混乱によって、地方で団練や義勇軍が組織され、自らの利益、治安を守るための民間の軍事化が進んでいった。それと同時に、中央も地方に対する統治を回復するために、地方の武装勢力を統合し、指揮可能な人物を総督、巡撫に任命し、多くの権限を与えた。こうした政治構造のもとで、総督、巡撫は管轄する省内において、独自の軍隊を保有したり産業を振興したりと専権を振るうようになり、実地の問題のみならず外交事務にまで参与する、いわゆる「督撫重権」という政治状況に発展した。地方の権限が拡大をみせる中で、一九一一年に起こった辛亥革命は、独自に政権、軍事権の運営が可能な各省の独立によって進行し、清朝は終焉を迎えることになった。

これをうけて、中華民国の成立当初からも、各省の権限配分に関する地方制度をめぐる議論が盛んに行われていた。その過程において、国家の最高指導者となった袁世凱は、国民党が拠った南方各省などの強力な地方勢力と対峙しながら、中央集権的な国家の構築を目指した。こうした背景において、一九一二年から頻繁に設置されたのは、複数の省に跨る巡閲使制度であった。例えば、長江、東三省、両湖などの広範な地域において巡閲使が設置された。

ただし、巡閲使は臨時的かつ不安定な措置という性格が強かった。というのも、それらは政府の執政のためというよりは、実力派軍人の籠絡や、政治闘争に利用された事例が多かった。例えば、一九一三年に袁世凱が張勲を長江巡閲使に任命したのは、彼の権力を形骸化させようとすることが目的であったと言われる(5)。張勲には名義上は複数の省の軍事、民政に関わる権限が与えられたが、実際には各省は袁世凱の側近によって統制されており、張勲は影響力を発揮できない状態にあった。

また、巡閲使の権限や支配可能な範囲は、政治状況や職務を担当する軍事指導者の実力によって変動することもあった(6)。有力な軍事指導者が実権をもち、かつ地方の実力者が巡閲使に任命された場合、地方権力の再強化につながることが多かった。例えば、異なる派閥の軍事指導者の対立を調和するために、奉系の張作霖が東三省巡閲使、直系の曹錕、呉佩孚が直魯豫巡閲使に任命された。この中央による任命は、地方における軍事指導者の支配を追認し、政治上の正当性を与えて統治基盤をさらに強化するという効果をもたらしたと言われる。以上を整理してみると、巡閲使は中央にとって正式な行政制度としては活用されていなかったが、地方の軍事指導者が統治基盤を複数の省に拡大させ、さらには国政にまで影響力を及ぼす機能を果たしていたと考えられる。また、それ以前の広域統治機構のように、軍事権、行政権の分立が考慮された制度設計とは異なり、巡閲使の場合はそれを頂点として、両者の権力が高度に融合していた。

一九二八年に蔣介石が率いる国民党が北伐に成功し、全国統一を成し遂げたことで、南京国民政府時代が幕を開けた。ところが、国民政府は引き続き中共や日本との作戦に対応するために、多くの広域の軍事機構を設けていた。(7) この時期においても、広域統治機構はほとんど行政機構として活躍することはなかったが、これまでの時期にはみられなかった党機構が機能していた。

日中戦争が勃発する以前に、国民政府は共産党勢力を潰滅するために、すでに東北、華北、徐州、華中などに複数の省に跨る広域の軍事機構を設置していた。日中戦争が勃発すると、蔣介石は効率的な戦争指導のために党機関に軍人や政府官吏を加え、地方では党の人材を政府の業務に活かすことを重視した。そうした背景において、国防最高会議が発足した。国防最高会議は戦区の状況に応じて、剿匪総司令、綏靖公署、行営、行轅などを設け、地方の党、政府、軍隊の一元的な管理を行った。こうした広域統治機構は、国共内戦期まで存続し続けた。

ここで戦争期における国民党の体制について、中央局の制度設計との簡単な比較を試みたい。先行研究では、国民党が築き上げた党政軍の合同機構における党の地位について、実際の現場では軍人や政府官吏がしばしば党に対し優位に立っていたと指摘される。(8) 地方における国民党の指導力の低下は、日中戦争の勃発以前からの問題であり、彼らが戦争期においても指導的な役割を果たせなかったことは、必ずしも制度上の問題とは限らない。ただし、その制度設計からすれば、中共の中央局は自らの機構をもつと同時に、党が政府および軍隊に対して指導的な地位をもつよう強調されていた。それに対して、国民党は党政軍を一元化する機構を通じて、党の権限そのものを包摂する制度を築き上げた結果、党は他の部門とも融合することとなった。そのことは、党の権限を発揮しにくくなる一つの原因になったと考えられる。こうした戦時体制の制度上の相違は、後の中共、国民党の党軍、党政関係の比較を行う際にも重要な手がかりになり得る。

以上のように、一九四九年前後に誕生した広域統治機構を簡単に比較整理した。清の中葉以降の督撫制の変容をはじめとして、地方の権力は徐々に上昇傾向を示し、中華民国の誕生前夜までに軍事、行政が高度に融合した勢力が各地に成立した。この中央、地方の政治構造は、国内外の戦争が相次ぐ中で持続された。地方将校は民国初期の巡閲使や、南京国民政府によって設立されたいくつかの広域統治機構を主宰し、行政府は多くの場合、その付随的な存在であった。こうした状況の持続は、中央統制の深化や、地方行政の正常な運営を妨げる一つの要因であった。

それと比べて、中共の率いる中央局は、以上のような権力融合の側面を有しながらも、党の領導的地位を確立し得た。本書で検討したように、一九六〇年代にかけて、中央局は引き続き軍事と関わり、戦争準備計画の中枢として機能していたが、それと同時に中央政府にとって行政手段としても活用されていた。つまり、中国が近代国家へ変貌していく中で、地方における軍事、行政の統合問題は、一九四九年以後の強力な広域統治機構の出現によって解決されたと言える。こうした広域統治機構は国家の運営を妨げる要素ではなくなり、統治戦略の一環となったのである。

本項では初歩的な比較の試みとして、広域統治機構の機能や運用に関して、一九四九年前後における連続と断絶に目を向けた。近代国家における広域統治機構の役割やそれぞれの差異に関する詳細な分析については、他の事例も含めて今後さらに掘り下げていきたいと考える。

（4）現代中国政治と中央地方関係——変化と持続

最後に、毛沢東時代に活躍をみせた中央局を中心とする広域統治機構についての考察は、改革開放期と現在の中国における中央地方関係を理解する上でどのような示唆を与え得るかということについて述べる。

まず、広域統治機構という統治手段の消失によって、中央地方関係にどのような変化が起こったのかについて考えてみたい。本書で考察したように、中央局を含む広域統治機構は具体的に規定されておらず、制度としての厳密さを欠くが、その運用に関して大きな裁量権が与えられていた。実際に、広域統治機構の持続的な運営は、地方に長らく定着し、豊富な統治経験をもった地方幹部に大きく依拠していた側面がある。このことから、広域統治機構は制度上の「中央性」と実質的な「地方性」という両面性を併せ持ち、それにより中央と地方の政治力学のバランスを保てたと言える。こうした柔軟さに頼ることで国の運営を維持したことは、毛沢東時代の統治体制の重要な特徴の一つでもある。

一方で、毛沢東の死後、鄧小平時代には地方の活性化のために大規模な地方分権化が行われ、政治運営にあたって様々なルールが制定されていった。その中で、地方は経済分野の権限を多く獲得したが、江沢民、胡錦濤の時代には、市場化するマクロ経済のバランスを保つため、金融、財政改革を中心とする再集権化の動きがみられた。さらに、江沢民政権以降には、地方幹部の定年制、人事交代や任地交流の頻繁な実施、地方主義の傾向の防止といった措置が次々と打ち出されていった(9)。加えて、現在の習近平政権のもとでは反腐敗キャンペーンが行われ、規律の強化、「法」による統制と摘発などが強調されている。以上の変化からすれば、改革開放以降、中央は地方統治に対して、様々な制度や規範の整備を進めていった傾向があったと言える。一方で、地方の政治上の権限や自主性は制度化されていないままであるが(10)、地方に対してかつてのような広域統治機構を通じた政治、行政上の幅広い裁量権が与えられることもなくなった。

現在の中国において、中央の権威を確保しながら、地方の活力を維持しなければならないというジレンマは未解決のままである。以上のことからすれば、表面的には制度上の分権化と集権化が再び循環しているかのようにみえるが、その実態については、より深くまで掘り下げた実証研究を進める必要がある。また、中央指導部がいかにして制度化と柔軟性を兼備した統治手法を打ち出すのかということも、引き続き注目すべき課題である。

加えて、本書の主旨とも関連する条塊関係の問題は、現在の中国においても行政管理上重要な課題としてしばしば取り上げられる。序章でレビューした先行研究でも指摘されるように、市場化が導入された現在では、さらに多くの政治アクターが加わったことによって、条塊関係が毛沢東時代より一層複雑になったと考えられる。

現在の習近平政権のもとでは、「党政軍民学、東西南北中、党は全てを領導する」というスローガンが喧伝されている。党の優越性を強調する習近平政権は、一九八〇年代に強調された「党政分離」の方針とは逆の方向に向かっている。二〇一八年に発表された「党と国家機構の改革を深化する」という政策文書によって、党と国家機構の構造面での大規模な改革が行われた(11)。そこでは党の優越性が全面的に強調され、いくつかの国家機関が党組織に吸収された。かつての毛沢東時代では、中央局のような党機構を通して条塊関係を統合する方式がとられたが、習近平政権で起こったこうした変化が、どのように条塊関係に影響を与えるのかについてはまだ不明な点が多く、さらに注視していく必要がある。

最後に、中国の地方制度と国家戦略の連動性についてもさらなる検討が必要であると考える。本書で明らかにしたように、中央局は地方の行政だけでなく、毛沢東時代の経済、国防戦略を執行する中核的な統治機構であった。中央局の消失は、毛沢東の人民戦争の構想が放棄されたことをも意味する。その観点からすれば、特に近年において、中国を取り巻く国際情勢の緊張感が高まる中で、各戦区と地方政府の連携にいかなる変化が起きているかという側面から、中央の戦略意図を窺い得ると考える。

中国における中央地方関係、一党支配体制、そして国家発展戦略は、今後どのように変化していくのであろうか。毛沢東時代における柔軟性や実用主義は、習近平時代においても活用され続けていくのか、あるいは独自の統治方針が確立されていくのか。これから時間をかけて、さらなる検討を進めていく必要がある。

註

（1） Parris Chang, *Power and Policy in China*, University Park: Pennsylvania State University Press, 1975., David S. G. Goodman, *Centre and Province in the People's Republic of China: Sichuan and Guizhou, 1955–1965*, New York: Cambridge University Press, *1986*., Frederick C. Teiwes and Warren Sun, *China's Road to Disaster*, Armonk and New York: M. E. Sharpe, 1999., 浅沼かおり「中央―地方関係の政治化――一九五八年を事例として」岡部達味編『グレーター・チャイナの政治変容』勁草書房、一九九五年、四〇―五七頁。

（2） Keller Shoshana, *Russia and Central Asia: Coexistence, Conquest, Convergence*, Toronto, Buffalo, London: University of Toronto Press, 2020.

（3） Jonathan R. Adelman, *The Revolutionary Armies: The Historical Development of Soviet and the Chinese People's Liberation Armies*, London: Green Wood Press, 1980.

（4） 川島真『近代国家への模索――一八九四―一九二五　シリーズ中国近現代史②』岩波書店、二〇一〇年、一一七頁。

（5） 劉迪香「長江巡閲使軍政職能探析」『湖南城市学院学報』第二八巻第四期、二〇〇七年、三〇―三四頁。

（6） 銭実甫『北洋政府時期的政治制度』上冊、北京：中華書局、一九八四年、二五三頁。

（7） この他、民国の制度史の紹介でよく挙げられるのは、西南政務委員会という広域統治機構である。それは広東省、広西省などを根拠地とする反蒋介石の政治勢力が南京中央政府から半独立状態で存在していたことで、その自治権を維持しながら国民政府からも離脱しないことを成立の背景とした。よってこの事例は、中華民国の広域統治機構というよりは、中央政府からの半独立政権に近いと考えられるため、事例としての紹介を省略する。西南政権に関連する代表的な研究として、西村成雄「国民政府形成期における政治統合のダイナミズム――一九三二年西南政務委員会と南京中央」毛里和子編『シリーズ中国領域研究』第一一号―中国の構造変動と二一世紀に向かう日米中関係、文部省特定領域研究一一三、一九九九年、一九―二九頁、陳紅民「胡漢民、西南政権与広東実力派（一九三二―一九三六）」『浙江大学学報（人文社会科学版）』二〇〇七年第一期、二一―三七頁、羅敏「走向団結――国民党五全大会前後的蔣介石与西南」中国社会科学院近代史研究所編『民国人物与民国政治』北京：社会科学文献出版社、二〇〇九年などが挙げられる。

（8）代表的なものとして、味岡徹『中国国民党訓政下の政治改革』汲古書院、二〇〇八年。一方で戦争期の党政関係については、国民党の役割を積極的に評価する先行研究も多い。例えば、李雲漢「抗戦期間的党政関係（一九三七―一九四五）」慶祝抗戦勝利五十週年両岸学術研討会籌備委員会編『慶祝抗戦勝利五十週年両岸学術研討会論文集』下冊、台北：中国近代史学会、聯合報系文化基金会、一九九六年、一―一九頁。

（9）呉国光「地方主義の発展と政治統制、制度退行」天児慧編『現代中国の構造変動　四　政治――中央と地方の構図』東京大学出版会、二〇〇〇年、三九―五九頁。

（10）鄭永年『中国的〝行為制連邦〟――中央―地方関係的変革与動力』北京：東方出版社、二〇一三年、三二〇―三二四頁。

（11）「中共中央印発《深化党和国家機構改革方案》」新華網、二〇一八年三月二一日〈http://www.xinhuanet.com/politics/2018-03/21/c_1122570517.htm〉（二〇二四年八月二六日アクセス）。

あとがき

本書は、令和五年度に東京大学に提出した博士論文をもとに、増補修正を行ったものである。そのうち第四章は、『中国研究月報』二〇二四年一〇月号に掲載され、本書に収録するにあたり若干の用語や語句の統一、補正などを行った。

中国政治の動向には常に多くの関心が寄せられている。その中でも、中央地方関係という古くて新しい問題については重要性が認められながらも、その実態はとても複雑で掴みにくい。改革開放時代以降、地方政府は経済発展を牽引し、大きな存在感を示してきた。それに対して、毛沢東が絶大な個人権力をもち、「中央集権」として特徴づけられる一九五〇、六〇年代において、地方の自律的な行動を確保することすらも難しいとされてきた。このように改革開放を契機として中央地方関係の構造が劇的に変化した、というある種の断絶的な描写に対して、私は常に疑問を抱いてきた。

私が毛沢東時代の中国政治に関心をもち、関連資料を読み始めたのは、日本に留学しにきたばかりの時期であった。台湾人として生まれた私にとって、現代中国政治は常に最も近くて遠い存在であった。私は幼い頃から中国の歴史、地理、文化に関する事柄を多く学び、日々テレビやニュースで中国に関する議論を聞いていた。しかし、結局は自分にとって、「中国」という存在は、想像上の産物に過ぎないと考えていた。大学を卒業した後、私は国際政治の研究を志して日本の大学院に進んだ。私は台湾で生活していた二二年間、自身の断片的な知識を通じて、漠然とした「中国」のイメージを思い描いていた。しかし、日本に来てから多くの中国の方々と交流する機会を得たことで、私はこれまで中国を本当の意味で理解しようとしていなかったことに気づかされた。そうした反省から、私は毛沢東時代を勉強し始めたのであるが、なぜか強い興味を惹かれ、その時代から抜け出せなくなっていった。

一九五〇、六〇年代の中国共産党の党内文書を調べると、文書の伝達の対象はほとんどが「各中央局、各省、市、自治区党委」となっている。または、中央局書記を意味する「大区書記」もその時代の指導者の年譜や伝記に頻繁に登場する。ところが、中央局はこれほど多くの文書で言及されているにもかかわらず、省レベルの政府ほど注目されてこなかった。それはなぜか、という単純な疑問から私はこの研究課題に着手した。

本書の執筆にあたっては、一九四九年以降の中国において、中央局をはじめ、数多くの広域統治機構を分析した上で、それらを切り口として、すでに多くの研究成果が蓄積されてきた政治事件に対しても新たな視点を提供できるよう意識した。かつての歴代王朝と同じような統治のジレンマを抱える中国共産党は、一見非合理的で、矛盾する行動をとった。本書では、その背後にはどのような思惑があったか、各アクターの行動原理や制度、非公式制度の機能の説明を試み、さらには、毛沢東時代のみならず、現在に至るまでの統治の論理を見出すことに努めた。そのため、本書の執筆においては、毛沢東の影響力の強さを重々承知しながらも、その存在を過大視しないように心がけた。読者の方にとって少しでも興味深いものとなっていれば、これに勝る喜びはない。

本書は拙い一冊ではあるが、書き上げるまでには多くの方々のご助力があった。まず、高原明生先生は、私が大学院の研究生だった頃からの指導教員である。高原先生は一貫して私の研究上の自主性を尊重し、信頼してくださり、そのおかげで、本書のもととなる博士論文を完成することができた。自信を失ったり、もう研究を続けられないと思ったりした瞬間はこの一〇年間で幾度となくあったが、いつも先生の笑顔や、私の構想に対して「いいんじゃないですか」と背中を押してくれる優しい言葉に救われてきた。この場を借りて、高原先生の学恩に心より感謝を申し上げたい。

その他にも、恩恵を受けた先生は数え切れない。松田康博先生、平野聡先生のゼミには何年間も出席させていただいた。松田先生のゼミでは史料を読解する訓練をうけ、それまで考えてこなかった重要なポイントを何度も授業で指摘してくださった。平野先生の博識にはいつも圧倒され、多くのことを学ばせていただいた。五百旗頭薫先生には博士論文の審査に加わっていただき、審査にあたって貴重なコメントを多くいただいた。

来日以来の学問的営みの中で、多くの先輩や友人からうけた恩恵や影響も重要であった。林載桓先生は、いつも研究会で多くのご助言をくださっただけではなく、長い大学院生活で心が折れたり、弱音を吐いたりした際に、いつも惜しみない激励の言葉をかけてくださった。李昊さんは、私が中国政治について何も知らなかった段階で、基礎的な文献の扱い方や論文の書き方などを色々と親切に教えてくださり、私が書いた未熟な論文も丁寧に読んでくださった熊倉潤さん、さらには共に机を並べて学んできた大学院の友人からも多くの刺激をうけて研究に励むことができた。ここでいちいちお名前を挙げることはしないが、心より感謝を申し上げたい。

この本の土台である博士論文は、アジア太平洋研究賞（「アジア太平洋フォーラム・淡路会議」）の本賞を受賞した。その夏に淡路島の夢舞台に立ったことは、私にとって一生忘れられない重要な出来事であった。理事長の五百旗頭眞先生、さらには審査の先生方のご厚意を心に刻んでこれからも自身の研究を深めていきたいと強く思う。

最後に、本書の編集の労を取ってくださったのは、東京大学出版会の阿部俊一さんである。二年前の夏に、学位を取得したばかりの私に本と研究論文の違いを色々教えてくださり、本の出版に関して何の知識も持ち合わせていなかった私にとって、大変心強い存在である。本書が書籍として少しでも読むに堪えるものになっているとすれば、それは阿部さんのお力によるものである。心から感謝を申し上げる。

なお、本書の刊行にあたっては、二〇二四年度公益財団法人りそなアジア・オセアニア財団の出版助成をうけている。関係各位に御礼を申し上げる。

最後に、家族の支援に御礼を言わなければならない。特に、いつもそばで支えてくれたり、本書の日本語の添削、校正を手伝ってくれたりした夫の田熊敬之さんと、学問の道に進んだわがままな私を受け入れて、信じてくれた両親に本書を捧げたい。

二〇二四年一二月

黄喜佳

人名索引

事項索引

た　行

な 行

は 行

や 行

ら 行

参考文献

日本語

浅沼かおり『農業集団化政策決定までの政治過程（1949-55年）——国家形成期の毛沢東』アジア政経学会、1994年。

浅沼かおり「中央—地方関係の政治化——一九五八年を事例として」岡部達味編『グレーター・チャイナの政治変容』勁草書房、1995年、40-57頁。

味岡徹『中国国民党訓政下の政治改革』汲古書院、2008年。

足立幸男『公共政策学とは何か』ミネルヴァ書房、2009年。

天児慧編『現代中国の構造変動　4　政治——中央と地方の構図』東京大学出版会、2000年。

天児慧『中華人民共和国史（新版）』岩波書店、2013年、初版1999年。

石川忠雄・国分良成「大躍進運動をめぐる党内論争」『法学研究』第52巻第7号、1979年、719-749頁。

石川禎浩「小説『劉志丹』事件の歴史的背景」同編『中国社会主義文化の研究——京都大学人文科学研究所附属現代中国研究センター研究報告』京都大学人文科学研究所附属現代中国研究センター、2010年、153-214頁。

磯部靖「中国における大行政区の成立と改組——中央・地方関係の一側面」『法学政治学論究』第28号、1996年、375-396頁。

磯部靖「現代中国における中央・地方関係の研究——協作区成立をめぐる政治過程を中心として」『長崎外大論叢』2005年第5号、13-31頁。

磯部靖『現代中国の中央・地方関係——広東省における地方分権と省指導者』慶應義塾大学出版会、2008年。

磯部靖『中国　統治のジレンマ——中央・地方関係の変容と未完の再集権』慶應義塾大学出版会、2019年。

磯部靖「毛沢東時代の中央・地方関係をめぐる合理主義的アプローチの陥穽——地方分権と最高指導者のディレンマ」『教養論叢』145号、2024年、1-25頁。

林載桓《イムジェファン》『人民解放軍と中国政治——文化大革命から鄧小平へ』名古屋大学出版会、2014年。

加島潤『中国計画経済期の財政研究——省・直轄市・自治区統計から』東京大学社会科学研究所、2012年。

川井伸一『中国企業とソ連モデル——一長制の史的研究』アジア政経学会、1991年。

川島弘三『中国党軍関係の研究　上巻——党軍関係の法的形成と政治展開』慶應通信、1988年。

川島弘三『中国党軍関係の研究　中巻――国防現代化の過程と党軍関係』慶應通信、1989 年。

川島真『近代国家への模索――1894-1925　シリーズ中国近現代史②』岩波書店、2010 年。

久保慶一・末近浩太・高橋百合子『比較政治学の考え方』有斐閣、2009 年。

呉暁林『毛沢東時代の工業化戦略――三線建設の政治経済学』御茶の水書房、2002 年。

国分良成「社会主義教育運動とそれをめぐる党内論争――文化大革命前史・一九六二～六五」『アジア研究』第 27 巻第 3 号、1980 年、41-97 頁。

国分良成『現代中国の政治と官僚制』慶應義塾大学出版会、2004 年。

小嶋華津子「中国共産党労働組合　建国初期の「工会」をめぐる論争」『アジア研究』第 42 巻第 3 号、1996 年、83-114 頁。

小島朋之『中国の政治と大衆路線』慶應義塾大学出版会、1985 年。

小林卓「三線建設決定過程における『調整派』の抵抗と後退」『史叢』第 78 号、2008 年、136-153 頁。

朱建栄『毛沢東のベトナム戦争――中国外交の大転換と文化大革命の起源』東京大学出版会、2001 年。

スキリング，H・G 著、中西治監訳『利益集団と共産主義政治』南窓社、1988 年、原著は 1971 年。

高原明生「アジア金融危機の政治経済学」『アジア研究』第 45 巻第 2 号、1999 年、53-80 頁。

高原明生・前田宏子『開発主義の時代へ――1972-2014　シリーズ中国近現代史⑤』岩波書店、2014 年。

中国研究所編『中国のプロレタリア文化大革命の本質理解に不可欠な社会主義教育運動重要資料集』中国研究所、1967 年。

趙宏偉『中国の重層集権体制と経済発展』東京大学出版会、1998 年。

東京大学近代中国史研究会訳『毛沢東思想万歳』下巻、三一書房、1975 年。

唐亮『現代中国の党政関係』慶應義塾大学出版会、1997 年。

徳田教之『毛沢東の政治力学』慶應通信、1997 年。

中兼和津次「中国　社会主義経済制度の構造と展開」岩田昌征編『経済体制論　第Ⅵ巻』東洋経済出版社、1979 年、297-309 頁。

西村成雄「国民政府形成期における政治統合のダイナミズム――1932 年西南政務委員会と南京中央」毛里和子編『シリーズ中国領域研究』第 11 号、中国の構造変動と 21 世紀に向かう日米中関係、文部省特定領域研究 113、1999 年、19-29 頁。

日本国際問題研究所現代中国研究部会編『中国大躍進政策の展開　資料と解説』下巻、日本国際問題研究所、1974 年。

ノーヴ・アレック著、大野喜久之輔監訳『ソ連の経済システム』晃洋書房、1986 年、原著は 1977 年。

福島正夫『中国の人民民主政権』東京大学出版会、1965 年。

益尾知佐子『中国政治外交の転換点——改革開放と「独立自主の対外政策」』東京大学出版会、2010 年。

丸川知雄「中国の三線建設（Ⅰ）」『アジア経済』第 34 巻第 2 号、1993 年、61-80 頁。

丸川知雄「中国の三線建設（Ⅱ）」『アジア経済』第 34 巻第 3 号、1993 年、76-88 頁。

毛桂栄「中国における「領導」の行政学——職務権限規定において」『立命館法学』第 399・400 期、2021 年、937-978 頁。

毛里和子編『毛沢東時代の中国』日本国際問題研究所、1990 年。

毛里和子『周縁からの中国——民族問題と国家』東京大学出版会、1998 年。

山口信治『毛沢東の強国化戦略　1949-1976』慶應義塾大学出版会、2021 年。

楊海英「ジェノサイドへの序曲——内モンゴルと中国文化大革命」『文化人類学研究』第 73 巻第 3 期、2008 年、206-223 頁。

中国語（ピンイン順）

【公文書館】

上海市檔案館。

【新聞・雑誌】

『解放日報』。

『人民日報』。

中共中央東北局党的工作編委会『党的工作』内部発行、1951 年（中文出版物服務中心編『中共重要歴史文献資料匯編』第 21 輯第 39 種、洛杉磯（ロサンゼルス）：中文出版物服務中心、2018 年）。

中共中央華北局弁公庁編『華北建設』内部発行、1962-1966 年（中文出版物服務中心編『中共重要歴史文献資料匯編』第 21 輯第 40 種、洛杉磯（ロサンゼルス）：中文出版物服務中心、2016 年）。

中共中央華東局華東通訊編輯室『華東通訊』内部発行、1963-1966 年（中文出版物服務中心編『中共重要歴史文献資料匯編』第 21 輯第 6 種、洛杉磯（ロサンゼルス）：中文出版物服務中心、2003 年）。

中南局政策研究室『中南通訊』内部発行、1963 年（中文出版物服務中心編『中共重要歴史文献資料匯編』第 21 輯第 44 種、洛杉磯（ロサンゼルス）：中文出版物服務中心、2017 年）。

【文選・文集・文稿・年譜・資料集】

陳雲『陳雲文選』第 3 巻、北京：中央文献出版社、2005 年。

鄧小平『鄧小平文選（第 2 版）』北京：人民出版社、1994 年。

広西壮族自治区檔案局『中国共産党在広西檔案選編（1950-1965）』出版地不明：内部発行、2001年。

国務院法制局編『中華人民共和国法規彙編』第1巻、北京：法律出版社、1956年。

軍事科学院劉伯承軍事文選編輯組『劉伯承軍事文選』第3巻、北京：軍事科学出版社、2012年。

劉少奇『劉少奇選集』下冊、北京：人民出版社、1985年。

毛沢東『毛沢東選集』第3巻、北京：人民出版社、1952年。

毛沢東『毛沢東選集』第4巻、北京：人民出版社、1960年。

人事部地方機構編制管理司編『中華人民共和国省自治区直轄市党政群機関組織機構概要』北京：人事出版社、1989年。

陝西省檔案館『中共陝西省委文件選編　経済建設編——綜合、社会主改造』内部発行、1999年（中文出版物服務中心編『中共重要歴史文献資料匯編』第35輯35分冊、洛杉磯（ロサンゼルス）：中文出版物服務中心、2016年）。

史博主編『中国共産党在広西檔案選編』内部出版、1988年。

王健英編著『中国共産党組織史資料匯編　領導機構沿革和成員名録——従一大至十四大』北京：中共中央党校出版社、1995年。

趙紫陽文集編集組編『趙紫陽文集（1980-1989）』第1巻、第2巻、香港：中文大学出版社、2016年。

中共湖北省委党史研究室編『中国共産党湖北志』北京：中央文献出版社、2008年。

中共中央華北局弁公庁『中共中央華北局重要文件匯編』第2巻、内部発行、1954年（中文出版物服務中心編『中共重要歴史文献資料匯編』第24輯第15種、洛杉磯（ロサンゼルス）：中文出版物服務中心、2016年）。

中共中央馬克思恩格斯列寧斯大林著作編訳局『蘇聯共産党代表大会・代表会議和中央全会彙編（第二分冊）』北京：人民出版社、1964年。

中共中央文献研究室編『陳雲年譜（1905-1995）』下巻、北京：中央文献出版社、2000年。

中共中央文献研究室編『建国以来毛沢東文稿』第7冊、北京：中央文献出版社、1992年。

中共中央文献研究室・中央檔案館編『建党以来重要文献選編（1921-1949）』第19冊、北京：中央文献出版社、2011年。

中共中央文献研究室編『建国以来毛沢東文稿』第2冊、北京：中央文献出版社、1988年。

中共中央文献研究室編『建国以来毛沢東文稿』第3冊、北京：中央文献出版社、1989年。

中共中央文献研究室編『建国以来毛沢東文稿』第4冊、北京：中央文献出版社、1990年。

中共中央文献研究室編『建国以来毛沢東文稿』第7冊、北京：中央文献出版社、1992年。

中共中央文献研究室編『建国以来毛沢東文稿』第11冊、北京：中央文献出版社、1996年。

中共中央文献研究室編『建国以来重要文献選編』第3冊、北京：中央文献出版社、1993年。

中共中央文献研究室編『建国以来重要文献選編』第4冊、北京：中央文献出版社、1993年。

中共中央文献研究室編『建国以来重要文献選編』第9冊、北京：中央文献出版社、1994年。

中共中央文献研究室編『建国以来重要文献選編』第 11 冊、北京：中央文献出版社、1995 年。

中共中央文献研究室編『建国以来重要文献選編』第 14 冊、第 16 冊、北京：中央文献出版社、1997 年。

中共中央文献研究室編『建国以来重要文献選編』第 19 冊、北京：中央文献出版社、1998 年。

中共中央文献研究室編『建国以来重要文献選編』第 20 冊、北京：中央文献出版社、1998 年。

中共中央文献研究室編『劉少奇年譜（1898-1969）』下巻、北京：中央文献出版社、1996 年。

中共中央文献研究室編『毛沢東年譜（1893-1949）』下巻、北京：中央文献出版社、1993 年。

中共中央文献研究室編『毛沢東年譜（1949-1976）』第 2-5 巻、北京：中央文献出版社、2013 年。

中共中央文献研究室編『周恩来年譜（1949-1976）』上・中・下巻、北京：中央文献出版社、1997 年。

中共中央文献研究室編『鄧小平年譜（1975-1997）』上巻、北京：中央文献出版社、2004 年。

中共中央文献研究室編『鄧小平年譜（1904-1974）』中・下巻、北京：中央文献出版社、2009 年。

中共中央文献研究室・中国人民解放軍軍事科学院編『鄧小平軍事文集』第 3 巻、北京：中央文献出版社、2004 年。

中共中央文献研究室・中国人民解放軍軍事科学院編『建国以来毛沢東軍事文稿』下巻、北京：軍事科学出版社・中央文献出版社、2010 年。

中共中央文献研究室・中央檔案館編『建党以来重要文献選編（1921-1949）』第 19 冊、北京：中央文献出版社、2011 年。

中共中央中南局辦公庁編印『中共中央中南局文件輯存』第 7 巻、内部発行、1954 年（中文出版物服務中心編『中共重要歴史文献資料匯編』第 33 輯第 6 種、洛杉磯（ロサンゼルス）：中文出版物服務中心、2016 年）。

中共中央組織部他編『中共組織史資料　第五巻　過渡時期和社会主義建設時期（1949.9-1966.5）』北京：中共党史出版社、2000 年。

中共中央組織部他編『中国共産党組織史資料　第六巻　「文化大革命」時期（1966.5-1976.10）』北京：中共党史出版社、2000 年。

中共中央組織部他編『中国共産党組織史資料　第七巻　「社会主義発展新時期」（1976.10-1997.9）』北京：中共党史出版社、2000 年。

中共中央組織部他編『中国共産党組織史資料　第九巻　文献選編（下）（1949.10-1966.5）』北京：中共党史出版社、2000 年。

中共中央組織部他編『中共組織史資料　附巻 1　中華人民共和国政権組織（1949.10-1997.9）』北京：中共党史出版社、2000 年。

中共中央組織部他編『中共組織史資料　附巻2　中国人民解放軍組織（1949.10-1997.9）』北京：中共党史出版社、2000年

中国人民解放軍国防大学党史党建政工教研室編『中共党史教学参考資料』第19、20、24、25冊、中国人民解放軍国防大学内部出版、1986年。

中国社会科学院・中央檔案館編『1949-1952　中華人民共和国経済檔案資料選編』綜合巻、北京：中国城市経済社会出版社、1990年。

中国社会科学院・中央檔案館編『1953-1957　中華人民共和国経済檔案資料選編』綜合巻、北京：中国物価出版社、2000年。

中国社会科学院・中央檔案館編『1953-1957　中華人民共和国経済檔案資料選編』工業巻、北京：中国物価出版社、1998年。

中国社会科学院・中央檔案館編『1958-1965　中華人民共和国経済檔案資料選編』財経巻、北京：中国財政経済出版社、2011年。

中国社会科学院・中央檔案館編『1958-1965　中華人民共和国経済檔案資料選編』工業巻、北京：中国財政経済出版社、2011年。

中国社会科学院・中央檔案館編『1958-1965　中華人民共和国経済檔案資料選編』固定資産投資与建築業巻、北京：中国財政経済出版社、2011年。

中国社会科学院・中央檔案館編『1958-1965　中華人民共和国経済檔案資料選編』基本建設巻、北京：中国財政経済出版社、2011年。

中国社会科学院・中央檔案館編『1958-1965　中華人民共和国経済檔案資料選編』交通通訊巻、北京：中国財政経済出版社、2011年。

中国社会科学院・中央檔案館編『1958-1965　中華人民共和国経済檔案資料選編』綜合巻、北京：中国財政経済出版社、2011年。

中央檔案館編『中共中央文件選集（1936-1938）』第11冊、北京：中共中央党校出版社、1991年。

中央檔案館編『中共中央文件選集（1949）』第18冊、北京：中共中央党校出版社、1992年。

中央檔案館・中共中央文献室編『中共中央文件選集（1949-1966）』第11、12、34、36、38、41、43冊、北京：人民出版社、2013年。

【単行本】

薄一波『若干重大決策与事件的回顧』上・下巻、北京：中共中央党校出版社、1991-1993年。

長安県地方志編纂委員会編『長安県志』陝西人民教育出版社、1999年。

陳東林『三線建設——備戦時期的西部開発』北京：中共中央党校出版社、2003年。

陳丕顕『陳丕顕回憶録——在一月風暴的中心』上海人民出版社、2005年。

陳夕編『中国共産党与三線建設』北京：中共党史出版社、2014年。

程中原・夏杏珍『歴史転折的前奏：鄧小平在1975』北京：中国青年出版社、2003年。

程子華『程子華回憶録』北京：解放軍出版社、1987 年。

戴茂林・趙暁光『高崗伝』陝西人民出版社、2011 年。

当代中国的経済体制改革編集委員会編『当代中国的経済体制改革』北京：中国社会科学出版社、1984 年。

当代中国的経済管理編集部編『中華人民共和国経済管理大事記』北京：中国経済出版社、1986 年。

当代中国的計画工作弁公室編『中華人民共和国国民経済和社会発展計画大事輯要　1949-1985』北京：紅旗出版社、1987 年。

当代中国叢書編集部編『当代中国軍隊的後勤工作』北京：中国社会科学出版社、1990 年。

当代中国叢書編集部編『当代中国物資流通』北京：当代中国出版社、1993 年。

当代中国叢書編集部編『中国人民解放軍』下巻、北京：当代中国出版社、1994 年。

当代ロ述史叢書編委会編『当代四川要事実録　第一巻』四川人民出版社、2005 年。

鄧力群『国史講談録　第三冊』北京：中華人民共和国史稿、2000 年。

范暁春『中国大行政区（1949-1954 年）』上海：東方出版中心、2011 年。

房維中主編『中華人民共和国経済管理大事紀』北京：中国経済出版社、1984 年。

房維中・金冲及編『李富春伝』北京：中央文献出版社、2001 年。

彭徳懐『彭徳懐自述』北京：人民出版社、1981 年。

高華『紅太陽是怎様升起的』香港：中文大学出版社、2000 年。

郭徳宏・王海光・韓綱編『中華人民共和国専題史稿（1956-1966）』四川人民出版社、2004 年。

河北省地方志編纂委員会編『河北財政志』出版社不明、1991 年。

何虎生他編『中華人民共和国職官志』北京：中国社会出版社、1993 年。

何建章・王積業『中国計画管理問題』北京：社会科学出版社、1984 年。

紅旗雑誌編集部『偉大的歴史文献――学習「関於建国以来党的若干歴史問題的決議」的体会』北京：紅旗出版社、1981 年。

湖南省地方志編纂委員会編『湖南省志・党派群団志共産党』長沙：湖南人民出版社、1998 年。

黄金平・張励『鄧小平在上海』上海人民出版社、2014 年。

江渭清『七十年征程――江渭清回憶録』江蘇人民出版社、1996 年。

金冲及主編『周恩来伝』第 2-3 冊、北京：中央文献出版社、1998 年。

李景田編『中国共産党歴史大辞典・総論和人物巻』北京：中共中央党校出版社、2001 年。

李可・郝生章『文化大革命中的人民解放軍』北京：中共党史資料出版社、1989 年。

李鋭『廬山会議実録』湖南教育出版社、1989 年。

遼寧無産階級革命派聯絡站『宋任窮反党反社会主義反毛沢東思想言行三百例』出版社不明、1967 年（中文出版物服務中心編『中共重要歴史文献資料匯編』第 16 輯 468 分冊、洛杉磯（ロサンゼルス）：中文出版物服務中心、2008 年）。

林牧『燭尽夢猶虚——胡耀邦助手林牧回憶録』香港：新世紀出版社、2008年。

林蘊暉『烏托邦運動——従大躍進到大饑荒（1958-1961）』香港：中文大学出版社、2008年。

林蘊暉『重考高崗、饒漱石「反党」事件』香港：中文大学出版社、2017年。

劉国光・張卓元・董至凱『中国十個五年計画研究報告』北京：人民出版社、2006年。

柳随年・呉群敢主編『大躍進和調整時期的国民経済（1958-1965）』黒龍江人民出版社、1984年。

馬泉山『新中国工業経済史（1966-1978）』北京：経済管理出版社、1998年。

啓之『内蒙文革実録——「民族分裂」與「挖粛運動」』香港：天行健出版社、2010年。

銭実甫『北洋政府時期的政治制度』上冊、北京：中華書局、1984年。

銭庠理『歴史的変局——従挽救危機到反修防修（1962-1965）』香港：中文大学出版社、2008年。

邱会作『邱会作回憶録』上冊、香港：新世紀出版社、2011年。

卜偉華『砸爛旧世界——文化大革命的動乱与浩劫（1966-1968）』香港：中文大学出版社、2008年。

三線建設編写組『三線建設』内部発行（出版社不明）、2001年。

陝西省地方志編纂委員会編『陝西省・計画志』陝西人民出版社、1990年。

上海工人革命総司令部教工室連絡站『打倒反革命修正主義分子劉瀾濤』出版社不明、1967年6月（中文出版物服務中心編『中共重要歴史文献資料匯編』第16輯第579分冊中共中央西北局問題之二、洛杉磯（ロサンゼルス）：中文出版物服務中心、2016年）。

沈志華『毛沢東・斯大林与朝鮮戦争』広東人民出版社、2003年。

史雲・李丹慧『難以継続的「継続革命」——従批林到批鄧（1972-1976）』香港：中文大学出版社、2008年。

四川省地方志編纂委員会編『四川省志・綜合管理志』四川人民出版社、2000年。

宋任窮『宋任窮回憶録』北京：解放軍出版社、2007年。

宋永毅編『中国文化大革命文庫 Chinese Cultural Revolution』（第2版：CD-ROM）、香港中文大学中国研究服務中心、2006年。

陶魯笳『一個省委書記回憶毛主席』山西人民出版社、1993年。

汪鋒伝編輯委員会『汪鋒伝』北京：中共党史出版社、2011年。

汪海波・董志凱『新中国工業経済史（一九五八—一九六五）』北京：経済管理出版社、1995年。

呉国光・鄭永年『論中央—地方関係——中国制度転型中的一個軸心問題』香港：牛津大学出版社、1995年。

武力主編『中華人民共和国経済史（1949-1999）』上冊、北京：中国経済出版社、1999年。

西安市地方志編纂委員会『西安市志』第5巻（政治軍事）、西安出版社、2000年。

習仲勲伝編写会『習仲勲伝』下巻、北京：中央文献出版社、2013年。

蕭冬連『歴史的転軌——従撥乱反正至改革開放（1979-1981）』香港：中文大学出版社、

2008 年。

徐塞声・章開沅・劉志平『中共中央南方局歴史文献選編』重慶出版社、2017 年。

楊奎松主編『冷戦時期的中国対外関係』北京大学出版社、2006 年。

楊奎松『中華人民共和国建国史研究 1』江西人民出版社、2009 年。

楊尚昆『楊尚昆日記』上・下冊、北京：中央文献出版社、2001 年。

余汝信『風暴歴程――文革中的人民解放軍』下冊、香港：新世紀出版社、2021 年。

袁宝華『袁宝華文集――文選（1946 年 8 月―1980 年 9 月）』第 1 巻、北京：中国人民大学出版社、2013 年。

曾思玉『我的前一百年』下巻、大連出版社、2013 年。

曾志『一個革命的倖存者』広東人民出版社、1999 年。

張明遠『我的回憶』北京：中共党史出版社、2004 年。

張若筠主編『中共中央西北局文件』北京：中央檔案館・西安檔案館、1994 年。

張素華『変局』北京：中国青年出版社、2006 年。

張秀山『我的八十五年――従西北到東北』北京：中共党史出版社、2007 年。

趙家梁・張暁霽『半截墓碑下的往事――高崗在北京』香港：大風出版社、2008 年。

趙紫陽『国家的囚徒――趙紫陽的秘密録音』台北：時報文化、2009 年。

鄭重『張春橋――1949 及其後』香港：中文大学出版社、2017 年。

鄭謙・龐松・韓鋼・張占斌『当代中国政治体制発展概要』北京：中共党史資料出版社、1988 年。

鄭笑楓・舒玲『陶鋳伝』北京：中国青年出版社、2008 年。

鄭永年『中国的“行為制連邦”――中央―地方関係的変革与動力』北京：東方出版社、2013 年。

鄭有貴主編『中華人民共和国経済史（1949-2019）第 2 版』北京：当代中国出版社、2019 年。

中共党史人物研究会編『中共党史人物伝』陝西人民出版社、1980 年。

中共湖北省委党史研究室編『中国共産党湖北志』北京：中央文献出版社、2008 年。

中共中央党史研究室『中国共産党歴史（1949-1978）』上冊、北京：中央党史出版社、2011 年。

中共中央華北局機関革命造反派聯絡総站他『李雪峰是華北局頭号走資本主義道路的当権派』出版社不明、1967 年（中文出版物服務中心編『中共重要歴史文献資料匯編』第 16 輯第 248 分冊、洛杉磯（ロサンゼルス）：中文出版物服務中心、2003 年）。

中共中央文献研究室『劉少奇伝』下巻、北京：中央文献出版社、1998 年。

中共中央文献研究室『鄧小平伝（1904-1974）』下巻、中央文献出版社、2014 年。

中国社会科学院近代史研究所編『民国人物与民国政治』北京：社会科学文献出版社、2009 年。

鍾延麟『文革前的鄧小平：毛沢東的「副帥」（1956-1966）』香港：中文大学出版社、2013

年。

周振超『当代中国政府条塊関係研究』天津人民出版社、2009年。

周振鶴『中国地方行政制度史』上海人民出版社、2005年。

総参謀部《羅瑞卿伝》編写組『羅瑞卿伝』北京：当代中国出版社、1996年。

総後勤部財務部・軍事経済学院編『中国人民解放軍財務簡史』北京：中国財政経済出版社、1991年。

青海8・18革命造反派翻印『資料選編（打倒劉瀾濤専輯）』出版社不明、1967年9月25日（中文出版物服務中心編『中共重要歴史文献資料匯編』第16輯第580分冊　中共中央西北局問題之三、洛杉磯（ロサンゼルス）：中文出版物服務中心、2016年）。


【論文】


白磊「1965年胡耀邦陝西検討始末」『炎黄春秋』2016年第6期、40-45頁。

陳紅民「胡漢民、西南政権与広東実力派（一九三二——一九三六）」『浙江大学学報』（人文社会科学版）2007年第1期、21-37頁。

陳惟杉・柳鴻生「金融監管——拆還是合　金融監管体制改革両起両落的歴史回顧」『中国経済週刊』2016年6月27日。

陳暁莉「中国央行分支機構改革的制度分析——兼与美聯儲比較」『東岳論叢』2005年第6期、79-82頁。

戴安林「湖南四清運動評述」『党史研究与教学』2004年第3期、52-54頁。

高華「在貴州四清運動的背後」『二十一世紀双月刊』2006年2月号、75-89頁。

韓鋼「関於華国鋒的若干史実（続）」『炎黄春秋』2011年第3期、9-17頁。

何艷玲「中国国務院（政務院）機構変遷邏輯——基于1949-2007年間的数拠分析」『公共行政評論』2008年第1期、10-35頁。

胡一民「親歴1964年轟動全国的貴州大四清運動」『史林』2014年増刊号、36-39頁。

賈艶敏・許涛「大躍進時期河南大飢荒的暴露過程」『江蘇大学学報（社会科学版）』2012年第3期、61-67頁。

李格「当代中国地方政府的沿革和確立」『当代中国史研究』2007年第4期、45-52頁。

李海文「科瓦廖夫回憶的不確之処——師哲訪談録」『国史研究参考資料』1993年創刊号、76-80頁。

李紅梅・王宝琴「論毛沢東的大区建制思想」『社会科学輯刊』2007年第4期、67-71頁。

李栄珍「具有重要歴史意義的西北局蘭州会議」『発展』2013年第1期、60-62頁。

李若建「安全閥——四清運動的潜功能」『開放時代』2005年第1期、112-126頁。

李向前「1964——中国政治経済変動的起因」『二十一世紀双月刊』2000年6月号、47-56頁。

李雲漢「抗戦期間的党政関係（1937-1945）」慶祝抗戦勝利50週年両岸学術研討会壽備委員会編『慶祝抗戦勝利50週年両岸学術研討会論文集』下冊、台北：中国近代史学会、

聯合報系文化基金会、1996年、1-19頁。
劉迪香「長江巡閲使軍政職能探析」『湖南城市学院学報』第28巻第4期、2007年、30-34頁。
劉世慶「中国改革開放三十年的区域政策転型与演進」『経済体制改革』2009年4期、129-133頁。
劉彦文「荒政中的政治生態——以西蘭会議前後的甘粛応急救災為中心（1960.10-1961.3）」『中央研究院近代史研究所集刊』第90期、2015年、95-141頁。
劉昫・楊貴華「従突然襲撃到三線建設」『軍事歴史』2015年第2期、54-58頁。
羅平漢「三年困難時期的大精減」『文史精華』2003年第4期、22-27頁。
馬暁東「20世紀60年代中央機関精簡工作論析」『北京党史』2016年第1期、38-45頁。
孟永華「山西省四清運動述評」『党史研究与教学』2007年第4期、50-56頁。
沈立人・戴園晨「我国諸侯経済的形成及其弊端和根源」『経済研究』1990年第3期、12-19頁。
石建国「略論20世紀60年代東北地区的工業調整」『中国経済史研究』2009年第1期、126-137頁。
孫東升「六十年代初期調整機構、精簡人員工作略述」『党的文献』1993年第3期、25-30頁。
呉允中「華東煤炭工業公司試辦托拉斯的回憶」『企業経済』1995年第1期、60-64頁。
伍再陽・陳思聡・涂政権「対重慶市聯営的調査与思考」『法学研究』1988年第3期、67-72頁。
楊貴華「軍隊体制編制調整改革的歴史経験与啓示」『国防与軍隊建設史研究』2014年第3期、58-62頁。
楊漢卿・梁向陽「20世紀六七十年代広東的小三線建設」『紅広角』2015年第7期、22-26頁。
楊会来「河北省農村四清運動述論」『中国農学通報』2011年第23期、208-213頁。
楊奎松「1960年代中国対外政策的転向（上）」『江淮文史』2012年第6期、4-24頁。
張愛明「山西省離石県四清運動述評論」『山西農業大学学報』第14巻第3期、2015年、290-295、323-324頁。
張俊華「大躍進中的協作和経済協作区」『河南大学学報（社会科学版）』2007年第5期、75-86頁。
張素華「60年代的社会主義教育運動」『当代中国史研究』2001年第1期、57-69頁。
張素華「第一次国民経済調整研究述評」『当代中国史研究』2008年第1期、87-128頁。
張則振「新中国大行政区制的歴史演変」『百年潮』2001年第12期、46-49頁。
張忠江「20世紀60年代中国試辦托拉斯的歴史軌跡」『茂名学院学報』2006年第5期、14-17頁。
趙光元・陸暁明「創辦托拉斯——劉少奇改革我国経済管理体制的嘗試」『郷鎮経済』1999

年第 2 期、41-42 頁。
趙有福「彭真与京郊農村社教運動」『北京党史』2004 年第 2 期、4-10 頁。
鍾健英「福建農村社会主義教育運動評述」『党史研究与教学』2005 年第 4 期、42-50 頁。
周林「貴州四清運動的幾個問題」『貴陽文史』2005 年第 1 期、21-24 頁。
朱厚澤「対貴州四清運動的一次談話」『貴陽文史』2008 年第 3 期、76-77 頁。

英語

Adelman, Jonathan R., *The Revolutionary Armies: The Historical Development of Soviet and the Chinese People's Liberation Armies,* London: Green Wood Press, 1980.

Barnett, A. Doak, *Cadres, Bureaucracy and Political Power in Communist China*, New York: Columbia University Press, 1967.

Baum, Richard and Frederick C. Teiwes, *Ssu-Ching: The Socialist Education Movement of 1962-1966*, Berkeley: Center for Chinese Studies, 1968.

Baum, Richard, *Prelude to Revolution: Mao, the Party, and the Peasant Question*, New York: Columbia University Press, 1975.

Bowie, Robert R. and John K. Fairbank, *Communist China, 1955-1959: Policy Documents with Analysis*, Cambridge: Harvard University Press, 1962.

Chang, Parris, *Power and Policy in China*, University Park: Pennsylvania State University Press, 1975.

Fravel, M.Taylor, *Active Defense: China's Military Strategy since 1949*, Princeton and Oxford: Princeton University Press, 2019.

Gittings, John, *The Role of the Chinese Army*, London: Oxford University Press, 1967.

Goodman, David S. G., "The Provincial First Party Secretary in the People's Republic of China, 1949-78: A Profile," *British Journal of Political Science*, Vol. 10 No. 1, 1980, pp. 39-74.

Goodman, David S. G., The Provincial Revolutionary Committee in China, 1967-1979, *The China Quarterly*, Vol. 85, 1981, pp. 47-79.

Goodman, David S. G., *Centre and Province in the People's Republic of China: Sichuan and Guizhou, 1955-1965*, New York: Cambridge University Press, 1986.

Harding, Harry, *Organizing China: The Problem of Bureaucracy, 1949-1976,* California: Stanford University Press, 1981.

Heilmann, Sebastian and Elizabeth J. Perry eds., *Mao's Invisible Hand*, Cambridge: Harvard University Press, 2011.

Lieberthal, Kenneth G. and Michel Oksenberg, *Policy Making in China: Leaders, Structures, and Processes*, Princeton: Princeton University Press, 1988.

Lieberthal, Kenneth G. and David M. Lampton eds., *Bureaucracy, Politics, and Decision*

Making in Post-Mao China, Berkeley: University of California Press, 1992.

Lyons, Thomas P., *Economic Integration and Planning in Maoist China*, New York: Columbia University Press, 1987.

Lyons, Thomas P., "Planning and Interprovincial Co-ordination in Maoist China," *The China Quarterly*, Vol. 36, 1990, pp. 36-60.

MacFarquhar Roderick and Fairbank, John K. eds., *The Cambridge History of China*, volume 14, London: Oxford University Press, 1987.

MacFarquhar, Roderick, *The Origins of the Cultural Revolution*, Vol. 2, *The Great Leap Forward 1958-1960*, New York: Columbia University Press, 1974.

MacFarquhar, Roderick, *The Origins of the Cultural Revolution*, Vol. 3, *The Coming of the Cataclysm: 1961-1966*, New York: Columbia University Press, 1997（何祚康・章宏遠・陸晋埔・江元訳『文化大革命的起源　第三巻　浩劫的来臨（1961-1966)』香港：新世紀出版社、2012 年）.

Mertha, Andrew, "Fragmented Authoritarianism 2.0: Political Pluralization in the Chinese Policy Process," *The China Quarterly*, Vol. 200, 2009, pp. 995-1012.

Naughton, Barry, "The Third Front: Defense Industrialization in the Chinese Interior," *The China Quarterly*, Vol. 115, 1988, pp. 351-368.

Association of Research Libraries and Center for Chinese Research Materials, Red Guard Publications, Washington, D.C.: Center for Chinese Research Materials, Association of Research Libraries, vol. 2, 1975.

Schurmann, Franz, *Ideology and Organization in Communist China,* Berkeley: University of California Press, 1968.

Shoshana, Keller, *Russia and Central Asia: Coexistence, Conquest, Convergence*, Toronto, Buffalo, London: University of Toronto Press, 2020.

Solinger, Dorothy J., *Regional Government and Political Integration in Southwest China, 1949-1954: A Case Study*, Berkeley: University of California Press, 1977.

Solinger, Dorothy J., "Some Speculations on the Return of the Regions: Parallels with the Past," *The China Quarterly*, Vol. 75, 1978, pp. 623-638.

Teiwes, Frederick C., *Provincial Leadership in China: the cultural revolution and its aftermath*, New York: China-Japan Program, Cornell University, 1974.

Teiwes, Frederick C., "Mao and His Lieutenants," *The Australia Journal of Chinese Affairs*, 19/20, 1988, pp. 15-18.

Teiwes, Frederick C., *Politics and Purges in China: Rectification and the Decline of Party Norms, 1950-1965*, New York: M. E. Sharpe, 1993.

Teiwes, Frederick C. and Sun, Warren, *China's Road to Disaster*, Armonk and New York: M. E. Sharpe, 1999.

Townsend, James R., *Politics in China* (Second Edition), Boston: Little Brown & Company, 1974.

Vogel, Ezra F., *Canton under Communism: Program and Politics in a Provincial Capital, 1949-68*, Cambridge: Harvard University Press, 1969.

Vogel, Ezra F., *Deng Xiaoping and the Transformation of China*, Cambridge, Massachusetts and London, England: The Belknap Press of Harvard University Press, 2011.

Whitson, William W., "The Field Army in Chinese Communist Military Politics," The China Quarterly, Vol. 37, 1969, pp. 1-30.

Whitson, William W., *Chinese High Command: A History of Communist Military Politics, 1927-71*, Washington: Praeger Publishers, 1973.

Zhang, Xiaoming, "China's 1979 War with Vietnam," *The China Quarterly*, Vol. 184, 2005, pp. 851-874.

ロシア語

Институт марксизма-ленинизма при ЦК КПСС, *Коммунистическая партия Советского Союза в резолюциях и решениях съездов, конференций и пленумов ЦК (1898-1988)*. т. 2, Москва: Политиздатр, 1983.

著者略歴
1990 年台湾・台北市生まれ
武蔵野大学法学部政治学科専任講師
専門は中国政治論・現代中国政治外交史、博士（法学）
国立台湾大学政治学系卒業。東京大学大学院法学政治学研究科博士課程修了。同研究科附属ビジネスロー・比較法政研究センター特任研究員を経て、2024 年 4 月より現職。本書のもとになった博士論文において第 22 回アジア太平洋研究賞を受賞。
主な著作に「毛沢東時代における地方統制の再検討—1960 年代の中央局の役割を中心に—」（『中国研究月報』2024 年 10 月号）がある。

中国共産党中央局の研究
——集権と分権を架橋する広域統治機構

2025 年 2 月 28 日　初　版

［検印廃止］

著　者　黄《こう》 喜《き》佳《か》

発行所　一般財団法人　東京大学出版会
代表者　中島隆博
153-0041 東京都目黒区駒場4-5-29
https://www.utp.or.jp/
電話 03-6407-1069　Fax 03-6407-1991
振替 00160-6-59964

装　幀　間村俊一
組　版　有限会社プログレス
印刷所　株式会社ヒライ
製本所　牧製本印刷株式会社

ISBN 978-4-13-036290-0　Printed in Japan